대중의 역사

세 번의 혁명 1789, 1889, 1989

Tre Revolutioner: En Kort Historia om Folket 1789, 1889, 1989
by Stefan Jonsson

프리즘 총서 009
대중의 역사: 세 번의 혁명 1789, 1889, 1989

초판1쇄 펴냄 2013년 2월 15일
초판3쇄 펴냄 2023년 3월 2일

지은이 스테판 욘손
옮긴이 양진비
프리즘총서 기획위원 진태원
펴낸이 유재건
펴낸곳 (주)그린비출판사
주소 서울시 마포구 와우산로 180, 4층
대표전화 02-702-2717 | **팩스** 02-703-0272
홈페이지 www.greenbee.co.kr
원고투고 및 문의 editor@greenbee.co.kr

편집 이진희, 구세주, 송예진, 김아영 | **디자인** 권희원, 이은솔
마케팅 육소연 | **물류유통** 유재영 | **경영관리** 유수진

ISBN 978-89-7682-769-2 03340

대중의 역사

세 번의 혁명 1789, 1889, 1989

스테판 욘손 지음 | 양진비 옮김

그린비

차례

1부/ 1789 · 테니스 코트의 서약

2부/ 1889 · 브뤼셀에 입성하는 그리스도

3부 / 1989 · 그들은 너무도 사랑했다, 혁명을

| 일러두기 |

1 이 책은 Stefan Jonsson의 *Tre Revolutioner: En Kort Historia om Folket 1789, 1889, 1989* (Stockholm: Norstedts, 2005)를 번역한 것으로서, 영어판인 *A Brief History of the Masses: Three Revolutions* (New York: Columbia University Press, 2008)를 저본으로 했다.

2 주석은 모두 각주로 표시했으며, 옮긴이 주는 끝에 '—옮긴이'라고 표시하여 구분했다.

3 단행본·정기간행물에는 겹낫표(『 』)를, 그림·사진·영화·단편 등에는 낫표(「 」)를 사용했다.

4 외국 인명이나 지명, 작품명은 2002년 국립국어원에서 펴낸 외래어표기법에 따라 표기했다. 다만 관례가 굳어서 쓰이는 것들은 관례를 따랐다. (예: 발터 벤야민, 루이 알튀세르 등)

1부

1789

테니스 코트의 서약

훌륭한 시민은 드물다. —스피노자

그림 1 자크 루이 다비드, 「테니스 코트의 서약」, 1791~, 베르사유 트리아농 궁.

1

회의장을 점령하다

그들은 다수다. 더 가까이 움직여라! 군중에 결합하라. 사람들은 줄지어 서서 밀착하고 넓은 공간을 차지하며 서로의 위로 포개졌고, 그들의 육체는 수적으로 완전함에 이르렀음을 암시한다. 벽의 높고 커다란 창문을 통해 손을 흔들며 환호하는 맨 윗부분의 사람들은 집회를 홀 너머로 확장시키고 바깥으로 끌어당긴다. 이 인간 집단이 어디에서 시작되고 어디에서 끝나는지 누가 알 수 있을까? 프랑스의 국민의회는 이미지의 가장자리 너머로 부풀어 오르고 시야의 영역을 가득 채운다(그림 1을 보라).

집회를 바깥쪽으로 확장하는 원심력은 중앙을 향해 뻗어 있는 셀 수 없이 많은 팔들로 상징되는 정반대 방향의 힘에 대항된다. 중앙의 남자—과학자 장 실뱅 바이이(Jean-Sylvain Bailly)가 탁자 위에 서서 다른 사람들보다 살짝 위로 올라갔다—는 엄숙하게 선서한다. 약 600명의 다른 모든 대표자들은 그의 뒤를 이어 선서할 것이다. 그들은 새로운 프랑스 헌법을 공들여 만들 때까지 해산하지 않기로 막 약속할 참이다.

이 행위는 표제에 의해 설명된다. 바로 '테니스 코트의 서약'이다. 자크 루이 다비드(Jacques-Louis David, 1748~1825)는 이 순간의 중대성과 그것이 표출하는 열정을 감지했다. 그는 진행 중인 역사를 포착했다. 얼굴과 육체들은 감정이 가장 강렬한 순간에 정지해 있다. 대표자들은 그들이 새롭게 획득한 통일성을 보존하려는 공통의 임무에 사로잡혀 있다. 바스티유 습격이 있기 약 3주 전인 1789년 6월 20일 베르사유 왕궁 바깥의 테니스 코트에서 선언된 맹세는 프랑스 혁명의 시작을 알리는 전조이다.

혁명은 위엄 있는 사건이자 반역적인 사건이다. 「테니스 코트의 서약」은 확장인 동시에 수축이고, 무한한 수인 동시에 완벽한 일치다. 순전한 수로 나타나는 다비드의 통일성의 시각화를 파악하려고 노력할 때 말문이 막혀 버린다. 그러나 우리가 민주주의를 묘사하려고 시도할 때마다, 특히 인민의 힘이 분출하여 역사를 진전시켰던 1789년이나 1989년의 불가사의한 순간들을 이해하기를 원할 때 드러나는 것이 바로 이러한 기이한 종합—다수가 하나와 같아지고, 하나가 다수와 같아지는—이 아니었던가.

이 책의 페이지들은 초대형의 삽화에 초점을 맞춘다. 각 부분의 중심에는 이상주의로 들끓는 이미지가 있다. 이 이상주의는 역사에서 뛰쳐나오려는 작가의 바람이나 영원한 이상을 흔연히 받아들이려는 마음에서 생겨난 것이 아니다. 그와 반대로, 이 세 명의 예술가들은 사회에 아주 깊이 몰두하여 그들 자신이 바로 역사의 원동력을, 즉 그들 모두가 민주주의와 관련지어 생각하는 인민의 심장을 감지할 수 있다고 생각했다. "인민의 심장을 통해 눈여겨보라. 그러면 진리를 발견할 것이다"라고 빅토르 위고는 1862년에 외쳤다.[1]

이 책에서의 나의 목표는 이 예술가들이 이해한 것처럼 사회의 진리

---

1 Victor Hugo, *Les Misérables*, trans. Norman Denny, London: Penguin Books, 1982, p.509. 프랑스어판은 *Les Misérables*, ed. Maurice Allem, Paris: Gallimard, 1951(1st ed. 1862), p.632. 이하 이 책에서 인용되는 문헌들은 영어판 쪽수와 프랑스어판 쪽수를 차례대로 함께 병기한다.

를 탐구하는 것이다. 나는 또한 인민과 민주주의, 사회에 대한 그들의 해석이 어떻게 정치와 사회에 대한 현대 담론의 맹점을 드러내는지를 논의하고 싶다. 이 세 명의 예술가들은, 더 보편적으로 예술은 우리가 다른 곳에서 특히 정치인과 정치 전문가들에게서는 배울 수 없는 정치에 대한 교훈을 제공한다. 이 예술가들은 정치의 시작을 스케치한다. 바로 영도(零度)의 사회. 그들은 또한 정치의 궁극적인 목표를 가리킨다. 바로 자생적인 민주주의 또는 영구혁명이다. 권력은 모두의 것이다.

다비드는 자신의 그림이 완성되기만 한다면 최소한 10미터×6미터나 약 35피트×25피트일 것이라고 계산했다. 루브르에 있는 그의 스튜디오의 천장은 높이가 충분하지 않았기 때문에 혁명정부는 그가 작은 대성당을 마음대로 이용하도록 하였다. 왜 거대한 크기일까? 모든 사람들을 수용하고 전체로서의 인민을 위한 자리를 만들기 위해서다. 또는 최소한, 중요한 모든 사람들의 자리를 위해서다. 누가 중요한지 우리는 어떻게 알까? 자신의 주제를 선택하고 캔버스의 프레임을 결정하면서 화가는 또한 사회와 인민에 대한 그의 이미지의 틀을 만들어 내고 있다. 그의 작품으로부터 우리는 어떻게 공동체가 스스로를 통일체로 간주하기 위해 경계 안에서 스스로를 둘러싸는지를 알게 된다. 이 책은 틀의 바깥에 머물게 된 수로 계산되지 않은 무수한 사람들에게 헌정된다. 그러나 무엇보다도 이 책은 그 틀에 관한 것이고, 인류가 분할되고 분리되고 나뉘는 방식에 관한 것이며, 다수가 이 그림의 중앙에 접근하지 못하게 막는 사회적 지형에 의해 그려지는 눈에 보이는 그리고 눈에 보이지 않는 선들에 관한 것이다.

2

민주주의의 그림자

인민주권의 표상에는 이미 맨 처음부터 그림자가 드리워졌다. 우리는 그것을 다비드의 그림에서도 감지한다—제멋대로 굴고 무리 지어 우글거리는 그의 그림의 특성 속에서. 프랑스 혁명이 시작된 이래로 귀중한 인민의 의지는 위험한 폭도 정치와 관련되었다. 인민이 영예롭게 역사의 무대에 진입한 바로 그 순간에 그것은 또한 그것의 더 어두운 유령인 위협적인 대중으로 가득 찬다.

예술가, 작가, 사회이론가, 그리고 정치인은 종종 어떻게 둘을 구별할 수 있는지에 대하여 언쟁을 벌였다. 어떤 이가 신성한 인민의 목소리를 들었던 곳에서 다른 사람은 요란하고 거친 대중들의 소리를 들었다. 대중에 대한 혐오는 종종 민주주의에 대한 거부로 이어졌다.

다비드가 그의 그림을 제작했을 때 모든 교육받은 사람들은 그들 아래 있는 다수가 무력하고 우둔하며 무책임하다는 것을 자명하게 받아들였다. 그들은 혁명의 사례를 두려워했다. 그들은 두려움을 표현하면서 똑같은 단어들을 계속해서 말했다. 폭도(la populace), 군중(la foule), 대중(la canaille). 그러한 단어들은 도덕적인 타락과 정치적 불안을 환기시켰다. 그것들은 반달리즘과 공포, 그리고 그들이 국가가 길들이고 종속시키고 심지어 전멸시켜야 하는 세력이라는 연상을 마음에 심어 주었다. 19세기와 20세기의 최고의 작가들과 사회 사상가들의 대다수는 대중과 그들이 사회에 가하는 위협들을 정의 내리는 일이 시급하다고 여겼다. '대중'과 '대중들'은 곧 연구 가치가 있는 대상으로 확인되는 과학적인 개념이 되었다. '대중'과 '대중들'은 또한 위험한 정치적 환상을 조장하는 정형화된 관념이 되었다. 이 대중들이 현실에서 어떻게 보였는지와 상관없이 ―사실상, 그들이 여태껏 실제로 존재해 왔는지의 여부와 상관없이 ―그들은 지성사와 정치적 전통에서, 예술과 문학, 연극과 영화 속에서 그들 자신의 삶을 살아왔다. 그리고 그들은 새로운 이름을 지니고 있긴 하지만 계속해서 그곳에서 살고 있다.

대중은 유연한 성분이다. 아니 더 정확히 말해서, '대중'은 생각할 수 있는 모든 방향으로 구부러지고 잡아 늘여진 단어이다. 혁명을 시각화하려는 다비드의 시도 후 수십 년 동안 이미 이 단어의 사용은 여러 차례 변화했고 각각 새로운 의미를 끌어당겼다. 우선 대중은 양과 수, 인구 통계와 연관되었다. 두번째 국면에서 '대중들'은 빅토르 위고가 "비참한 사람들"이라고 부른 사회 밑바닥의 가난하고 궁핍한 수백만의 사람들을 암시하게 된다. 1848년 이래로 대중들은 조직화된 노동운동과 연관되었다. 1871년과 파리코뮌 후에 마지막으로 대중들은 병리적인 요소로 정의되었다. 이제 다수의 영향력 있는 과학자와 사회이론가들은 하층계급이 그들의 원시적인 본능이 풀려난다는 점에서 합리적인 능력이 퇴화되는 질병, 즉 '대중의 광기'로 오염될 위험이 있다고 주장했다. 이러한 종류의 정신적인 전염병은 떼 지어 나타나거나 집단으로 행동하는 모든 인간을 괴롭혔고, 이 질병은 정치적으로 조직화한 하층계급의 사람들에게 가장 흔했다고 이 전문가들은 주장했다. 여기서, 즉 네번째 국면에서, 대중은 바보들의 무리로 인정된다.

그러나 나는 내 주장보다 앞서 가고 있다.

3

인민의 수

영국의 역사학자 에드워드 톰슨은 그의 고전적인 저작 『영국 노동계급의 형성』을 1792년의 런던통신협회(London Corresponding Society)의 창립 문서를 논의하는 것으로 시작한다. 이 협회의 배후에는 투표권을 평민들에게 확대하는 의회 개혁을 촉진하기를 원하는 "소매상인, 가게 주인, 숙련공들"이 있었다. 톰슨은 이 협회의 간사이자 직업상으로는 제화공인 토머스 하디가 인쇄물에 적어 놓은 주요한 원칙들 중 첫번째 것을 인용한다. "우리는 회원의 수에 제한이 없다."[2]

오늘날 그러한 원칙은 공허한 정관으로 보인다. 그러나 1792년의 영국에서는 그렇지 않았다. 런던통신협회가 정치 개혁을 추진하기 위해 "무한한 수의 사람들"을 초대했을 때 그것은 정치적 권리가 계급과 이름, 직함과 부에 묶여 있던 통치 체계에 대한 혁명적인 도전을 나타냈다. 토머스 하디는 즉각 대역죄를 선고받아 런던 타워에 수감되었다. 톰슨은 런던통신협회의 첫번째 원칙이 "역사적 전환의 중심점"이라고 적는다.[3]

---

2 Thomas Hardy, *Memoir of Thomas Hardy*, 1832, p.16. Edward P. Thompson, *The Making of the English Working Class*, London: Victor Gollancz, 1963, p.17에서 재인용.

3 Thompson, *The Making of the English Working Class*, p.21.

역사는 정치적 결정이 폐쇄된 문 뒤에서 독점적인 엘리트에 의해 이루어지던 세계로부터 정치적인 참여가 모두에게 개방되는 세계로 전환한다. 역사는 정치적 대표제가 물려받은 사회적 신분을 토대로 했던 체제로부터 사회가 그들을 어떤 특성을 가진 이들로 간주하는지와 상관없이 정치적 대표제가 모든 시민의 평등의 원칙을 토대로 하는 체제로 전환한다. 역사는 또한 더욱 추상적인 형태의 권력으로 전환한다. 이전에는 통치자가 제왕의 상징과 호화스럽게 장식된 의식 속에서 분명해졌지만 새로운 통치자는 있는 그대로의 수를 통해서만 그 특성이 인식될 수 있는 환영이다.

이러한 추상화 과정의 근거는 사회체가 수의 단위로 쪼개지는 것을 필요로 하는 근대적인 민주주의의 개념에 있다. 인민주권은 정치적 권리를 인민의 모든 구성원에게 확대한다. 이 권리는 정치적 조직체 안에 포함된다는 사실 그 자체만으로 발생한다. 따라서 어떤 사람도 타인보다 더 크거나 작은 정치적 권리를 보유할 수 없다. 이것이 민주주의의 평등의 원칙이다. 그것은 각각의 인간을 평등화하고 계급, 부, 재능, 신앙, 신분과 관련되는 모든 차이의 영향을 받지 않는 독립적인 존재로 만든다. 그러나 그것은 또한 각각의 인간을 교환 가능한 것으로 만든다. 실체를 빼앗긴 개인은 순수한 정치적 주체로서 상정된다. 그에 따라 사회는 추상화되고 한때 그것에 형태와 무게감을 주었던 전통과 유기적 공동체의 유대로부터 해방된다. 인간이 낡은 사회적 유대로부터 해방되었기 때문에 사회는 분열되는 것으로 보인다. 이제부터 사회는 유사한 권리를 가진 유사한 개인들의 수의 총계로서 이해된다.

이것은 역사의 묘한 전환이다. 통치권이 인민에게 전달되던 바로 그 순간 인민은 자신의 본질을 상실한다. 조밀하고 유기적인 인간 공동체로서의 인민의 특성은 증발하고 인민은 산수의 원칙에 따라 집계되는 일련의 추상적인 단위들로서만 알려진다.[4]

선거와 관련되어 민주주의와 수 사이의 연관성은 오늘날과 같은 여론조사의 시대에는 매우 자명해졌기 때문에 우리는 더 이상 그것에 대해 생각하지 않는다. 18세기 말 인민의 권력과 수의 권력 사이의 관계는 새롭게 발견되었고 또한 제약을 벗어나고 있었다. 1789년의 정치적 폭발은 집계의 분출, 즉 수에 대한 열정과 짝을 이루었는데 되돌아보면 그것은 다수에게 기괴한 인상을 주었다. 가장 잘 알려진 예는 시간을 계산하는 새로운 방식의 발명으로 혁명력에서는 한 주가 열흘이고 달의 이름이 바뀌었으며 인류 역사는 갑작스럽게 중단되어 1년부터 새롭게 시작했다. 또 다른 예는 1789년 9월 국민의회에 제출된 프랑스 행정 개혁의 원안이다. 이 사안을 연구한 위원회는 프랑스가 81개의 똑같은 정사각형 모양의 데파르트망(département)으로 구획되고 각각이 9개의 똑같은 정사각형 모양의 캉통(canton)으로 나뉘어야 한다고 제안했다.[5] 그들은 모든 자연스러운 경계와 아름다운 표지(標識)를 없애 버리고 그것을 기하학적인 추상적 개념들로 대체하려고 했던 것일까? 영국인 철학자 에드먼드 버크가 겁에 질려 그렇게 물었다.[6] 프랑스 혁명 정신하에서 그들은 또한 단위를 표준화했는데 이 경우는 그 결과가 영속적이었다. 인간의 신체에서 유

---

4 Pierre Rosanvallon, *Le peuple introuvable: histoire de la représentation démocratique en France*, Paris: Gallimard, 1998, pp.14~35를 보라.

5 두 개혁 모두에 대한 간결한 논의들로는 Mona Ozouf, "Département", ed. Francois Furet and Mona Ozouf, *A Critical Dictionary of the French Revolution*, trans. Arthur Goldhammer, Cambridge, Mass.: Harvard University Press, 1989, pp.494~503; "Revolutionary Calendar", *A Critical Dictionary of the French Revolution*, pp.538~547을 보라.

6 Edmund Burke, *Reflections on the Revolution in France*, Oxford: Oxford University Press, 1993, pp.174, 183~184.

래했던 길이와 거리를 재는 낡은 단위—엄지손가락, 손, 발의 연장, 또는 걷거나 말에 타고 하루를 이동한 거리—는 폐기되고 공간의 영역에서의 평등을 분명하게 보여 주는 기하학적인 추상적 개념인 미터 체계로 대체되었다.[7]

혁명은 '통계 제국주의'의 시대였다고 역사학자 루이 슈발리에는 말한다. 그는 혁명력 9년(1800년 9월~1801년 9월)에 일어난 다음의 이야기를 들려준다. 지방의 한 시장은 정부가 요구하는 모든 통계자료를 제공할 수 있겠냐는 질문을 받는다. 그 시장은 대답하길 "곧 실행하겠습니다. 명령이라면 열 번이라도 더 하겠습니다. 정부가 매년 내 관할 지역의 지상 위로 날아가는 새의 수에 대해 묻는다면, 나는 그 자리에서 종달새 한 마리의 오차도 없이 답할 것입니다".[8]

역사와 사회를 재현하는 문제에 직면했을 때, 18세기 후반의 계몽주의와 관념학파는 수학적 해법을 모색하려는 경향이 있었다. '정치적 산수'는 인구학적 현실과 사회적 조건들 사이의 관계에 대한 연구를 칭하는 일반적인 호칭이었다.[9] 과학자 뷔퐁은 농업 생산량, 출산율과 사망률, 그리고 그가 '윤리적 산수'라고 칭한 다른 사회적 요인들 사이의 관계를 연구하였다.[10] 한편 수학자 콩도르세는 '사회적 수학'을 상상했는데, 그는 사회의 갈등적인 이해관계가 통계 계산과 확률의 법칙을 적용하여 분석

---

7 미터 체계의 도입에 대해서는 Ken Alder, *The Measure of All Things: The Seven-Year Odyssey That Transformed the World*, London: Little, Brown, 2002를 보라.

8 Louis Chevalier, *Classes laborieuses et classes dangereuses: à Paris pendant la première moitié du XIXe siècle*, Paris: Plon, 1958, p.24. 별도로 언급되지 않았으면, 비영어 자료의 모든 번역은 내가 직접 한 것이다.

9 Paul Rabinow, *French Modern: Norms and Forms of the Social Environment*, Cambridge, Mass.: The MIT Press, 1989, p.59.

10 Chevalier, *Classes laborieuses et classes dangereuses*, p.22.

될 수 있다고 믿었다.[11] 다비드의 그림 속의 대표자들 중 한 명인 에마뉘엘 조지프 시에예스는 그의 매우 영향력 있는 소책자 『제3신분이란 무엇인가』에서 정치 개혁에 대한 찬성론을 펼치는데, 그는 부르주아지가 프랑스 국민의 보편적인 이익을 대표한다는 사실을 증명하기 위해 수적인 증거에 의존했다. 귀족과 성직자 신분이 그들 자신의 구성원들만을, 또는 합쳐서 20만 명만을 대표했던 반면 제3신분은 모두가 정치적 영향력을 박탈당한 약 2,500만 명의 나머지 모든 사람들을 대변한다고 시에예스는 계산했다.[12]

한 세대 후에 이와 같은 사회적 데이터를 산출하는 일은 근대적 의미의 인구통계학의 창시자인 아돌프 케틀레에 의해 정교해진다. 케틀레는 주어진 인구와 관련된 모든 인구학적·생물측정학적인 데이터를 수집했다. 그후에 그는 각 모수의 평균을 산출했다. 이 평균들을 합쳐서 케틀레는 성공적으로 평균인(l'homme moyen)의 이미지를 조작했는데 그 주변에 주어진 인구의 모든 개인들이 통계적으로 분산되어 있다. 케틀레는 자신이 인간 종(種)의 중도, 즉 모든 시공간에서 유효한 인간의 모델을 발견했다고 믿었다.[13]

---

11 Keith Michael Baker, *Condorcet: From Natural Philosophy to Social Mathematics*, Chicago: The University of Chicago Press, 1975, pp.225~244, 330~342.

12 Emmanuel Joseph Sieyès, *Qu'est-ce que le tiers état?*, ed. Edme Champion, Paris: Société de l'histoire de la révolution française, 1888, pp.37~40. 또한 절판된 영어 번역본도 있다. *What Is the Third Estate?*, trans. M. Blondel, ed. S. E. Finer, London: Pall Mall, 1963.

13 케틀레는 몇몇의 연구들에서 그의 평균인 이론을 발전시켰고 1869년의 그의 주요한 저작에서 완전히 발전된 형태로 내놓았다. Adolphe Quételet, *Physique sociale: Ou essai sur le développement des facultés de l'homme*, ed. Éric Vilquin and Jean-Paul Sanderson, Brussels: Académie Royale de Belgique, 1997, pp.411~567. 또한 Georges Canguilhem, *The Normal and the Pathological*, trans. Carolyn R. Fawcett and Robert S. Cohen, New York: Zone Books, 1989, pp.151~162; Rabinow, *French Modern*, pp.63~67을 보라.

케틀레의 평균인의 개념은 인간을 묘사하고 대표하는 문제의 해법을 제공했다. '평균적 인간'은 주어진 인구가 자신에 대한 이상적인 통계적 성찰을 숙고하게 하는 거울의 역할을 하며 여기에는 개인적 일탈과 사회적·지역적 출신의 자취가 제거되어 있다. 그러므로 평균적 인간은 스스로를 인민의 의지의 진정한 얼굴과 목소리로서 확립하려고 시도하는 어떤 행위자든 주장할 수 있는 공통성의 기준, 즉 보편적인 규범을 확립한다. 스스로를 인민의 보편적 기준과 연관시킬 수 있는 계급이나 당은 곧 다른 집단을 순수하고 적절한 혈통으로부터 타락한 탐탁하지 않은 형태들로 묘사하며 거부할 것이다. 이런 관점에서, 평균적 인간에 따르는 데 실패한다는 것은 부당하게 오점으로 이용될 것이다. '평균적 인간'은 단위와 자가 되어 공동체의 진정한 구성원과 다른 사람들 사이의 경계를 나타내게 될 것이다.

케틀레는 또한 악명 높은 군중 속의 인간, 또는 대중적 인간에 대한 첫번째 정의를 우리에게 제시한다. 우리 모두는 수많은 소설과 영화들에 등장하는 그를 알고 있다. 그는 근대성의 세계에 거주하는 포착하기 어려운 창조물이며 결코 눈에 띄지 않고 항상 배경 속으로 사라지는 인간이다. 평균인은 또한 사회의 급진적 추상화를 전제하는 사회적 상상력에 의해 만들어졌다는 의미에서도 군중 속의 인간이다. 평균인을 구성하기 위해서 서로 다른 정체성과 직업, 특성을 가진 남녀의 구체적인 인구는 측정되고 비교되고, 궁극적으로 통계적 계산의 수적인 기입으로 바뀔 수 있도록 더 작은 단위로 분해되어야 하며, 거기에서 비밀스런 부활의 작용을 통해 평균적인 인간이 등장한다. 여기서 작동하는 사회적 상상력은 본질적으로 혁명의 민주주의적 상상력과 유사한데, 그것은 인간을 양도할 수 없는 권리를 가진 자유로운 개인으로서 재정의하고 인민을 평등의 공동체로 새롭게 정의하기 위해 사회적 위계를 수평화하고 봉건적 특권을 폐지하여 이른바 자연스런 질서를 분해한다.

18세기 말경 더 보편적으로 정치적 논문과 사회적 상상력 속에서 기록된 수의 권력에 대한 발견은 또한 대중에 대한 집중적인 담론을 유발했다. 민주주의 사회가 '무한의 수'에 의해 통치된다는 생각에서 다수, 다중, 또는 대중에 의해 통치된다는 관점으로 이동하기 위해서는, 단지 용어들의 약간의 조정이 필요할 뿐이다—우리가 보게 되는 것처럼, 에드먼드 버크가 처음으로 그것을 보여 주었다.

프랑스 혁명의 시기에 이 용어들은 주로 수적이고 수학적인 영역에 속했다. 1789년, 영어의 'mass'는 프랑스어의 'masse'처럼 어떤 물질이건 명시되지 않은 많은 양을 가리켰다. 혁명을 통해 민주주의적 열망이 나타나면서 사회 관찰자와 정치이론가들은 이 수학적인 단어들을 갑작스럽게 정치적 영역에 침범한 무한한 수의 사람들의 존재를 묘사하기 위해 사용하기 시작했다.

물론 대중들이 단순히 민주주의 사상이 출현한 결과로 나타난 것은 아니다. 오히려, 정확한 역사적 순서로 이 문제를 설명하면, 수많은 사람들 또는 대중들이 사회 속에서 그들의 존재를 주장했기 때문에 이 시기에 민주주의 사상이 나타났다. 산업화와 자본주의가 농민과 장인, 노동자를 몰아내고 시골에서 도시로의 대이주를 이끌면서 길드 체제를 침식하고 시골의 생활양식을 변형시켰기 때문에, 소수의 유럽 도시들은 도시적이고 산업화된 중심지가 되고 주민들은 조밀한 인구 집중 속에서 살게 되었으며 사회계급은 매우 근접하게 병치되어 서로 부대끼며 살 수밖에 없었다. 더 부유한 시민들은 문을 잠그고 방에 틀어박혀 벨벳 커튼을 쳐 놓았지만 결국 산업 공장의 매연과 작업일의 리듬을 나타내는 공장의 경적 소리, 인구가 많은 노동계급의 광경과 소음, 냄새를 피할 수는 없었다.

그러나 이 묘사와 함께 우리는 이미 전형적인 근대성의 우주에 도달했다. 그것은 바로 사건과 계급, 억양과 직업, 생활양식이 충돌하는 대도시이다. 이러한 의미에서 19세기의 파리는 단절, 대조, 예기치 못한 조우, 갑작스런 사고, 도시의 모험이 나타나는 세계를 상징하게 되었다. 근대의 정신은 샤를 보들레르에 의해 처음으로 명기되고 확인되었다. "군중 속에 존재하는 즐거움은 수의 증식 안에서 느끼는 감각적 기쁨의 신비로운 표현이다. **모두**는 수이다. 수는 **모두** 안에 있다. 수는 개인 안에 있다. 황홀경은 수이다."[14]

보들레르를 그렇게 황홀하게 만들었던 도시 세계는 귀스타브 플로베르를 혐오감으로 가득 차게 했다. "하나의 요소가 다른 모든 나머지의 손실을 압도한다. **수**가 마음과 교육, 인종, 돈 자체를 지배한다—심지어 **수**보다 더 좋은 **것**까지 지배한다."[15]

그러나 보들레르와 플로베르가 이 구절들을 썼던 19세기 중반경에 군중은 이미 수의 문제를 훨씬 넘어섰다. '대중'은 자석 같은 용어다. 19세기 전반기 동안 그것은 급속하게 새로운 의미들을 축적하게 된다. 그것은 또한 톰슨이 언급한 과거의 중심점에 속한다. '대중들'은 근대의 역사가 전환하는 경계에 놓여 있다.

---

14 Charles Baudelaire, *Intimate Journals*, trans. Christopher Isherwood, London: The Blackamore Press, 1930, p.29. 프랑스어판은 다음의 표제로 출간되었다. "Journaux intimes. Fusées"(1897), *Œuvres complètes de Charles Baudelaire*, vol.6, Paris: Éditions de la Nouvelle Revue Française, 1937, p.249.

15 Gustave Flaubert, "Letter to George Sand, 8 September 1871", *Flaubert-Sand: The Correspondence*, trans. Francis Steegmuller and Barbara Bray, New York: Alfred A. Knopf, 1993, p.240. 프랑스어판은 다음의 표제로 출간되었다. *Correspondance*, vol.4, ed. Jean Bruneau, Bibliothèque de la Pléiade, Paris: Gallimard, 1999, p.376.

4

돼지 같은 다중

에드먼드 버크의 『프랑스 혁명에 관한 성찰』은 1790년 11월에 출판되었고 곧장 논란을 불러일으켰다. 영국에서는 프랑스가 새롭게 자유를 쟁취한 것에 반대하는 버크의 의견에 대해 격렬한 논쟁이 발생했고, 토머스 페인(Thomas Paine)과 메리 울스턴크래프트(Mary Wollstonecraft)와 같은 저명한 작가들은 그의 소책자를 반박하기 위해 펜을 들었다.

버크의 업적은, 만약 그런 것이 있다고 한다면, 수적인 힘에 기반을 둔 사회질서라는 관념을 사회적 혼란과 폭력의 두려움에 연결시킨 것이었다.

혁명은 왕과 교회, 재산과 같은 신성한 제도를 모독함으로써 사회조직을 갈기갈기 찢어 놓았다. 버크에 따르면 이 제도들은 물려받은 것이기 때문에 "지당한" 것이었다. "우리의 선조들에게서 비롯하여 우리 자손들에게 전승될 것이었다."[16] 평민들의 복종은 이 신성한 질서의 자연스런 부분이었다고 버크는 썼다.

---

16 Burke, *Reflections on the Revolution in France*, p.33.

좋은 질서는 모든 좋은 것들의 초석이다. 노예가 되지 않고 배울 수 있으려면 인민은 유순하고 순응적이 돼야 한다. 치안 판사는 공경을 받아야 하고 법은 권위가 있어야 한다. 대다수의 사람들은 자연스런 복종의 원칙을 그들의 마음에서 벗어난 인위적인 것으로 생각해서는 안 된다. 그들은 자신이 가질 수 없는 재산을 존중해야 한다. 그들은 노동으로 얻을 수 있는 것을 얻기 위해 노동해야 한다. 그들이 흔히 깨닫듯이 성공이 노력과 비례하지 않는다는 사실을 알게 되면 그들은 영원불변한 정의라는 궁극의 재산에서 위안을 얻어야 한다.[17]

버크의 시대에는 서로 다른 사회적 집단들을 서로 다른 동물 종들에 견주는 것이 합리적인 것으로 보였다. "각각의 종에는 적절한 음식과 보살핌, 이용이 있기 때문이다." "양과 말, 황소"를 그들이 마치 하나의 동일한 종인 것처럼 "모두를 동물로 추상화하고 평등화하는 것"은 어리석은 짓이라고 버크는 주장했다.[18] 그러나 이것이 정확히 혁명적인 프랑스의 광기였다고 그는 덧붙였다. 프랑스의 새로운 지도자들은 "모든 유형의 시민을 하나의 동질적인 대중으로 혼합하려고 시도했고 또 그렇게 할 수 있었다".[19] 민주주의적 망상에 눈이 먼 그들은 평민들이 스스로를 그들의 주인과 평등하게 여기도록 설득하였고 그에 따라 그들은 "침략당한 전 국토에서 반역과 약탈, 강간, 암살, 도살과 방화를 허가하고" 있었다.[20]

버크의 성찰은 두 수준에서 진행된다. 그는 물려받은 제도를 자유와

---

17 Burke, *Reflections on the Revolution in France*, p.246.
18 *Ibid.*, p.185.
19 *Ibid.*, p.186.
20 *Ibid.*, p.40.

평등의 추상적인 개념으로 대체하는 일의 위험성에 대해 이론적인 주장을 펼친다. 그는 또한 가장 폭력적인 요소들을 강조하면서 프랑스에서 일어난 당시의 사건들을 전한다. 버크의 텍스트에서 이 두 부분은 그것들 자체의 논리에 따라 합쳐지고 또 분리된다. 저자는 어느 사이엔가 지적인 분석에서 감정적인 반사 작용으로 태도를 바꾼다. 때로는 연속되는 두 문장의 주장들 사이에서도 비약이 발생한다. "2,400만이 20만을 압도해야 한다고들 한다. 왕국의 헌법이 수의 문제라면 그럴 것이다. 이런 종류의 담론은 성공적으로 그다음 전개를 위한 가로등의 역할을 한다. 침착하게 추론할 수 있는 사람에게, 이것은 터무니없는 소리다."[21] 이런 식으로, 버크는 시에예스의 민주주의 개혁과 관련된 통계적 주장을 관리들이 사로잡혀 가로등에 목매달렸던 1789년 여름 이후로 드물게 일어난 한두 건의 범죄 사건과 결부시키며 묵살했다.

버크가 프랑스의 당시 상황에 대해 이야기할 때마다 그의 목소리는 절제를 잃고 높아진다. 두려움의 수사가 두드러지면서 이야기는 악취를 풍기기 시작한다. 그것은 1789년 10월 6일에 대한 그의 설명에서 절정을 이루는데, 당시 파리의 노동계급 여성들과 국민방위대는 왕과 왕비를 수도로 돌아오라고 압박하기 위해 베르사유까지 행진하였다. 그것은 각각의 정보가 날조되거나 왜곡된 다음과 같은 구절들이었기 때문에 동시대 사람들의 다수는 그의 책을 풍자만화로 일축했다.[22]

---

21 *Ibid.*, p.52.

22 일반적으로 버크의 저작에 대한 반응은 완전히 무시하는 것은 아니더라도 비판적이었는데, 급진주의자와 자유주의자들 사이에서뿐 아니라 버크가 속한 보수 정당 내에서도 마찬가지였다. 이 책은 그것의 이론적인 논의 때문이 아니라 프랑스 정치에 대한 묘사가 지닌 저속함과 부정확함 때문에 독자들을 당혹스럽고 분노하게 만들었다. Leslie G. Mitchell, "Introduction", Burke, *Reflections on the Revolution in France*, pp.viii~xi을 보라.

곧 [여왕의 처소를 호위하던] 보초가 살해당했다. 잔인한 악당과 암살자 무리가 보초의 피의 악취를 풍기며 왕비의 침실로 돌격하여 총검과 단검으로 백여 차례 침상을 찔렀는데, 그곳에서 이 학대받은 여인은 가까스로 거의 벌거벗은 채 달아나 왕이자 남편의 발밑에서 은신처를 찾으려고, 당시로서는 그의 생존을 확신하지도 못한 채, 살인자들에게 알려지지 않은 통로를 통해 도망쳤다. 그후 이 왕과, 그는 말할 것도 없고, 여왕과 그들의 어린 자식들(이들은 한때 많은 관대한 사람들의 자부심이자 희망이었다)은 대학살로 더럽혀지고 흩어진 사지와 몸통으로 뒤덮인, 세계에서 가장 화려한 궁전의 성역을 버리고서 피 속을 헤엄치며 떠났다.[23]

버크는 혁명에 대한 그의 설명에서 '군중'(crowd)이라는 단어를 사용하지 않는다. 그는 또한 '대중들'(masses)을 근대의 경멸적 의미로 사용하지 않는다. 1790년에 '대중'과 '대중들'은 여전히 명시되지 않은 다수의 사람들과 물건을 가리키는 중립적인 용어다.[24] 대신에, 버크는 인민의 행동을 묘사하면서 기이하고 전근대적인 관용구를 사용하는데 그것은 때로는 불길한 것이고 때로는 깔보는 것이다. '폭도'(the mob)는 두어 페이지마다 한 번씩 등장한다. 혁명의 지지자들은 이제 야만인, 포악한 짐승, 무지한 어린이에 비유된다. 하나의 공인된 표현은 "돼지 같은 다중"이다.

23 Burke, *Reflections on the Revolution in France*, p.73.

24 계몽주의 시대의 기념비이자 경전인, 프랑스어로 된 『백과전서』에서 '대중'(masse)은 어디에서도 사회 현상으로 정의되지 않고 오로지 물리적인 덩어리나 알려지지 않은 물질의 양을 나타낸다(Denis Diderot and D'Alembert, *Encyclopédie, ou Dictionnaire Raisonné des sciences des arts et des métiers*, vol.10, Stuttgart-Bad Cannstatt: Friedrich Frommann Verlag, 1966, p.178). 또한 『백과전서』에는 'mass'와 'crowd'에 해당하는 더 흔한 프랑스어 표현인 'foule'라는 표제어도 존재하지 않는다.

그래도 버크는 대중 정치와 군중 행위에 관한 최초의 근대적 분석가에 포함되어야 한다. 그의 『프랑스 혁명에 관한 성찰』은 뒤이은 수십 년 동안 점차 수정되고 정교해질 사상의 초석을 마련했고, 19세기 말에 그것은 마침내 대중심리학이라는 이름을 가진 과학적인 이론으로 나타났다.

이 첫번째 구현에서, 대중들은 민주주의와 평등의 새로운 원칙들이 모든 위계질서를 헐어 버리고 사회를 교환 가능한 원자들, 즉 개인들이 더 큰 단위로 결합되는 평등한 영역으로 변화시키는 과정의 결과를 명시한다. 이러한 관점에서, 개인과 대중은 정반대편에 있지 않은데 그들이 단수 대 복수로서 서로 관련되기 때문이다. 대중을 완전한 수로서 인식하는 이와 유사한 관점은 알렉시스 드 토크빌의 『미국의 민주주의』(*De la démocratie en Amerique*, 1835년에 1권, 1840년에 2권 출판)에서 다시 시작된다. 토크빌은 대중의 부상과 개인주의의 출현을 하나의 동일한 추상화 과정의 두 측면으로서 분석한다. 그는 "귀족 정치는 농민에서 왕에 이르는 공동체의 모든 일련의 구성원들을 만들었다"라고 주장한다. 그와 반대로 민주주의는 "그 사슬을 부수고 각각의 연계를 끊어 놓는다".[25]

토크빌이 이러한 변형에 대해 찬성과 반대의 입장을 저울질한 반면, 버크는 그것을 혐오했다. 버크에 따르면 인간에 대한 민주주의의 추상적인 관념과 그것의 다수의 원칙은 혁명 후에 일어난 집단적인 폭력으로 인해 비난받아야 했다. 버크 이후에 '대중'은 더 이상 많은 수를 가리키는 중립적인 호칭으로서 간주될 수 없었고 이 용어는 이제 여러 다른 방향으로 향했다. 한편으로 '대중'은 정치 속의 무한한 집단의 존재를 가리켰다.

---

25 Alexis de Tocqueville, *Democracy in America*, trans. Harvey C. Mansfield and Delba Winthrop, Chicago: University of Chicago Press, 2000, p.483.

다른 한편으로, '대중'은 하층계급이 불평등에 항의하기 위해 정치적으로 행동할 때 종종 분출했던 폭력과 불안을 암시했다. 이 두 현상은 버크에 의해 함께 봉인되었었다. 그 이후로 줄곧 그 둘을 떼어 놓는 것은 불가능했다. 1789년경, 버크가 그것을 처음으로 체계화한 것을 포함하여 정치적 집단과 사회적 불안이 본질적으로 연결되어 있다고 여기는 사회적 담론이 등장했기 때문에 그 둘은 분리되지 않을 것이다. 가령, 토크빌은 그가 '다수의 횡포'라고 칭하는 그의 책의 장들에서 무제한의 수를 폭력적인 사적 제재와 방탕함과 연결시킨다. 미국을 횡단하며 이동했던 이 프랑스의 사상가에 따르면 다수의 원칙의 원형적인 표현은 폭동을 일으키는 무리다.[26]

버크 이래로 이러한 연결은 이제 대중들에 대한 수사법의 주요한 기능일 것이다. 그러한 수사법은 집단행동의 정치적 영향력이 폭력의 망령을 자동적으로 불러일으키도록 만들고, 또한 모든 종류의 정치적 폭력이 집단행동의 정치적 영향력을 제한하자는 제안을 자동적으로 초래하도록 만든다. 대중의 마음속에는 민주주의가 위험한 것으로 연상되는 고리가 나타난다.

침울한 해석은 널리 퍼졌다. 버크와 토크빌뿐 아니라 계몽주의 시대의 대부분의 정치철학자들은 민주주의가 법과 국가가 다수의 폭발적인 열정에 종속되는 사회를 수반했다고 주장했다. 인민의 통치는 임의적이고 예측 불가능한 것이었다. 따라서 미국과 프랑스의 공화정 창립자들은 민주주의에 대한 대안을 발명했다. 그것은 '대의제'였다. 이론상으로, 이 제도는 정치권력이 사회의 가장 능력 있고 선견지명이 있는 집단에게 위

---

26 Tocqueville, *Democracy in America*, pp.239~242.

임된다는 것을 의미했다. 그러나 실제적으로, 이 제도는 자신들끼리 주기적으로 투표를 하여 공직자와 대표자들을 선출하는 납세 남자 시민들이라는 제한된 집단에 정치적 지배를 허가했다. '보편적인' 투표권과 여성의 투표권이 도입되면서 이 제도는 점차 전체 성인 인구에게 확대되었다. 그렇게 오늘날 민주주의로 인정되고 대개 합법적인 유일한 민주주의 형태로서 찬양되는 대의제는 민주주의를 명백하게 거부하며 발명된 정치체제에 뿌리를 두고 있다.

오늘날의 문화적·정치적 환경 속에서 우리는 200년 전의 민주주의가 어떤 의미였을지 상상할 수 있는 능력이 거의 없다. 그것은 대표하는 사람들과 대표되는 사람들 사이의 관계가 직접적이었던 공동체에서 모두의, 모두에 의한 통치였다. 더 안전하고 더 예측 가능한 대의제라는 대안을 받아들인 프랑스와 미국의 공화정 창시자들은 그들의 선호에 대해 어떤 구실도 대지 않았다. 민주주의는 위험한 것이고 어떤 일이 있어도 피해야 하는 것이었다.

5

사회의 심연

대중은 회고록을 쓰지 않는다. 누가 바스티유를 습격했을까? 무엇이 그들을 행동하게 만들었을까? 그들은 무슨 생각을 했을까? '대중들'은 누구인가? 이 단어로 지칭되는, 또는 그 뒤에 숨겨진 사람들은 거의 진술을 남기지 않았다. 그들의 동기를 증언하는 기록의 증거도 거의 존재하지 않는다. 그럼에도 불구하고, 역사학자들은 사료를 발굴하여 혁명적 군중의 일원이었던 남녀들의 일부를 확인하였다. 학자들은 또한 법정 회의록과 경찰 기록, 하층계급과 관련되었던 다른 당국의 문서들을 연구하여 혁명 기간 동안의 대중의 봉기가 인간 행동의 보통의 패턴을 따른다는 것을 규명할 수 있었다. 보편적인 인간사와 마찬가지로 그것들은 복합적인 압력과 관심사에 의해 결정된다. 역사학자들이 대중을 확대해서 바라보자 그것은 곧 당연한 것으로 여겨지던 동질성을 상실하고 종잡을 수 없이 복잡한 모순되는 동기와 계획들로 용해되지만, 종국에는 언제나 그렇듯 거대한 단순화로서 나타난다.[27]

---

27 '대중들'에 관한 논의와 직접적으로 관련되는, 프랑스 혁명의 사회사를 다룬 선구적인 연구들로는 Georges Lefebvre, "Les Foules révolutionnaires", *Quatrième semaine internationale de synthèse: la foule*, Paris: Félix Alcan, 1934, pp.79~107; George Rudé, *The Crowd in the*

영국 작가 토머스 칼라일은 이 딜레마를 의식하고 있었다. 진정한 역사적 행위자들을 단순히 촉발된 집단적 힘의 대표자들로 격하시키지 않으면서 수년이라는 짧은 기간 안에 프랑스를 변형시킨 역사적인 과정에서의 의미 있는 패턴을 어떻게 파악할 것인가? 1837년 출판된 『프랑스 혁명』에서 칼라일은 역사의 소재를 다룰 때의 정치철학의 투박한 범주의 부적합함을 강조했다.

> 노동자들에 대해서도 그것은 그다지 적절하지 않다. 불행이다! 그들은 2,000만에서 2,500만 명이나 되기 때문이다. 그러나 그들을 우리는 일종의 어렴풋하고 간결한 개체로, 거대하지만 어렴풋한, 멀리 떨어져 있는, **하층민**으로, 더 자비롭게는 '대중들'로 일괄한다. 대중은 실로, 기묘한 일이지만, 상상력을 발휘해서 당신이 광대한 프랑스에서 그들의 진흙 오두막으로, 그들의 다락방과 토끼상으로 그들의 뒤를 따라가 보면 대중들은 모든 단위들로 구성되어 있다. 그들의 모든 단위는 자신의 감정과 슬픔을 갖고 있고, 그것을 자신의 피부로 덮고 있다. 그리고 만일 당신이 그를 찌른다면 그는 피를 흘릴 것이다…… 얼마나 위대한 생각인가. 이 대중의 모든 단위가 놀라운 인간이라는 사실이![28]

칼라일의 책은 원래 '상퀼로티즘의 역사'(A History of Sansculottism)라는 부제를 달았는데, 그것은 그의 서술에서 일반 사람들(les sans-

---

French Revolution, Oxford: Oxford University Press, 1959. 또한 Alfred Cobban, *The Social Interpretation of the French Revolution*, Cambridge: Cambridge University Press, 1999(1st ed. 1964)를 보라.

28 Thomas Carlyle, *The French Revolution: A History*, New York: The Modern Library, 2002, p.29.

culottes)이 선두의 역할을 하도록 만들려는 저자의 계획을 보여 준다. 분명히 칼라일의 설명에서 억압받은 계급들은 주요한 위치를 차지하지만 그것은 그들 자신의 미덕이나 정치적 분투 때문이 아니다. 그보다는, 상퀼로트는 형이상학적인 권력의 모든 특성을 가진 이데올로기의 힘의 수중에서 도구로서 나타난다. 『프랑스 혁명』은 일반적인 종류의 역사서가 아니기 때문이다. 그것은 알레고리적인 서사시로서 그 안에서 혁명은 초인적인 요소들 간의 투쟁으로서의 역사의 우주생성론적인 공상을 발전시키는 기회를 제공한다. 칼라일의 관점에서, 창조부터 최후의 날까지 인류의 운명을 결정하는 것은 인간의 행동 자체가 아니라 바로 이러한 요인들이다.

우리는 헤겔이 혁명을 인민을 도구로 사용한 세계정신의 표현으로서 이해했다는 것을 알고 있다. 그와 유사한 방식으로 칼라일은 프랑스의 수백만 명의 노동자를 '상퀼로티즘'이라고 불리는 집단적인 힘으로 변형시켰다. 그는 있는 그대로의 수로부터, 또는 인구학적인 조건으로부터 통제할 수 없고, 측정할 수 없고, 무질서한 힘과 같은 환상적인 권력으로 일직선을 그린다. 피와 살이 있는 인간은 이러한 익명의 힘에 예속되는 인간이고, 진정한 역사의 행위자는 나타날 수 없다.

칼라일은 대중들의 정치적 행동을 수의 소용돌이로 모든 사회적 위계질서와 제도들을 녹여 버리는 파괴의 힘으로 이해한다. 그러나 인민의 파괴적 힘을 재산과 유산에 대한 자연권의 노골적인 위반으로 판단했던 버크나 토크빌과 달리, 칼라일은 상퀼로티즘의 '파괴적 분노'를 신성하고 원시적인 힘으로 해석하였고 유럽 낭만주의의 전형적인 격정적 산문에서 그것의 결과를 묘사했다.

프랑스 혁명은 여기에서 타락한 낡은 권위에 대항하는 석방된 무정부주의의 공공연한 폭력적 폭동과 승리를 의미한다. 무정부주의는 어떻게 감옥을 부수는가. 그것은 무한한 심연, 그리고 세계를 감싸는 통제할 수 없고 측정할 수 없는 분노로부터 터져 나온다. 열광과 광란의 국면이 계속된다. 광란이 스스로를 다 불태워 버릴 때까지. 그리고 새로운 질서가 보유한 모든 요소들은 (모든 힘이 그러한 것을 갖기에) 스스로 발전하여 통제할 수 없는 것이 되지만, 다시 감금되지는 않더라도 잘 제어하여 활용하면, 그것의 광포한 힘은 목표를 향한 분별 있는 규제된 힘으로 작동하게 된다.[29]

칼라일은 또한 혁명적인 프랑스인들을 "세계의 피닉스"에 비유했다. 그는 상퀼로티즘을 "머리가 여러 개 달린", "불을 내뿜는" 것으로 특징지었다. 그것은 지하세계의 불길 속에서 떠오르며 그 불 속에서 스스로를 완성하고 앙시앙 레짐(ancien régime)을 화염 속으로 데리고 들어간다. "장례식의 불꽃은 하늘을 향해 세차게 흔들리고 모든 것들을 감싼다. 그것이 세계의 불사조다."[30] 즉 상퀼로티즘이 새로운 세계를 출현시킨다는 것을 말하고 있다. 혁명의 불길 속에서 낭만주의자 칼라일은 서광이, 샛별이 비추는 것을 보았다. 대중들의 공격이 있은 후에 역사는 새롭게 시작될 것이다.

---

29 Carlyle, *The French Revolution*, pp.178~179.
30 *Ibid.*, p.202.

6

히드라

자크 루이 다비드의 혁명에 관한 이미지에서 인물들은 캔버스의 한쪽 가장자리에서 다른 쪽 가장자리로 뻗어 있는 수평의 축을 따라 배열된다. 그것을 평등의 축이라고 부르자. 맹세를 선언하는 국민의회 의장인 바이이를 제외한다면 누구도 나머지 사람들보다 위로 솟아 있지 않다. 화면 속에 가능한 한 많은 사람을 몰아넣음으로써 다비드는 새롭게 떠오르는 민주주의 체제가 수적인 힘에 토대한다는 점을 시사한다. 더 나아가 모든 사람들의 관심이 바이이에게 향해 있는 바로 그 순간을 묘사함으로써 이 예술가는 많은 머리와 인물들을 하나의 육체로 변형시키고 그에 따라 민주주의적 주권 개념의 시각적 등가물을 창안하는데, 그것은 다수의 사람들이 하나의 유일한 제헌 권력이 되었다는 사실을 명기한다. 「테니스 코트의 서약」은 사회의 새로운 주권에 바쳐지는 제단화이다.[31]

---

31 「테니스 코트의 서약」에 대한 나의 해석은 다음의 학문적인 연구들에 빚진다. Philippe Bordes, *Le Serment du Jeu de Paume de Jacques-Louis David: le peintre, son milieu et son temps de 1789 à 1792*, Paris: Ministère de la culture, Editions de la Réunion des musées nationaux, 1983; Timothy J. Clark, *Farewell to an Idea: Episodes from a History of Modernism*, New Haven: Yale University Press, 1999, pp.15~53; Simon Lee, *David*, Paris: Phaidon, 2002; Susanne von Falkenhausen, "Vom 'Ballhausschwur' zum 'Duce': Visuelle Repräsentation

다비드는 어떻게 무한한 수가 고결한 연합으로서 나타난다는 인상을 만들어 냈을까? 그림을 더 자세히 들여다보면, 우리는 그가 균형을 잃지 않고서 만들어 내는 미학적 대립과 정치적 모순들을 확인할 수 있다. 미술사가들은 분명 서로 다른 두 가지 목표가 그에게 동기를 부여했다는 점을 지적했다.[32] 다비드는 참석한 약 600명의 사람들의 초상을 포함하는 실제의 역사적 사건을 기록하고 싶어 했다. 동시에, 그는 집회를 영원한 이상으로, 즉 다양한 대표자들의 몸짓과 자세의 신고전주의적인 구성에서 나타나는 것과 같은 미술품으로 변형시킴으로써 영원성을 부여하기를 원했다. 이상주의적인 구성의 원칙과 현실주의적인 의도 사이의 양식상의 긴장이 이미지의 분명한 내용에서 나타나는 대립에 의해 증폭된다. 이 그림은 대표자들이 근엄하고 합리적인 숙고의 정신으로 공통의 의지를 확약하는 계약상의 문제로서 묘사하는 것으로 보이지만, 동시에 그것은 깊은 정치적 열정에 뿌리박힌 애국주의의 자발적인 분출을 묘사한다. 합리주의와 비합리적인 열정의 이러한 결합은 또한 이미지의 형식적인 구성에서의 구조적인 대립과 연결된다. 사람들이 위치한 홀은 원근법의 명료한 선들, 후경과 전경의 분명한 분리, 그리고 전경의 시각적인 공간의 뚜렷한 분할에 의해 단호하게 분리된다. 이미지는 각각의 인물을 거대한 드라마 속의 특정한 위치와 역할로 매어 놓는 기하학적인 망에 의

---

von Volkssouveränität zwischen Demokratie und Autokratie", ed. Annette Graczyk, *Das Volk: Abbild, Konstruktion, Phantasma*, Berlin: Akademie Verlag, 1996, pp.3~17; Régis Michel and Marie-Catherine Sahut, *David: L'art et le politique*, Paris: Gallimard, 1988; Régis Michel ed., *David contre David: actes du colloque organisé au musée du Louvre par le service culturel du 6 au 10 décembre 1989*, vol.2, Paris: La Documentation française, 1993.

32 Falkenhausen, "Vom 'Ballhausschwur' zum 'Duce'", pp.58~68; Antoine de Baecque, "Le Serment du Jeu de paume: Le corps politique idéal", ed. Régis Michel, *David contre David*, vol.2, pp.776~780을 보라.

해 구조화되는 것으로 보인다. 그러나 인물들의 얼굴은 이들이 곧 거대한 열정을 순간적으로 폭발시키려고 하는 집단이라는 것을 보여 준다. 열정의 외침, 벌어지는 입들, 눈물로 넘치는 눈들, 포옹하는 육체와 서로 맞잡은 손들, 신의 출현과 계시에 홀려 있는 얼굴들. 중앙에 위치한 바이이의 바로 오른쪽의 한 인물은 자신의 가슴을 주먹으로 치며 마치 창문 바깥의 구름 속 무언가를 응시하는 것처럼 하늘의 어느 먼 지점에 시선을 고정시키고 있다. 그는 분명 자신의 사적인 미래상에 넋을 잃은 로베스피에르(Robespierre)이다. 아니, 분명 이 집회는 이성에 의해서만 지배되지는 않는다.

다비드는 잘 배열된 의회와 맹위를 떨치는 폭도 사이의 교차 지점을 만들어 낸다. 이러한 대립은 이 그림이 지닌 역사적 임무의 진정한 특성을 드러내는 궁극적인 모순을 나타낸다. 프랑스인 비평가 앙투안 드 베크는 이 이미지가 두 개의 구별되는 도상학적 관례로 거슬러 올라갈 수 있다고 주장한다.[33] 첫째 「테니스 코트의 서약」은 그림을 재현하는 전통에서 영향을 받았고, 여기서 예술가는 정치적 통치자를 찬양하도록 의뢰받는다. 이런 이유로 우리의 박물관에는 중요한 개인이나 집단들의 모든 초상화가 마땅히 걸려 있다. 이 고관들은 항상 조화롭고 결연하며, 우아한 자태로 머무르는 것으로 묘사된다. 그들은 상징적인 옷을 입고 이미지의 표면에 용의주도하게 위치하며 관람자에게 주목할 만한 인상을 남긴다. 권력은 신고전주의의 원칙들에 따라 강력하고도 아름다운 이상적인 육체로 변형된다.

그러나 다비드의 이미지는, 평민의 관례까지는 아니더라도, 더 낮은

33 De Baecque, "Le serment du Jeu de paume".

수준의 관례에도 각인된다. 다비드의 시대에 대중적인 인쇄물은 종종 귀족 사회와 궁정을 머리가 많이 달린 히드라로 희화했다. 군주와 그의 가장 가까운 동맹인 대개 왕가, 내각, 귀족 사회의 구성원들은 덜커덩거리는 아주 많은 야수의 머리들로 그려졌다. 다비드가 「테니스 코트의 서약」을 준비하던 시기, 그는 또한 '전제정의 히드라'를 포함할 도시 낭트를 위한 그림을 구상 중이었다. 드 베크는 국민의회의 이미지가 머리가 많이 달린 히드라의 모습을 흡수했다고 설득력 있게 주장한다. 평온하고 영속적인 박애의 연출 뒤에서 관람자는 위협적이고 통제할 수 없는 폭동을 갈망하는 그림자를 감지한다. 히드라는 장내 기생충처럼, 새롭게 탄생한 프랑스의 민주주의 조직 내부에 위치해 있다.

드 베크의 관찰은 이 이미지가 어떻게 상징적인 매력을 간직하고 오늘날 혁명의 아이콘으로서 부각되는지를 설명하는 데 도움을 준다. 이상적인 정치체, 그리고 전제정의 히드라를 하나의 동일한 이미지로 합침으로써 다비드는 계몽된 합리주의에서 공포로, 대중적 평등주의에서 자코뱅파 엘리트의 독재정으로, 있는 그대로의 수에 대한 과학자들의 믿음에서 국가가 그것 자체를 "최고의 존재"로 숭배하며 정치적 추종을 주조하는 정체로 변화하는 변증법적인 혁명 과정 자체의 시각적 등가물을 만들어 낸다. 동일한 중의성이 인민이라는 관념의 시각화를 특징짓는다. 그가 인민의 모습을 그릴 때 그것은 엄격한 대칭률에 따라 구성되지만 머리와 육체, 몸의 부분들로 이뤄진 어수선한 집단이기도 하다. 인민은 최고 권력을 지닌 이성이다. 그리고 인민은 또한 열정의 경합이다.

프랑스 역사학자 피에르 로장발롱은 인민이 두 개의 육체를 가진다고 쓴다. 그가 설명하는 것처럼, 이것은 '인민'이 항상 두 개의 서로 다른 개념을 나타내기 때문이다. 정치이론과 헌법에서의 '인민'은 주권이 부여되는 통일된 행위자를 나타낸다. 그러나 사회과학에서의 '인민'은 오직 수치와 통계적인 평균으로만 포착될 수 있는 이질적인 인구, 무제한의 수를 나타낸다. 주권으로서의 인민은 잘 정의된다. 대중적 투표, 의회, 하원은 인민의 중요한 통합을 표현하고 확인한다. 이와 대조적으로 사회로서의 인민은 애매하고 추상적이며 형태가 없는 순수한 연속성이다.[34]

그러나 이상하게도 다비드는 인민의 두 개념을 모두 하나의 이미지로 융합한다. 국민의회에 대한 그의 초상화는 사람들을 이상이자 현실로서, 최고의 원칙이자 역사적 사건의 다큐멘터리적인 기록으로서 묘사한다. 혁명 자체는 바로 인민의 두 육체가 하나로 융합된다는 사실을 특징으로 한다. 이질적이고 머리가 많은 인민은 스스로를 통합함으로써 스스로를 최고의 권력으로 만들어 내는 하나의 정치적 행위자로 변형된다. 로장발롱 식대로 표현하자면, 사회로서의 인민과 주권자로서의 인민은 사건으로서의 인민 속으로 융합된다.[35]

이러한 융합이 다비드의 이미지의 궁극적인 지평이다. 즉 그의 그림이 즉각적인 성공을 거두고 혁명의 시각적인 재현으로서 영속적인 가치를 갖게 된 이유인 동시에 그렇게 빨리 공허한 이상화로 여겨지게 된 이유이다.

그의 그림은 즉각적인 성공이었다. 「테니스 코트의 서약」이 사실상 사건으로서의 인민을 그린 현존하는 몇 안 되는 이미지라는 점에서 그렇다. 다비드는 인민이 자기 자신과 동일해지고, 현실이 이상을 구현하고, 다중이 동맹으로 융합되고, 그들의 정치적 열정이 민주주의적 주권의 원

---

34 Rosanvallon, *Le peuple introuvable*, pp.35~55.
35 *Ibid.*, pp.53~54.

칙을 확인하는 일시적인 역사적 순간을 포착한다.

그러나 그의 그림은 또한 실패였다. 혁명적 사건이 지나가자마자 두 육체의 인민이 불가피하게 분리될 것이라는 역사의 진실을 이 이미지가 숨기고 있다는 점에서다. 사회로서의 인민은 다시 무수한 남녀들로 분열되고 그들 모두가 자신의 일들로 바빠질 것이기 때문에 그들을 하나의 통일체로서 묘사하는 것이 불가능해질 것이다. 동시에, 주권으로서의 인민이라는 관념은 더 이상 그것이 과거에 유래됐던 구체적인 인간의 현실에 부합하지 않기 때문에 거의 포착하기 어려운 추상적인 개념이 될 것이다.

사건으로서의 인민은 순간적이다. 아마도, 민주주의의 주요한 장면은 재현에 전적으로 저항할 것이다. 우리는 「테니스 코트의 서약」이 결코 시각적 기록이 존재할 수 없는 어떤 것의 시각적 재현을 실제로 우리에게 제공한다는 사실을 깨닫자마자 다비드가 극복하려고 했던 곤경을 엿볼 수 있다. 이 그림은 새로운 사회질서를 시작하는 맹세, 말로 표현된 목표, 발화 행위를 묘사한다. 그에 따라 우리는 다비드의 이미지를 집단적인 해방이 그림의 형태로서 시각적으로 변형된 것으로 생각해야 한다. 우리는 인민이고, 우리는 권력을 갖고 있다!

말할 필요도 없이 이러한 말들의 울림은 심지어 다비드가 그림을 그리기 시작하기도 훨씬 전에 사라졌다. 인민의 두 육체 사이의, 대표자들과 대표되는 자들 사이의 분리는 곧 돌이킬 수 없는 것이 되었다. 「테니스 코트의 서약」은 비어 있는 캔버스의 거대한 한 구획으로 남아 있다. 이 캔버스는 다비드의 예비적인 스케치의 일부와 함께 보존되었고 그것은 우리로 하여금 화가의 작업 과정을 따라갈 수 있게 해준다. 미완성의 캔버스 위에서 그는 테니스 홀의 내부와 대표자들의 몸의 윤곽을 잉크와 크레용을 이용한 분명한 선들로 레이아웃했다. 유일하게 유화로 그려진 부분

그림 2 다비드, 「테니스 코트의 서약」 스케치.

은 전경의 네 얼굴이다(그림 2를 보라). 이 네 머리는 세피아 색의 텅 빈 표면 위로 비행접시처럼 배회한다. 그들은 이제는 사라져 버린 민주주의의 중심부로 이어지는 자신들의 연결고리를 잃어버린 듯하다. 그들은 1789년 6월 그날에 존재했다가 다비드가 그것에 영원성의 옷을 입힐 시간도 없이 너무도 황급히 흩어져 버린 혁명적인 공동체로부터 단절되었다.

7
마리안

혁명의 여름은 짧았다. 사람들이 통합을 축하하고 이 통합이 도래할 정의의 시대의 징후라고 주장하고 있을 때 자신의 연구나 스튜디오에서 벗어나 여기에 참여할 여유가 있던 작가와 예술가들은 드물었다. 어떻게든 이 사건들에 대한 인상을 기록했던 사람은 더 드물었다. 시간을 요하는 그들의 작업을 끝마치기 훨씬 전에 혁명의 여세는 멈추었고 권력은 다시 한번 새로운 틀 안에서 응고되었다.

젊은 나이에 대중의 의지의 자발적인 분출을 경험했던 사람들은 종종 그 전율이 그들과 함께 영원히 머물고 있다고 보고했을 것이다. 때때로 그들은 그들의 여생을 이 마음을 뒤흔들었던 거리의 민주주의와의 조우에 대해 생각하며 보내고, 한때 서로 팔짱을 끼고 걸었던 동지들은 수십 년이 흘러 이 조우에 대해 서로 정반대되는 결론들을 얻는다.

예술과 문학의 역사에서 인민주권을 재현하려는 최고의 시도들은 이 역사적인 시기들에 나타나는데 이때 사회는, 마치 스스로를 다시 제자리로 맞춰 놓는 것처럼, 영도로 돌아간다. 이것은 사회의 미학적인 재현이 사회의 입헌적 대의제와 대략 동일한 역사적 순환을 따른다는 점을 말해준다. 정치사에서, 우리는 정당성의 위기와 대의제의 위기, 즉 번민의 시대와 사회가 어떻게 대표되고 그 대표자들이 정해져야 하는지의 방식들에 관한 불확실성에 대해서 읽는다. 이러한 시기는 혁명의 시대이며, 정치 지도자들은 철학자와 법률 전문가와 나란히 앉아 새로운 헌법과 헌법 개정의 초안을 작성하고 민주주의 공동체의 정치적인 조직을 다시 구성한다.

예술 또한 재현의 위기를 경험한다. 미학적 전통은 때때로 국가들과 마찬가지로 갑작스럽게 흔들리고 예술가와 작가들은 사회를 묘사하는 미학적 장치와 이야기의 형태, 상징들을 다시 생각하도록 강요된다. 이것이 우리가 때때로 문화적 혁명에 대해 말하는 이유이다. 예술은 이러한 사건들에 의해 정치화된다고 종종 말해진다. 그러나 예술은 항상 정치적으로 책임을 지며 항상 정치 안에 있다. 오히려, 우리는 아마 문화적 혁명들이 미학적 성찰의 위대한 순간들이라고 말해야 할 것이다. 예술은 스스로에게 되돌아가 그것의 재현 양식과 예술적 관습이 어떻게 주변의 역사와 관련되는지를 질문한다. 정치인들과 시민들이 현존하는 정치적 제도들이 진정으로 일반의지에 부합하는지를 평가하도록 강요되는 방식과 상당히 유사하다.

더 큰 안정의 시대에 시민들이 자발적으로 스스로가 국회, 의회, 국가의 수장에 의해 대표되도록 할 때 인민은 또한 이미지와 책, 그리고 신문들에서 사라진다. 그러나 완전히는 아니다. 그들의 존재는 종종 지도자의 권력에 정당성을 부여하기 위해 요청된다. 이런 이유로 위대한 역사적 그림들에서는 얼굴 없는 군인 계층과 인산인해를 이루는 구경꾼들이 존재한다. 이런 이유로 부차적인 등장인물처럼 사실주의 소설들을 드나드는 평범한 남녀들이 존재한다. 그들은 작지만 필수적으로 완수해야 할 임무가 있다. 환호하는 청중인 체하면서 그들은 영웅의 공적을 증언한다. 사람들이 현재의 정부를 승인하거나 권력을 새로운 정부에 이전하기 위한 목적으로 기표소에 동원되는 것과 거의 유사한 방식이다. 다른 모든 목적들을 위해서, 인민은 자신들의 존재를 나타내기 위해 설치된 대표제의 메커니즘 뒤로 사라진다.

자크 루이 다비드는 왜 혁명에 대한 자신의 위대한 기념식을 끝마치지 못했을까? 그는 1791년부터 1792년까지 만 15개월 동안 이 작업에 전념했다. 그러나 그는 잉크와 크레용으로 그린 선들과 유화로 그린 자유로이 배회하는 네 머리들만 있는 빈 캔버스를 결코 넘어서지 못했다. "혁명이라는 스포츠는 내 모든 생각들을 뒤집어 놓았다. 수년 동안 순간적이고 예측 불가능한 것이었고 나 자신의 불행이었던 여론과 다른 상황들은 나의 붓을 굳게 만들었다"라고 다비드는 1798년에 회고적으로 언급했다.[36]

오늘날 그 프로젝트에서 남아 있는 것은 커다란 비어 있는 캔버스와 더불어 파리 시립 박물관인 카르나발레 박물관에 걸려 있는 작은 유화 그림, 그리고 베르사유 궁전의 다락방에 보관된 얼마간의 예비적인 스케치와 그림들이다. 이 자료들 중 가장 중요한 것은 1791년 파리 살롱에서 전시됐던 에칭화이다(그림 1). 이것은 구독으로 제공되는 인쇄판의 원본으로서 만들어졌다. 판매 수익은 가장 중요한 유화 그림의 제작비용을 보상할 것이라고 다비드는 계산했다.

그러나 이미 이 시점에 「테니스 코트의 서약」에서 나타난 권력과 인민 사이의 결합은 산산조각이 났다. 이것은 부분적으로 정치계급 내부에서의 분열 때문이었다. 경이로웠던 1789년 여름에 맹세를 선언한 제3신분의 대표자들 사이의 유대는 곧 끝이 났고 다비드가 혁명 의회 내부로

36 Michel, *David*, p.67에서 인용.

통합시킬 작정이던 많은 개인들은 평판이 나빠지거나 밀려나고 감금당하고 처형당했다.

집회의 분열은 혁명기 프랑스의 전반적인 불안정으로 연결되었다. 서로 다른 분파와 개인들은 공익의 수호자의 역할을 경쟁적으로 표방했다. 1792년 8월 국민공회에서 통과된 군주제 폐지와 공화정 선언의 결정은 국가의 양극화를 초래했다. 반년 후에 국민공회가, 아주 적은 표 차이로, 프랑스 인민에 맞서 음모를 꾸민 혐의로 루이 16세에게 사형을 선고하기로 결정했을 때 갈등은 확대되었다. 왕의 단두대 처형, 또는 에드먼드 버크가 칭한 것처럼 국왕 시해는 유럽 전역에 충격을 안겨 주었고 신생 공화국의 국내외 모두에서 추가적으로 적을 만들었다. 뒤따르는 비상사태에서, 지배적인 자코뱅파는 극단으로 흘렀고 혁명의 업적을 공고화하기 위해 프로파간다만큼이나 억압에 의존했다. 이 시기는 공포의 시대로 역사에 남았다. 왕정주의자와 반혁명파에 맞서, 그들의 종종 매우 가혹했던 정책에 대한 지지를 얻기 위해 자코뱅파는 오랫동안 제3신분의 전위대였던 부르주아지에 대한 신뢰를 거두었고 앙심을 품고 봉기를 일삼는 다수의 도시 사람들에게 의존했다. 바이이, 미라보, 시에예스와 같은 부유한 사람들을 포함한 1789년의 대표자들은 더 이상 인민의 충실한 대변인으로서 신용되지 않았고 고통받는 다수로부터 아주 멀리 떨어져 있는 특권층으로서 나타났다. 따라서 테니스 코트 집회는 그것이 지닌 대중성의 아우라를 박탈당했다. 설상가상으로 1789년의 대표자들의 많은 수는 사실상 왕의 편을 들어 개혁된 군주 통치 체제를 지지했다. 4년 후 통치 내각은 이 대표자들을 반역자로 여겼다.

다비드 자신은 자코뱅당의 선두적인 구성원이었다. 1792년과 1793년에 이르러 그가 1789년의 국민의회 대표자들을 프랑스 인민의 화신으

그림 3 다비드, 「테니스 코트의 서약」의 일부. 장 폴 마라가 있는 세부 그림.

로서 찬양했다면 그것은 명백히 자멸을 초래할 일은 아니더라도 이데올로기적으로 어리석은 짓이었을 것이다.[37] 인민의 의지는 이제는 회의장의 대표자들이 아닌, 이미지의 위쪽 배경에 위치한 평범한 남녀로 이뤄진 구경꾼들에 의해 구현되었다. 그들은 상점주인, 점원, 객실 청소부, 징집된 군인, 하인, 장인들, 요컨대 상퀼로트였다.

창문의 청중 가운데, 다비드는 그의 얼굴의 특징과 도구들로 인해 쉽게 알아볼 수 있는 역사적인 인물을 배치하였다. 오른쪽 꼭대기의 발코니에 펜과 종이를 든 남자가 있다(그림 3). 얼핏 보면 그는 뭔가를 적거나 신문을 읽고 있는 것처럼 보인다. 그 남자는 혁명의 가장 급진적인 기관지 중 하나인 『인민의 벗』(*L'Ami du peuple*)의 발행인인 장 폴 마라(Jean-

---

37 이 점에서 대해서는 Lee, *David*, pp.140~144를 보라.

Paul Marat)이다. 다비드는 마라를 상징적인 위치에 두었다. 이 작가는 말 그대로 경계에 서 있다. 그는 회의장의 대표자들에 속하지는 않지만 정치적 영역의 주변부에서 자신의 위치를 차지하며 바깥의 사람들에게 안에서 벌어지는 사건들을 알리고 있다. 그 어떤 다른 혁명 지도자보다도 마라는 인민의 목소리로 일컬어졌다. 1793년 7월 암살당했을 때 그는 곧 혁명의 순교자가 되었다. 사실상, 죽음으로 즉각적인 숭배를 불러일으킨 근대의 많은 일련의 정치적인 순교자들—에이브러햄 링컨, 에밀리아노 사파타, 마하트마 간디, 체 게바라, 존 F. 케네디, 살바도르 아옌데, 올로프 팔메—가운데 그가 첫번째 사람일 것이다.

마라의 죽음이 순교가 된 것은 부분적으로 다비드의 노력 때문이었다. 1793년 여름 그는 「테니스 코트의 서약」의 작업을 잠시 중단했었다. 충격적인 마라의 암살은 혁명의 연대기 작가로서의 다비드의 소명의식을 다시 불붙였고 그는 이 대중적인 지도자를 불멸화하기 시작했다. 「마라의 죽음」(그림 4)은 곧 완성됐고 곧장 다비드의 가장 유명한 혁명적 그림이 되었다. 그것은 근대 예술의 역사상 가장 불가사의한 이미지 중 하나다.[38] 죽어 가는 마라는 자신의 욕조에 앉아 자신의 펜을 움켜쥐고 있다. 몇 초 전에 열렬한 왕정주의자인 젊은 샤를로트 코르데(Charlotte Corday)는 그의 방으로 몰래 들어가 등 뒤로 그의 가슴을 칼로 찔렀다. 손잡이가 반짝이는 상아로 만들어진, 피로 물들어 버린 칼이 바닥에 보인다. 펜은 인민의 무기이고, 칼은 반동의 무기다. 다비드의 그림은 애도하는 군중을 위해 야외의 거대한 연단 위에 숭배의 대상으로서 전시되었다.

이렇게 다비드는 대중의 의지를 시각화하려는 노력으로 집단을 그리

38 주목할 만한 분석으로는 Clark, *Farewell to an Idea*, pp.15~53을 보라.

그림 4 다비드, 「마라의 죽음」, 1793, 파리 루브르박물관.

는 것(「테니스 코트의 서약」)으로부터 개인을 그리는 것(「마라의 죽음」)으로 이동하였다. 이것은 민주주의가 국민의회와 같은 수립된 어떤 정치기구와도 연관되는 것을 멈춘 역사적 과정을 반영한다. 그 대신에, 민주주의는 이제 감지할 수 없고 눈에 보이지 않는 것으로서 묘사된다. 그것은 분위기, 집단적인 열정, 정신, 아마 심지어 신성한 정신, 그러나 무엇보다도 모든 헌신적인 시민(citoyen, citoyenne)의 머리 위의 세속적인 후광 주위를 회전하는 대중의 정신이다. 이제부터 민주주의는 프랑스의 전 영토를 가로지르며 퍼져 있고 그것은 사회적 삶 자체만큼이나 무정형의 것이기 때문에, 그에 따라, 시각적인 형태로 민주주의를 포착하는 것은 심각하게 의심스러운 것이 된다.

인민의 진정한 모습을 추구하면서 다비드는 시각적인 구성 양식과 정서를 발명했다. 그는 과감하게 서로 다른 두 가지 방향을 시도했는데, 첫번째 것은 그림으로 된 성인전으로 종교적인 함축으로 가득 찬 성인과 순교자의 이미지이고, 두번째 것은 관례적인 알레고리, 즉 자유·평등·박애·조국·국민·인민과 같은 추상적인 이상들의 시각적인 구현이다. 실제로 1793년 다비드는 「마라의 죽음」을 제작하는 데 그치지 않았다. 그는 또한 두 명의 정치적인 순교자를 더 그렸는데, 그들은 미셸 르펠르티에(Michel Le Peletier), 조제프 바라(Joseph Barra)로 둘 다 혁명의 확고한 옹호자였고 마라와 마찬가지로 반혁명적인 암살의 희생자들이었다. 그러나 역사적인 맥락을 알지 못한다면 이 세 이미지가 예수의 수난의 예술적인 재현과 어떻게 다른지 이해하기 어렵다.

다비드는 정부의 구성원으로서의 자신의 일상적인 임무 바깥에서 이 세 작품을 만들어 냈다. 그의 주요한 정치적 책임은 수십만의 사람들이 행위자이자 청중으로서 참여하는 혁명적인 축제를 조직하는 것이었다. 이 축제의 감독으로서 다비드는 시각적으로 민주주의를 상연해 보이기 위한 알레고리적인 방법을 탐구했다. 인민은 일반적으로 세속적인 신성함으로, 가장 흔하게는 고대 그리스의 신 헤라클레스로 재현되었다. 이 혁명적인 축제를 위해 만들어진 스케치들 중 하나에서 다비드는 인민을 평등과 박애라는 두 마리 황소가 끄는 전차의 왕좌에 앉아 그것들의 육중한 발굽으로 앙시앙 레짐을 무너뜨리는 헤라클레스의 형상으로 의인화한다. 이것들은 다비드의 마라, 르펠르티에, 바라를 그린 그림들을 해독하기 어려운 이유와 동일한 이유에서 애매모호한 이미지다. 인민주권이 하나의 알레고리적인 몸이나 인간 개인으로 의인화될 때 그것을 어떤 다른 지도자나 주권의 형태와 구별하는 것이 어려워진다. 이 전차와 정확히 동일한 이미지를 상상하는 것은 쉬운 일이다—바로 왕좌에 오른 칼리굴라(Caligula)와 루이 16세다.

또는, 나폴레옹 보나파르트는 왜 안 되겠는가? 나폴레옹이 권력을 장악하여 국민의회가 남겨 놓은 것들을 없애 버렸을 때 다비드는 스스로 새로운 정체에 적응하는 데 전혀 어려움이 없었다. 그는 황제 나폴레옹의 통치를 찬양하는 일련의 기념비적인 유화 그림들로 자신의 예술가로서의 경력을 완성했다. 유럽 예술의 위대한 세 전통인 궁정화, 종교화, 역사화의 정점이자 혼합인 이 그림들은 여전히 베르사유 궁전의 원래의 위치에 걸려 있어서 모든 방문자들은 「테니스 코트의 서약」이 완성됐더라면 그것을 특징지었을 눈부신 복잡성과 장대한 위엄을 상상하도록 초대된다. 다비드만큼 정치적 권력의 비밀에 근접했던 예술가는 드물었다. 이것은 그의 나폴레옹 정체(政體)와의 관계뿐 아니라 무엇보다 혁명 정부와의 유익한 협력과 관련해서도 마찬가지로 사실이다. 다비드는 인민의 권력에 대해서 아주 잘 알고 있었고, 그렇기 때문에 그는 종종 자신의 붓의 놀림으로 권력을 행사하고 있는 것처럼 보였다.

뒤따르는 수십 년 동안, 최고의 권력을 가진 인민의 시각적 재현이라는 동일한 과제로 고심하던 예술가들은 다비드가 헤라클레스를 앉혔던 왕좌에 여성의 상징을 둠으로써 종종 이 문제를 해결했다. 그녀의 이름은 게르마니아(Germania), 스베아(Svea) 또는 브리타니아(Brittania)가 될 수 있었고 그녀는 인민의 화신의 역할을 했다. 이것은 해결할 수 없는 문제에 대한 순조로운 해법이었다. 어쩌면 너무 순조로운 해법이었는지도 모른다. 여성으로서, 우화된 인민은 권력을 쥐고 있는 남성 시민들에게 어떤 위협도 제기하지 않았다. 환상으로서, 그것은 국정운영 기술의 피비린내 나는 현실로 밀고 들어가지 않았다. 그럼에도 불구하고 상징으로서, 그것은 집결장소이자 통합의 힘이었다. 주잔네 팔켄하우젠의 간결한 용어로, 인민의 여성화된 알레고리는 신비한 육체(corpus mysticum)로서 나타나면서 남성 시민의 정치적인 육체(corpus politicum)를 승인했다.[39] 19세기 중반 무렵, 이러한 인민의 시각화는 이미 확고한 관습으로 자리 잡았다. 나는 프리지아 모자[40]를 쓰고 프랑스 국기를 휘날리는, 지금까지도 프랑스 공화정의 정치적 아이콘으로 남아 있는 마리안을 머리에 떠올리고 있다.[41]

---

39 Falkenhausen, "Vom 'Ballhausschwur' zum 'Duce'", p.15.

40 프랑스 혁명 때 자유를 상징했던 원뿔꼴 모자. ─옮긴이

41 Joan B. Landes, *Visualizing the Nation: Gender, Representation, and Revolution in Eighteenth-Century France*, Ithaca: Cornell University Press, 2001; Maurice Agulhon and Pierre Bonte, *Marianne: les visages de la république*, Paris: Gallimard, 1992를 보라.

8
레미제라블

그렇다. 혁명의 여름은 짧고 그것은 왕정복고라는 몰락으로 이동한다. 프랑스 인민을 동등한 사람들의 공동체로 나타냈던 다비드의 수평적인 재현은 프랑스 문화가 서로의 위로 계급이 층층이 놓여 있는 견고한 위계제로서 사회세계를 그리는 이야기와 이미지들로 가득 차게 되면서 정반대로 변할 것이다. 궁전이 공동 주택 위로 올라가고, 공동 주택이 작업장 위로 올라가고, 작업장이 도시의 거리와 광장 위로 올라가고, 이 거리들이 하수관과 지하 묘지의 어두운 망을 숨기며 흙 위에 세워지면서 말이다. 분리되어 있는 프랑스 수도의 인구 또한 마찬가지이며 파리의 정치적 삶에서 비슷한 구조가 재생산된다.

그 시기의 파리에 대한 멜로드라마적인 이야기와 사실주의적인 서술은 여전히 모험심을 전달한다. 왕정복고시대, 즉 1815년 나폴레옹의 퇴위부터 1830년 7월 혁명까지는 전형적으로 정치적 반동의 시기로 보이며 이때 군주제와 토지를 소유한 귀족은 자신들의 위치를 재확립했다. 그러나 동일한 시기에 파리는 거대하게 확장되고 경제 성장은 루이 필리프(Louis-Philippe)의 통치하(1830~1848)에서 가속화된다. 이 시기의 작가들은 서로 경쟁적으로 새로운 도시 전경의 지도를 만들었고 종종 그들 스스로를 미지의 영토를 여행하는 대담한 탐험가로 묘사했다. 근대성—공장, 증기기관, 금융경제—의 시대는 이 영토에 새로운 인간 종을 거주하게 했다. 이러한 풍조 속에서 발자크는 "파리 시민의 인상학"의 백과사전을 만들어 내고, 빅토르 위고는 "파리 인종"을 연구하였으며, 외젠 쉬(Eugène Sue)는 "파리의 비밀"을 깊이 탐구한다. 소설과 신문들은 사회의 심연을 조사하고 사회적 피라미드의 복잡한 구성을 묘사하기 위해 정교한 은유의 모음을 만들어 낸다.[42]

역사학자 쥘 미슐레는 "그것은 지질학만큼이나 국민성과 동일하다. 열기가 아래에 있다. 내려가라, 그러면 열기가 증가하는 것을 알게 될 것이다. 아래의 지층에서 그것은 뜨겁게 불타오르고 있다"라고 쓴다.[43] 『13인의 역사』(*Histoire des treize*)에서 발자크의 서술자는 불과 번개의 신을 숭배하는 노동자들이 작업하는 지하세계의 폭발할 듯한 용광로에 도달할 때까지 파리를 관통하여 급격하게 하강한다. "추함과 강인함을 지닌 불카누스는, 기계를 다루는 기술이 뛰어나고, 그러기로 맘먹으면 인내심을 발휘하지만 매 세기마다 하루는 무시무시해져서 화약처럼 폭발적이 되고 혁명적 선동을 일으킬 만큼 브랜디를 실컷 마시는 이 강인하고 추한 인간 종의 상징이 아닌가." 발자크가 어림잡길 이 지하세계에 살고 있는 인구는 "30만 개의 영혼에 달한다. 선술집이 없었다면 매주 화요일마다

42 크리스토퍼 프렌더개스트는 프랑스 수도의 지하세계에 대한 19세기의 모든 묘사들에 특별히 관심을 기울이며, 수직으로 구성된 토포스로서의 파리의 이미지를 논의한다. Christopher Prendergast, *Paris in the Nineteenth Century*, Oxford: Blackwell, 1992. 이 시기 프랑스 수도의 또 다른 탁월한 문화사로는 David Harvey, *Paris, Capital of Modernity*, New York: Routledge, 2003, pp.1~89를 보라.

43 Jules Michelet, *The People*, trans. John P. McKay, Urbana: University of Illinois Press, 1973, p.92. 원래는 다음과 같은 제목으로 출간되었다. *Le Peuple*(1846), ed. Lucien Refort, Paris: Marcel Didier, 1946, pp.121~122.

정부가 전복되지 않았겠는가?"[44]

에너지, 무한의 숫자, 범죄, 봉기. 이 특징들은 발자크에 의해 파리의 기저를 묘사하는 것으로서 한데 묶인다. 동일한 현상이 외젠 쉬의 『파리의 비밀』(*Les Mystères de Paris*, 1842~1843)을 구조화하고 그것들은 1862년 출판된 위고의 『레미제라블』에서 더욱 확장된다. 이 소설은 왕정복고 시대를 배경으로 하고 1832년의 공화주의자의 봉기로 절정을 이룬다. 위고는 당시의 사회의 상태를 압축해서 보여 주려고 시도하면서 지하세계를 그의 비유로서 선택한다.

> 모든 인간 사회에는 관객에게 "무대 아래"로 알려진 것과 같은 것이 존재한다. 사회의 지면은 채굴되고 토굴되는, 나쁜 쪽으로든 좋은 쪽으로든, 모든 곳이다. 더 높거나 낮은 좌석이 있듯 저 하층토에도 더 높거나 낮은 지층이 있는데 그것은 때로 문명의 무게를 이기지 못하고 붕괴하고 무지와 무관심 속에서 우리는 그것을 발로 누비고 다닌다. …… 화산은 확 타오를 수 있는 암흑으로 가득 차 있다. 처음에 용암은 어둡다. …… 더 깊게 들어갈수록 노동자들은 더 예측 불가능해진다. 사회철학이 인식할 수 있는 수준에서는 좋은 일이 행해진다. 더 낮은 수준에서 그것은 의심스럽고 의문스러운 가치가 된다. 가장 낮은 수준에서 그것은 오싹한 것이다. 문명의 정신이 관통할 수 없는 깊이가 있으며 그 한계를 넘어서면 그 공기를 인간이 들이쉴 수 없다. 그리고 아마 유령이 탄생한 곳이 이곳일 것이다.[45]

---

44 Honoré de Balzac, "The Girl with the Golden Eyes", *History of the Thirteen*, trans. Herbert J. Hunt, Harmondsworth: Penguin books, 1974, p.312. 프랑스어로는 "Histoire des treize" (1833~1839), *La Comédie humaine 5: Etudes de moeurs*, Paris: Gallimard, 1977라는 표제로 출간되었다.

45 Hugo, *Les Misérables*, pp.619~620; 757~758.

위고는 "가장 낮은 수준, 궁극의 지하세계"에 도달할 때까지 그의 하강을 계속한다. 그곳은 지옥이라고 그는 설명한다. 그곳은 "맹인들의 근거지인 명부이다".

> 무정부 상태가 그 공백 속에 잠복해 있다. 암흑 속에서 배회하는 반동물이고 유령에 가까운 난폭한 형상은 우주의 진보와 아무런 관계가 없고, 그런 사상도 그런 단어도 그들에게 생소하며, 개인의 열망을 달성하는 것 외엔 무엇도 그들에게 알려져 있지 않다. 그들은 좀처럼 의식적이지 않으며 내부에 놀랄 만한 공허함을 갖고 있다. 그들에게는 두 어머니, 두 양어머니인 무지와 빈곤이 있고, 긴급한 필요를 따른다는 유일한 지도적인 원칙이 있으며, 육체의 모든 만족을 추구하려는 단일한 욕구가 있다. 그들은 짐승 같고 맹렬하게 탐욕적이며 폭군이 아니라 사자의 방식으로 그렇다. 불가피한 과정과 암흑의 운명적 논리에 따라 비참 속에서 양육된 아이들은 자라서 범죄자가 되고, 사회의 가장 낮은 수준에서 발생하는 것은 절대자에 대한 혼란스런 탐색이 아니라 물질 그 자체에 대한 긍정이다.[46]

위고의 사회적 알레고리는 환상적인 창조성으로 정교하게 만들어졌기 때문에 현실보다 우위에 있다. 독자는 이러한 동굴의 탐험이 1830년대의 파리를 사회학적으로 조사하기 위한 것이라는 점을 곧 잊어 버린다. 토머스 칼라일이 보여 준 프랑스 혁명의 역사와 마찬가지로 위고의 소설은 궁극적으로 신화이다. 칼라일은 상퀼로티즘이 어떻게 "무한한 심연으로부터 폭발하는지"를 묘사하였다. 위고는 모든 사회적 갈등을 암흑의 공

---

46 Hugo, *Les Misérables*, p.621; 759.

간에 세워진 기둥에 매달아 놓고, 그의 모든 등장인물들을 기괴한 지하세계로부터 인간 문명의 절정으로 이어지며 뻗어 있는 진화의 사다리의 어딘가에 위치하게 만든다.

위의 구절의 핵심단어는 'misère'다. 이 용어는 번역하기가 까다로운데, 영어의 'misery'는 프랑스어의 대응어에 비해 의미가 약화된 단어이기 때문이다. 빈곤(poverty), 고난(affliction), 비탄(distress), 고통(suffering), 박탈(deprivation)과 불행(misfortune) 또한 프랑스어 단어의 의미에 완벽하게 부합하지 않는다. '비참'은 인간의 모든 곤경을 환기시키면서 서로 다른 여러 방향으로 퍼지는 다양한 함축을 작동시킨다. 위고는 그의 소설—그것의 처음의 잠정적인 표제는 'Les Misères'(비참함)이었다—에서 곤경을 포괄하고 요약하기를 원했고 이 과제는 매우 엄청난 것이었기 때문에 자신의 주제를 완전히 다루기 위해서 그는 수천 페이지를 필요로 했다.

위고가 비참을 묘사할 때 그의 은유는 폭력과 암흑의 형상화에 가까워진다. 이러한 상태는 특정한 특징을 갖고 있다. 위고는 비참함을 범죄성으로 변화시키는 "암흑의 숙명적인 논리"를 말한다. "불가피한 과정에 따라서 …… 비참 속에서 양육된 아이들은 자라서 범죄자가 된다."

역사학자 루이 슈발리에는 1820년대와 1830년대 동안 '비참'이 인구의 특정한 집단이 가진 이른바 범죄적 경향을 설명하는 데 주로 이용되었다고 말한다. 위험한 계급(les classes dangereuses)은 이 시기가 사로잡힌 주요한 관념이었다. 그들은 경찰을 분주하게 만들었고 부르주아지 사이에 두려움을 확산시켰으며 많은 소설가들의 호기심을 불러일으켰고 초기의 범죄 저널리즘과 사회학 모두에 고갈될 줄 모르는 소재를 제공했다. 범죄자의 배경과 일반적인 노동자의 환경 사이의 어떤 차이도 입증하는 것이 어려웠기 때문에 '위험한 계급'은 점차 '노동계급'과 동일시되었다. 이 둘의 공통분모는 비참이었다.

슈발리에에 따르면 '비참'은 곧 포괄적인 용어로 사용되었다. 그것은 범죄, 빈곤, 실업, 노숙, 배고픔, 자살, 유아 살해, 매춘, 알코올중독, 문맹, 거리의 아이들, 구걸, 그리고 파리 시민 대다수가 겪는, 생각할 수 있는 다른 모든 물질적·정신적 결핍의 징후를 의미했다. '비참'은 이 현상들 중 특별히 어느 한 가지를 지칭하지 않고 그것들이 모두 연결되었다는 것을 암시했다. 가령, 굶주림의 현실이나 열악한 주거 환경은 종종 부정직과 범죄성과 같은 도덕적인 기능 장애를 유발하는 것으로 이해됐다. 그리고 거꾸로, 하층계급의 비도덕적인 특징은 그들이 굶주리고 제대로 된 집을 구할 수 없는 이유를 설명하는 역할을 하였다.[47]

'비참'이라는 제목 아래 논의된 문제들은 조직화된 노동운동이 훗날 사회적 문제로서 제기할 것과 개략적으로 동일한 것이었다. 그러나 19세기 전반 동안 비참은 거의 **사회적** 문제로서 이해되지 않았다. 더 흔하게는, 노동계급의 비참은 도덕적 타락의 탓으로 돌려지거나 불가피한 본성의 문제로 이해됐다. 줄어드는 자원을 쟁취하기 위한 무자비한 사회적 투쟁을 예측했던 토머스 맬서스의 인구 이론은 이러한 환경에서 지속적인 준거로 기능했다. 마찬가지로 인기 있었던 것은 피에르 카바니(Pierre Cabanis), 요한 라바터(Johann Caspar Lavater), 프란츠 요제프 갈(Franz Joseph Gall)의 생각들이었는데, 그들은 계급의 구분이 여러 다양한 사람들 사이에서 생물학적으로 결정되고 인상학적으로 탐지되는 차이들에 뿌리를 두고 있다고 주장했다.

---

47 Chevalier, *Classes laborieuses et classes dangereuses*, pp.68~163, 451~468.

이 시대의 대부분의 사회 관찰자들은 대중에 연민을 느끼고 그들의 끔찍한 상황에 동정심을 표현했지만 대중들이 정치적 권리를 행사할 자격이 없다거나 그러한 권리를 수행할 능력이 없다는 주장을 견지했다. 오노레-앙투안 프레지에는 1840년 자신의 영향력 있는 책인 『위대한 도시들의 인구 안에 있는 위험한 계급』에서 이러한 주장의 실례를 제공한다. "가난한 범죄 계급은 항상 모든 종류의 범죄를 가장 많이 만들어 내는 온상지였고 또 앞으로도 항상 그럴 것이다. 우리는 그들을 더 특별하게 위험한 계급이라고 칭할 것인데, 사악한 마음이 악과 동반하지 않을 때조차도 빈곤이 동맹한다는 단순한 사실로 인해 사회가 마땅히 그를 두려워해야 하기 때문이다. 그는 위험하다."[48]

왜 특정한 계급이 위험한가? 프레지에에 따르면 '사회'는 그들을 두려워할 만한 이유가 있다. 왜 '사회'는 그들을 두려워할 만한 이유가 있는가? 프레지에에 따르면 악과 빈곤의 결합이 그들을 위험하게 만들기 때문이다. 이러한 순환적인 주장은 19세기 중반 프랑스에서 존재했던 주류적인 정치적 담론에서 일반적인 것이다. 수사적인 포장—일반의지에 대한 공경, 사회적 조화의 존중, 빈자의 사리사욕에 대한 언급, 우월한 도덕적 원칙에 대한 호소—안에 숨겨져 있는 것은 잔혹한 메시지로, 그것은 프레지에의 용어들에서 드러난다. 노동계급은 '사회'의 일부분이 아니라는 것이다.

19세기 초반 프랑스에서 소설은 정치적·사회적 삶을 연구하는 데 있

---

48 Honoré-Antoine Frégier, *Des Classes dangereuses de la population des grandes villes*, Paris: chez J.-B. Baillière, 1840. 그리고 다음에서 재인용되었다. Chevalier, *Classes laborieuses et classes dangereuses*, p.159.

어 언론과 사회과학보다 한 걸음 앞서 있었다.[49] 이 시기의 소설은 역사적인 전체상, 과학적인 분석, 통계적 데이터, 개별적인 사례연구를 혼합했다. 이렇게 해서 만들어진 박식한 이야기는 종종 분명한 도덕적 교훈이나 심지어 사회개혁을 위한 직접적인 제안으로 마무리되었다. 위고는 1840년대에 그가 그 세기 전반기 동안의 프랑스 사회의 상황을 요약할 소설을 쓰기 시작했을 때 이와 유사한 포부를 가졌다. 위고가 이 소설을 위해 선택한 표제 ―가제는 'Les Misères'였지만 이후 그것을 'Les Misérables'로 바꾸었다 ―는 그가 국가의 사회적·정치적 문제들의 원인에 대하여 보편적인 견해를 공유했다는 사실을 나타낸다. 일자리를 찾아 수도로 찾아들어 왔고, 도착한 뒤에는 얼굴 없는 다수 속으로 집어삼켜진, 구걸하고, 노동하고, 집 없는, 무한한 수의 가난한 사람들, 그들은 바로 비참한 사람들이었다. 그러나 위고는 노동계급이 영원히 사회 바깥에서 남아 있을 운명이라는 지배적인 견해에는 반대했다. 비참한 아이들은 가련하고, 불행하고, 반항적이고, 위험하고, 범죄를 일으키고, 반역을 꾀한다. 그럼에도 불구하고 그들은 미래의 사람들이라고 위고는 믿었다.

> 이 부분에 대해서는 분명히 해두자. 순수한 혈통과 진정한 얼굴을 가진 진정한 파리 인종을 발견하는 곳은 그 어디보다도 뒷골목이다. 그곳은 인간이 일하고 고통받는 장소인데, 일과 고통이야말로 인간의 두 얼굴이기 때문이다. 비천하고 알려지지 않은 저 개밋둑 속에, 라 라피의 하역 인부에서 몽포콩의 푸주한에 이르는 가장 이상한 유형의 사람들이 존재한다.

---

49 19세기의 사회학이 소설에 빚진 부분에 대한 분석은 Wolf Lepenies, *Die drei Kulturen: Soziologie zwischen Literatur und Wissenschaft*, Reinbek bei Hamburg: Rowohlt, 1988, pp.i~102를 보라.

키케로는 그들을 'Fex Urbis', 즉 "도시의 후미진 곳"이라고 불렀고 "폭도"가 그 단어였다. 버크는 폭도, 대중들, 군중, 공중을 사용했다. …… 그 단어들은 쉽게 말해진다. 그러나 그것이 대수인가? 그들이 맨발로 다니거나 읽지 못한다고 해서 어쨌다는 것인가? …… 빛이 대중에게 스며들 수 없는가? 빛! 그 단어를 반복해서 말해 보자. 빛, 더 많은 빛 …… 그러고는 불투명함이 투명한 것으로 밝혀질지 누가 아는가. 혁명은 변형이 아니던가? 철학자들이 계속해서 가르치고 계몽시키고, 더 고매하게 생각하고 크게 말하게 둬라. …… 알파벳을 유포하고, 인간의 권리를 주장하고, 마르세유를 노래하게 둬라. …… 군중은 숭고해질 수 있다.[50]

위고에게 있어 대중은 아직 교육과 교양으로 다듬어지지 않은 인간성의 원재료를 구성한다. 이상이 대중에게 주입되면 그들은 대중이기를 멈추고 인민이라 불리는 숭고한 존재, 프랑스의 최고의 주권자가 된다. 프랑스 혁명은 이러한 변형을 압축한다. 훗날의 세대에게 이 혁명의 유산은, 만일 그것을 따른다면, 이러한 마법 같은 실체 변화를 만들어 낼 근본적인 공식이라고 위고는 주장한다. 그리고 그는 자신이 이 유산의 수호자라고 단호하게 확신한다.

1789년의 공식을 이용하여 위고는 프랑스의 역사를 국가의 주권자로서의 예정된 지위를 향한 인민의 행진으로 이해한다. 그는 반역을 꾀하는 대중들이 1789년의 이상에 부합하는지 아니면 단지 그들 자신의 눈먼 자기 이익을 좇고 있는지를 결정함으로써 과거의 각각의 반란, 각각의 격변, 각각의 변형을 분류한다. 동일한 기준을 이용하여 위고는 정치적 수

---

50 Hugo, *Les Misérables*, pp.508~509; 632.

단으로서의 폭력의 정당성과 관련되는 문제를 해결한다. 1789년에 그랬던 것처럼 대중들이 스스로를 인민으로 변형시켰던 신성하고 올바른 정치적 폭력이 존재한다. 대중들이 인민주권을 배반했을 때 분출되는 범죄적인 정치적 폭력 또한 존재한다.

> 집단적 주권에 관한 어떤 문제에 있어서도 일부분에 맞서는 전체의 싸움은 폭동이고 전체에 맞서는 일부분의 싸움은 반란의 한 유형이다. 그들이 왕이나 의회를 비호하는지 여부에 따라 튀일리 궁은 정당하게 또는 부당하게 습격당한 것이다. 폭도에게 향해진 총구는 8월 10일에는 잘못됐었고 방데미에르(Vend miaire)[51] 14일에는 옳았다. 동일하게 보이지만 근본이 다르다. 스위스 호위병은 그릇된 대의를 비호하고 있었고 보나파르트는 옳은 대의를 비호했다. 보편적 참정권으로 얻은 주권 권력의 자유로운 집행이 거리의 봉기로 무효화될 수는 없다. 순수한 문명의 문제에도 똑같이 적용된다. 어제는 총명하던 군중의 본능이 내일은 안개로 뒤덮일지 모른다.[52]

이 난해한 구절은 위고의 역사철학의 정수를 담고 있다. 그는 '반란'이 다수 또는 '전체'가 억압적인 '일부분' 또는 '분파'에 맞서 들고일어날 때 나타나는 것이라고 말한다. 반면에 '일부분' 또는 '분파'가 '전체'에 맞서 모반을 일으킬 때 이것은 '폭동'(émeute)으로서 칭해져야 한다.

---

51 포도달을 의미하는 방데미에르는 프랑스 혁명력의 1월로 9월 22일~10월 21일에 해당한다. 프랑스 혁명으로 공화정이 탄생한 1792년 9월 22일을 혁명력 제1년 1월 1일로 정했기 때문이다. —옮긴이

52 Hugo, *Les Misérables*, pp.886; 1099~1100.

우리는 반란을 일으키는 대중이 **전체**로 구성되었는지 **분파**로 구성되었는지, 그들이 장기적인 인민의 이익에 따라 행동하는지 아니면 눈먼 폭도로서 행동하는지 어떻게 알 수 있을까? 결정적인 요인은 공격받고 있는 정체의 성격이라고 위고는 답한다. 다중이 전제주의자의 통치에 맞서 들고일어난다면 그것은 인민의 이름으로 행동하는 것이다. 그것은 1792년 8월 10일의 사례였다. 파리의 거주자들은 루이 16세에 도전하였지만 가장 피비린내 나는 혁명의 대학살을 저질렀던 왕의 사병 조직과 스위스 호위병에 의해 격퇴당했다. 이 사건은 광란을 유발했고 최후에는 군주제의 몰락을 이끌었다. 그러나 대중들이 대중의 선거를 통해 승인된 정부에 맞서 반란을 일으킨다면 그들은 언제나 잘못하고 있는 것이고 그에 따라 계율은 그들에게서 등을 돌릴 만하다. 이것은 젊은 장군 시절의 나폴레옹 보나파르트가, 혁명 정부를 위협한 왕정주의자의 반란을 타도하기 위해 자신의 포병대를 튀일리 궁전으로 데리고 가는 데 성공한 혁명력 4년 방데미에르 13~14일(1795년 10월 5~6일)의 사례였다. 대중들은 8월 10일에는 총명했고 방데미에르 14일에는 안개로 뒤덮였다.

이 두 번의 반란 뒤에 완전히 서로 다른 대중들이 존재했다는 사실은 위고를 고민하게 만들지 않았던 것으로 보인다. 그는 대중의 자애로운 수호자로 남았고, 상황과 상관없이 그들 모두를 날것의 분화되지 않은 하나의 동일한 세력의 표현으로서 이해했으며, 굶주림의 반란과 격렬한 파업, 봉기를 인민의 정치적 이상을 실현하기 위해 의식적으로 계획된 시도들인 것처럼 분류했다. 위고는 이러한 갈등의 물질적인 측면—위고 자신은 '물질의 확인'이라고 칭했다—즉, 반란이 정치적 이상을 위한 의식적인 투쟁으로부터는 드물게 생겨나고 그보다는 절망과 강탈의 상황에서 더 자주 생겨난다는 사실에는 관심을 덜 기울였다.

그러므로 집단적인 폭력을 행사하는 여러 다양한 종들에 대한 위고의 분류학은 프랑스의 역사적인 현실에 대해 거의 말해 주지 않는다. 그러나 현학성에도 불구하고 그의 분석들은 당대의 사회적 담론에서 '대중'의 정확한 기능을 나타내는 강점이 있다. 그는 "폭도(la foule)는 인민을 배신한다"라고 진술한다.[53] 그는 또 "전체에 맞서는 일부분의 싸움은 폭동의 한 유형이다"라고 말한다. 위고의 담론에서 '대중' 또는 '폭도'는 언제나 '일부분'이다. '대중'은 '전체'를 배신하고서 눈먼 폭도로 남거나, 아니면 전체를 지지하여 고귀해지며 이 경우 반란과 혁명은 노동 대중을 주권자로서의 인민과 결합하게 만드는 통과의례가 된다. 그러니까 위고에게 있어 '대중'은 아직 이상으로서의 인민을 실현하지 못한 인구의 **일부분**을 명명하는 것이고, 그에 따라, 그것은 스스로를 이상의 구현으로서 나타내는 정치조직체로부터 배제된다.

우리는 여기서 산업주의의 여명기에 비참한 자들의 특성과 미래를 규정하려고 했던 논쟁의 중심부에 도달하며, 비참이라는 용어를 노동계급의 상태에 대한 지나치게 포괄적인 묘사로서 사용하는 것의 배경에 있는 정치적 논리를 감지하기 시작한다. 우리가 이미 이해한 것처럼 '비참'은 물질적 박탈과 정신적 박탈 모두를 의미한다. 함께 '비참한 사람들'의 상태로 떨어진 사람들은 가난한 사람들이며, 세금을 내지 못하기에 19세기의 보편적 견해에 따라, 국가의 보편적 부에 기여하지 못한다는 사실이 암시된다. 'misérables'는 또한 학교 교육, 글을 읽고 쓰는 능력, 규율이 부족하다. 그러므로 그들은 자신의 본능적 충동에 의해 이끌린다고 믿어진다. 그들은 보편적 이익은 말할 것도 없고 자기 자신의 진정한 이익을 이

53 Hugo, *Les Misérables*, p.887; 1100.

해하지 못한다.

따라서 '비참'은 이때에 정치적 권리를 부여하는 기준으로 사용되던 두 가지 특성이 없다는 것을 가리킨다. 첫번째 기준은 정치질서가 사회적 계약에 의해 구성된다는 자유주의적인 발상에 의해 발생한다. 사회에 대한 자신의 의무를 완수한 개인들, 즉 세금을 납부하거나 군대에서 복무하여 사회에 기여한 사람들만이 국가의 정치적 삶에 참여할 자격이 주어졌다. 1830년의 프랑스 헌법은 200프랑 이상의 세금을 납부한 사람만이 투표할 권리가 있다고 명시했다. 공직에 출마하기 위해서는 적어도 500프랑의 세금을 내야 했다. 이러한 정관은 그 제한이 각각 300프랑과 1,000프랑으로 정해져 있던 이전의 1814년의 헌법에 비해서는 크게 개선된 것이었다. 그러나 1830년의 관대한 통치하에서도 1퍼센트 미만의 인구, 즉 3,000만의 인구 중에서 약 20만 명의 인구만이 투표권을 가졌다. 노동자들은 생존과 빵을 얻는 데 너무 열중하였기 때문에 존 로크가 언젠가 주장했듯이 "그들의 생각을 다른 어떤 것에 돌릴 시간도 능력도 없었다"라는 것은 사회의 지도적 집단에게 자명한 사실이었다. 이런 관점에서, 빈곤과 비참함 속에 살았던 사람들은 정치적인 권리를 박탈당했다. 개인의 수입과 부는 시민을 대중으로부터 분리시키는 기준이었다.

정치적 권리의 분배를 결정했던 두번째 기준은 교육 수준과 관계가 있었다. 노동계급에 대해서 쓰면서 위고는 계몽주의 시대의 해방의 힘에 대한 임마누엘 칸트의 확고한 믿음에 공명한다. "빛! 그것을 몇 번이고 되풀이해서 말해 보자. 빛! 더 많은 빛을!" 칸트에 따르면 "스스로 부과한 훈육으로부터 벗어나는" 인간의 해방을 위해서 그는 자신의 이성을 함양하고 자신의 감각을 우아하게 하고, 이상과 조화되도록 자신의 인격을 형성하도록 요구된다. 그러나 위고와 달리 칸트는 대다수가 이러한 계몽의 문턱을 언제든 지나갈 수 있을지 의구심을 품었다. 그들은 눈앞의 필요에 너무 몰두하기 때문에 훈육 상태에 머물러야 했다. 대중은 모든 욕망의 즉각적인 만족을 추구하는 야만인에 견줄 수 있는, 진화의 낮은 단계를 차지했다고 칸트는 주장했다. 오직 자신의 열정을 억제하는 법을 배운 사람이나 그것을 유용한 경제적 활동으로 향하게 만든 사람만이 시민의 권리를 가질 자격이 있었다.[54] 따라서 이성에 의해 지배되는 사람과 열정에 의해 잘못 인도되는 사람의 구분은 일반의지를 사칭하는 사람과 공적 영역에서 배제된 사람의 구분을 정당화했다. 19세기의 소설과 신문기사, 연극, 사회과학에서 특정한 집단은 스스로의 열정의 노예가 되는 것으로 되풀이해서 묘사된다. 이 불행한 사람들 가운데는 우선 여성과 아이들이 있었고 뒤를 이어 술고래, 정신이상의 개인들, 변태 성욕자, 그리고 범죄자들이 있었고, 거기에 모든 유럽 외의 지역의 인민들이 추가되고 마지막으로 노동계급이 포함되었다. 그들은 모두 무책임하고 전체의 이익 속에서 행동할 수 없으며 언제나 현재의 일시적인 즐거움을 위해 자신들의 미래의 행복을 희생시키는 경향이 있는 것으로 묘사되었다.

19세기 내내 이 두 개의 담론은 서로를 상호적으로 강화한다. 그것들

---

54 격정과 이성 사이의 구분은 정치이론의 가장 오래되고 가장 많이 논쟁된 주제들 중 하나로, 이미 플라톤과 아리스토텔레스의 저작들에서 일반적인 것이었다. 근대 초기에 이 구분은 홉스로 인해 정치적으로 중대한 것이 된다. 그의 관점에서, 사회질서는 모든 사람들이 자신들의 자기중심적인 격정을 억누르도록 강제하는 군주의 개입에 달려 있다. 그러나 마키아벨리를 포함하는 대부분의 절대군주제 이론가들은 군주가 사회의 평화를 지키려고 시도할 때 가장 큰 어려움을 불러일으킨 것이 사회의 상층부였다고 믿었다. 귀족은 쉽게 법에 굴복하지 않는 강한 격정을 가진 사람들로 인지되었다. 그에 반해서 평민들은 그들의 행동이 덜 감정적이고 그에 따라 더 예측 가능했기 때문에 더 기꺼이 군주의 지배를 받아들였다. 산업 시대에는 이 범주들의 내용이 변화했다. 상류층은 스스로에게 이성과 사회적 화합의 속성을 부여함으로써 그들의 권력을 합법화하고, 하층계급을 격정에 의해 지배되고 그에 따라 사회를 위해 행동할 수 없는 것으로 묘사함으로써 다수의 배제를 정당화한다.

은 함께, 주어진 인구의 어느 부분이 '대중'의 범주하에서 배제되고 포함되는지를 결정하는 대표제를 형성한다. 이 체제에는 누가 투표권을 가진 시민이 되거나 공직에 선출될 권리를 가지는지를 결정하는 정치적인 측면이 존재한다. 이런 맥락에서 '대중들'은 그러한 권리를 빼앗긴 사람들로서 나타난다. 이 체제는 또한 누가 정치적 공동체를 통합하는 가치관, 상징, 이상을 대표하고 구현할지를 결정하는 이데올로기적이고 문화적인 측면을 갖고 있다. 여기서 '대중들'은 공동체의 규범을 파괴할 조짐을 보이는 비합리적인 열정에 의해 지배되는 사회적 현상으로서 나타난다.

이렇게 대중은 인간이 합리적인 주체가 되기 위해 억압해야 하는 모든 본능들이다. 대중은 또한 정치적인 제도가 통합되고 합리적인 정치적 조직으로 기능하기 위해 배제해야 하는 사회적 행위자들이다. 이러한 두 가지 형태 속에서 대중은 부르주아 개인과 부르주아 사회 자체 모두에 늘 붙어 다니는 그림자이다.[55]

문명이 타락하였는가? 정치적 질서는 노동계급의 무게로 인해 무너져 버렸는가? 알코올 소비와 매춘은 증가했는가? 위대한 시는 더 이상 쓰이지 않았는가? 누군가 공원에서 강도질을 당했는가? 공장의 생산은 감소하였는가? 거리는 밤에 더 시끄러워졌는가?

대중의 망령은 불안하게 다가왔다.

---

55 Helmut König, *Zivilisation und Leidenschaften: die Masse im bürgerlichen Zeitalter*, Reinbek bei Hamburg: Rowohlt, 1992, p.56을 보라.

9

바리케이드

새로운 위계제를 발생시키는 씨앗은 이미 혁명의 시초에 뿌려졌다. 그의 『제3신분이란 무엇인가』에서 에마뉘엘 시에예스는 전체로서의 인민은 제3신분에 의해 대변된다고 주장한다. 또한 제3신분은 부르주아지에 의해 대변된다고 시에예스는 주장하는데, 이 집단이 다른 누구보다도 더 큰 정치적·행정적 기술을 보여 주기 때문이다. 부르주아지는 군주제와 봉건적 특권에 맞서는 투쟁에서 모든 사람들과 공동의 노력을 기울이기 때문에 그들은 프랑스의 보편적인 계급으로 보인다.

그러나 민주주의적 발상이 공식화하자마자 부르주아지의 보편적 권리에 대한 반대가 제기되었다. 1789년 6월 제3신분의 대표자들은 그들 스스로를 프랑스의 제헌권력으로 선언하며 국가의 운명을 직접 책임졌다. 그러나 그들의 새롭게 세워진 권력은 스스로를 어떻게 칭해야 할까? 누가 대표자인가? 그들은 누구를 대변하는가? 테니스 코트에 모인 사람들의 진정한 정체성은 무엇인가? 열정적인 논쟁이 회의장에서 벌어진다. 대표자인 무니에(Mounier)는 그들 스스로를 '국가의 다수의 대표자'로 불러야 한다고 말한다. 미라보는 이러한 지칭이 국가를 소수(귀족과 성직자)와 다수(제3신분)의 두 부분으로 분리시킨다고 항의하며 그 대신에 그들 자신을 "프랑스 인민(People)의 대변자들"이라고 부를 것을 제안하는데, 그는 '인민'이라는 호칭이 소수와 다수 모두를 지칭할 수 있는 융통성 있는 용어이기 때문에 선호했다. 대표자들인 타르제(Target), 투레(Thouret)는 미라보의 주장에 눈살을 찌푸리며 이 경우에 '인민'이 하층 계급을 가리키는 라틴어인 '플레브스'(plebs)를 가리키는지 아니면 모든 시민을 의미하는 '포풀루스'(populus)를 가리키는지 물었다. 대표자 시에예스는 앞서 내놓은 제의를 거듭 말한다. 신분과 계급들 사이의 적대감을 누그러뜨리기를 바라면서 그는 집회가 스스로를 단순하게 국민의회로 칭해야 한다고 말했다. 이어서 대표자들은 투표를 했고 491명의 투표자가 시에예스의 제의를 지지했고 90명이 반대했다.[56]

제3신분이 스스로를 국가의 목소리로 구성하는 바로 그 순간에 새로운 구분이 나타난다. 한편에서, 부르주아지의 가장 역동적인 요인들은 전체로서의 인민의 이익을 위해 행동하는 보편적인 시민들로서 한 걸음 전진한다. 다른 한편에서, 이제 그들의 빈곤과 무지로 인해서 자신들의 이름하에 만들어진 정치적 결정에 참여하는 것을 상상할 수 없는 인민의 다수인 플레브스 또는 하층민이 존재한다.

다수는 다시 한번 1815년의 나폴레옹의 감금 이후 도입됐던 새로운 대표제에서 익명의 보이지 않는 사람들로 남는다. 프랑스는 이제 입헌군주제가 되고 의회는 강력하고 부유한 사람들에 의해 선택된다. 그러나 공화주의자의 반대는 더 격렬해진다. 이러한 반대는 먼저 1830년의 7월 혁명에서, 이어 1848년의 2월 혁명에서 다시 승리를 거두고 정치적 권리의

---

56 이 논쟁은 Jules Michelet, *Histoire de la révolution française*, 2 vols., ed. Gérard Walter, Bibliothèque de la pléiade, Paris: Gallimard, 1952, vol.1, pp.99~106에서 생생하게 묘사된다.

더 광대한 분배를 달성한다. 그러나 두 사례 모두에서 민주화는 갑작스럽게 중단되었다. 1830년 부르주아지의 군주인 루이 필리프가 왕위에 올랐을 때, 그리고 1851년 황제의 조카인 루이 나폴레옹 보나파르트가 쿠데타로 권력을 장악하여 제국의 통치를 다시 도입했을 때 그랬다.

정체와 헌법 체계가 빠르게 승계되고 싸움으로 정치적 권리를 획득한 사람들이 다음날 아침이면 그 권리를 잃어버리는 이러한 역사적 과정에서, 모든 정치적 행위자들은 그들이 줄곧 일반의지에 부합하여 일하고 있고 인민의 진정한 이익을 대변한다고 단호하게 주장한다. 정치기구들은 인민을 자신들의 정당화의 기반으로서 주장한다. 정치인들은 자신들을 인민의 목소리로 나타낸다. 정치계급은 인민의 의지에 대한 충성을 공언한다. 그러나 인민의 다수는 자신의 의지를 표현할 수 없기 때문에—어쨌든 그들에게는 투표가 허용되지 않는다—어떤 정치적 결정도 충분한 고려 없이 인민의 이름하에 승인될 것이라는 게 진실이다. 다수의 최대의 이익에 호소하면서 투표권의 엄격한 제한을 정당화하는 의원들을 발견하는 일은 드물지 않았다. 19세기 내내 이러한 패턴은 되풀이된다. 선출된 대표자들은 그들 자신의 생각과 계획이 인민의 안녕을 자명하게 촉진한다고 주장할 것이다. 이와 반대로 농부와 장인, 노동자, 재봉사들이 품은 생각은 미성숙과 저열한 본능의 표현으로 이해된다. 인민의 의지가 아닌 인민의 타락으로서 말이다.

1789년 자크 루이 다비드는 이상으로서의 인민과 사회로서의 인민의 혼합을 재현했다. 그로부터 몇십 년 후에 이러한 인민의 두 개념은 서로 반대되는 것으로 변했다. 의회에서 말하는 인민의 목소리는 순수하고 정교하게 조정된 것이고 들판과 공장에서 들리는 저속한 은어와 짐승 같은 소리들과는 완전히 반대된다. 1846년부터 시작된 작업에서 역사학자

그림 5 외젠 들라크루아, 「민중을 이끄는 자유의 여신」, 1830, 파리 루브르박물관.

쥘 미슐레는 일반의지의 수호자들이 사회를 보는 렌즈를 묘사한다. "당신은 돋보기를 가지고 도랑으로 사냥을 가서, 더럽고 불결한 것을 발견하자 감탄하면서 그것을 우리에게 가져온다. '성공이야! 성공! 우리가 인민을 찾았어!'"[57]

미슐레는 '인민'의 의미가 위기를 겪고 있는 때에 글을 썼다. 프랑스 사회를 구분하는 정치적 적대감이 혼란의 배경에 있다. '인민'은 진정 무엇을 의미하는가? 이 단어는 1789년의 이상을 가리키는데, 프랑스의 부르주아지가 자신의 과거와 미래를 국가의 보편적인 계급으로서 이해한다는 점에서 그렇다. 그러나 기이하게도 이 단어는 1843년에 플로라 트

57 Michelet, *The People*, p.105; *Le Peuple*, p.137.

리스탕이 쓴 것처럼 동시에 그 이상과 정반대되는 것을 나타낸다. "이 사람들은 매우 야만적이고 무지하며 하잘것없고 스치고 지나가는 것이 불쾌하고, 바로 가까이에서 보는 것이 역겹다."[58] '대중'의 의미가 점차 자신을 공고화하는 것은 이러한 지평을 배경으로 한다. 그 단어는 트리스탕이 인민에 대해 쓸 때 표현했던 역겨움과 두려움을 환기시킬 것이고 또한 그 두려움의 원천으로 이해되는 사람들을 배제하고 통제하는 결과를 낳을 것이다. 이러한 맥락에서 '대중'은 이상적인 인민에 부합하지 않는 실제로 존재하는 인민의 일부분을 가리킬 것이며 이러한 '대중'은 단순히 분파가 아니라 그보다 더 자주 현실의 인민의 대다수를 구성할 것이다.

1831년의 자신의 유명한 그림 「민중을 이끄는 자유의 여신」(그림 5)에서 외젠 들라크루아는 1830년의 혁명을 시각화했다. 이 그림에서 우리는 그들을 앞으로 나가도록 격려하는 마리안—자유의 정신, 혁명의 여신, 그리고 공화정의 상징—과 함께 바리케이드를 넘어서 보조를 맞춰 행진하는 노동자와 부르주아지를 발견한다. 노동자와 부르주아지는 실재하는 인민의 두 반쪽이다. 투쟁 속에서의 그들의 박애적인 결합을 통해서 그들은 이상으로서의 인민을, 왕보다 더 강력한 민주주의적 주권의 원칙을 구현한다.

그러나 그들은 군주제를 무너뜨리자마자 체제 바깥으로 사라져 버리고 둘은 정반대되는 방향으로 행진해 간다. 루이 필리프 뒤에 줄을 선 부르주아지는 인민주권이 새로운 형태의 계몽군주제에 의해 대변될 것이라고 주장한다. 이와 반대로 노동계급은 1832년의 반란에서 왕권에 일격

58 Flora Tristan, *Le Tour de France-Journal inédit 1843-1844*. Chevalier, *Classes laborieuses et classes dangereuses*, p.525에서 재인용.

을 가했는데, 이번에는 부르주아지의 지원을 받지 않았고 곧 타도되었다. 1830년 이후에 노동자와 부르주아지는 마리안의 삼색기 아래서 어떤 궁극의 완전함을 꿈꾸는 인민의 두 반쪽으로서 결코 나타나지 않는다. 그들은 이제 상충되는 이해관계를 가지는 서로 다른 두 인민으로서 나타난다.

대니얼 스턴은 1848년의 반란 이후의 노동계급에 대해 "그들은 국민 내부의 국민을 형성한다"라고 말한다.[59] 그들은 야만인이라고 외젠 쉬는 『파리의 비밀』의 첫번째 장에서 쓴다—"쿠퍼(James Cooper)가 잘 묘사한 야만인 부족만큼이나 문명의 바깥에 존재한다. 그러나 우리가 말하는 야만인은 우리 가운데 있다".[60] 각 공장의 소유주는 "노예들에 둘러싸인 식민지에서 농장 주인으로서, 백 명에 맞서는 한 명으로 그의 공장에서 산다"라고 생 마르크 지라르댕은 이미 1831년에 진술한다.[61]

빅토르 위고와 쥘 미슐레는 비참한 자들이 인민의 일부분이라는 사실을 계속해서 강조하는 아주 소수의 지식인들에 속한다. 그들은 심지어 이들이 가장 중요한 부분이라고 말한다. 고통받는 아이들이 힘을 모아 비참함 속에서 빠져나오기만 한다면 이것은 1789년의 이상이 여전히 유효하다는 것을 보여 주는 진정한 확인이 될 것이다.

부르주아지는 이러한 시나리오를 위협적이거나 비현실적인 것으로 피한다. 대니얼 스턴은 부르주아지의 태도를 분류한다. "그들은 감히 인민에게 충분히 가까이 다가가지 않았기 때문에 …… 그들은 사회주의를 테러리즘과 혼동한다. 그들은 노동계급을 다른 인민, 즉 그들이 대중이라

---

59 Daniel Stern, *Histoire de la révolution de 1848*, Paris: Balland, 1985(1st ed. 1850), p.240.

60 Eugène Sue, *Les mystères de Paris*, Paris, 1851, p.1.

61 Timothy J. Clark, *The Absolute Bourgeois: Artists and Politics in France, 1848-1851*, Berkeley: University of California Press, 1999(1st ed. 1982), p.11에서 인용.

고 부르는 사람들로 이해한다"라고 그녀는 설명한다.[62]

"만일 그들이 우리를 공격한다면 어떻게 될까?"라고 외젠 뷔레는 1840년 자신의 책 『영국과 프랑스에서의 노동계급의 비참에 대하여』에서 경고한다.

> 노동자들은 그들의 주인이 자신들에 대해 그런 것처럼 주인에 대한 의무로부터 자유롭다. 그들은 주인을 대립되고 적대적이기조차 한 다른 계급의 사람들로 간주한다. 국민으로부터 소외되고 사회적·정치적 공동체의 바깥에 존재하며 자신의 일과 비참만이 함께하는 그들은 그 지독한 고독을 탈출하기 위해 행동하고 그들이 자주 비교당하는 야만인과 마찬가지로 아마도 침략을 기도할 것이다.[63]

1848년 6월 이 야만인들은 파리를 점령하려고 했다. 그것을 "역사상 가장 큰 규모의 거리전"이라고 위고는 썼다.[64] 프랑스의 1848년 혁명은 두 주요한 국면을 경험했다. 첫번째 국면은 성공적이었다. 1848년 2월 많은 부르주아지를 포함한 파리의 인민은 루이 필리프를 왕위에서 물러나도록 강요했다. 국가는 급진화되었고 한 달 안에 임시 의회가 남성들에게 보편적인 투표권을 도입했으며 모든 사람들에게 노동의 권리를 부여하는 법을 제정했다. 그러나 5월에 시골 지역에서 실시된 민주주의적 선거

---

62 Stern, *Histoire de la révolution de 1848*, p.241.

63 Eugène Buret, *De la misère des classes laborieuses en Angleterre et en France: de la nature de la misère, de son existence, de ses effets, de ses causes, et de l'insuffisance des remèdes qu'on lui a opposés jusqu'ici: avec l'indication des moyens propres à en affranchir les sociétés*, Paris: Paulin, 1840.

64 Hugo, *Les Misérables*, p.987; 1217.

에서 보수주의자들이 승리를 거두면서 그 이상의 민주화와 사회 개혁을 향한 파리 노동자들의 희망은 물거품이 되었다.

두번째 반란은 실패였다. 1848년 6월 새로운 정부는 모든 사람들에게 일거리를 주기 위해 수립되었던 공공 작업장을 폐쇄하기로 결정하였다. 10만 명 또는 그 이상의 노동자들이 그들의 생계의 원천으로서 이 작업장에 의존했지만, 그들은 이제 입대 서명을 하도록 압력을 받았고—알제리의 식민지화가 완전히 흔들리고 있었다—그렇게 하지 않으면 수도를 떠나 지방의 여러 공공사업으로 이송될 상황에 처했다. 길을 파내고 늪지에 도랑을 파는 일과 같은 도급 일이 정부가 제공한 것이었다. 파리의 노동계급은 가혹한 조치에 맞서 봉기하여 바리케이드를 세우고 도시의 일부를 점령하며 보수적인 정부는 물러날 것을 촉구했다.

6월의 반란에 대해 쓰면서 위고는 민주주의 정신이 부분적으로 반란자의 편에 있었음을 인정한다. 정부에 의해 도입된 무자비한 개혁과 그것이 파리 주민에게 가한 잔혹함은 인민의 안녕을 보호한다는 주장이 터무니없는 계급 이익을 감추기 위한 것이었다는 사실의 증거가 되었다. 위고에 따르면, 폭동을 일삼는 노동자들은 프랑스 인민의 미래를 위해 헌신적으로 자신들의 삶을 희생하였다. 그러나 인민이 그것을 상대로 반란을 일으킨 정부가 바로 그 인민의 의해 선출된 정부라는 사실에는 여전히 변함이 없다고 위고는 계속해서 말한다. 반란자들이 민주주의의 정신을 구현했다고 한다면 정부는 민주주의를 원칙적으로 구현했다. 그러므로 반란에 "맞서 싸워야" 한다고 위고는 결론 내린다.

결국, 1848년 6월은 무엇이었을까? 위고는 "인민(demos)에 대해 반란을 일으킨 폭도정치"라고 답한다. 그는 그러한 사건을 가까스로 상상해 볼 수 있을 따름이라고 고백한다. 사회에 대한 그의 미래상은 1789년의 이상에 토대한다. 바로 계급과 신분 사이에 근본적인 적대감이 없는 통합된 프랑스, 모든 사람이 시민이자 전체의 동등한 대표자인 통합된 프랑스 인민이다. 이것이 그가 그의 시대의 정치적 사건을 판단하는 배경이 되는 규범이다. 역사적인 사건들은 이 규범의 확인으로서 또는 그것으로부터의 일탈로서 측정될 수 있는 한에서만 의미를 갖는다.

그러나 1848년에 위태로운 것은 규범 자체이다. 이때의 사건은 프랑스의 역사에 대한 그의 이해는 물론 프랑스를 정치적 공동체로서 정의 내리는 일에도 이의를 제기한다. 프랑스의 역사는 과연 국가의 역사이고, 또한 1789년의 이상 — 자유, 평등, 박애 — 에 의해 점차적으로 통합되고 있는 인민의 역사일까? 아니면 프랑스의 역사는 이 이상들을 그들 자신에게 유리하게 악용하는 방법을 익힌 국가의 부르주아지의 인질로 잡혀 있을까? 그렇다면 프랑스의 역사가 계급투쟁의 역사라고 주장하는 1848년의 사회주의자들의 말은 결코 설득력이 없는 것일까?

위고는 두 마음이었다. 6월의 반란은 그에게 이해할 수 없는 것으로 나타나고 그의 묘사는 훨씬 더 엉켜 있게 된다. 1848년 6월에는 "자기 스스로에 대한 민중(populace)의 반란"이라고 그는 『레미제라블』에서 쓴다.[65] 그는 자신의 일기에서 "한편에는 인민의 절망, 다른 한편에서는 사회의 절망"이라고 적는다.[66] 그는 5월의 선거 운동이 진행되는 동안 "인민에 맞서는 사람은 나에게 맞서는 사람이다"라고 말한다.[67] 그렇다면 한 달 뒤 인민이 자신들 사이에서 싸움을 벌이고 있을 때 위고는 어느 편을

---

65 Hugo, *Les Misérables*, p.988; 1218.

66 Victor Hugo, *Choses vues: souvenirs, journaux, cahiers, 1830-1885*, ed. Hubert Juin, Paris: Gallimard, 2002, p.567.

67 Hugo, *Choses vues*, p.554.

지지해야 할까? 프랑스는 두 개의 양립 불가능한 '인민'의 이상들 사이에서 돌이킬 수 없게 분리되어 있는 것으로 보인다. 위고는 "붉은 공화국"과 "이상적인 공화국"을 구별하려고 노력한다.[68] 그러나 공화국이 이제 완전히 끝까지 분리되어 있다면 정치적 폭력의 정당성을 평가하는 일은 더 이상 불가능하다. 더 정확히 말하면, 이제부터는 폭력적 행동의 정당성에 대한 누군가의 판단은 오직 어느 한 편을 드는 것에 의해서만 결정될 것이다. 이성의 공정한 기준이나 1789년의 보편적 이상들에 따라 판단할 여지가 존재하지 않는 이 정치 과정에 직면한 위고는 1848년 6월이 예외적인 사건, "역사상에서 분류하는 것이 거의 불가능한 사건"이라는 점을 인정하지 않을 수 없었다.[69]

그러나 무엇이 분류를 방해하는지는 환기되거나 지적될 것이다. 위고의 『레미제라블』에서의 구성은 1832년의 혁명으로 최고조에 달하고, 1848년 6월의 반란은 그 이야기에서 어떤 타당한 위치도 차지하지 않는다. 그럼에도 1848년은 위고의 서술에 그림자를 드리운다. 소설의 사회적 논의의 핵심과 그것의 파토스의 배경에 있는 추동력은 1848년의 긴 탈선 안에 감추어져 있다. 그의 긴 이야기에서 흔히 볼 수 있듯이 위고는 곁길로 샌다. 그의 영웅 장발장과 1832년의 봉기에 대한 줄거리를 떠나, 그는 독자들로 하여금 1848년 6월 생앙투안 지구의 거주자들이 세운 거대한 바리케이드 앞에서 돌연 끝이 나는 일방통행의 골목길을 따라가도록 유혹한다. 이 인상적인 건축물의 발치에서 위고는 마치 숨을 들이마실 필요가 있는 것처럼 숨을 돌리고, 이어서 모든 세계문학에서 나오는 도시 건

68 *Ibid.*, pp.463~464.
69 Hugo, *Les Misérables*, p.988; 1218.

축물에 대한 묘사 중 가장 매혹적인 것을 제공한다. 생앙투안의 바리케이드는 『레미제라블』의 중심에 당당하게 서 있다. 그것은 서양의 근대성의 위대한 기념비이다. 그것은 또한 프랑스 역사의 알레고리적인 재현이다. 그것은 닳고 깨어진, 그러나 장대하고 생명력으로 찬란하게 발하는 세계이다.

> 그것은 무엇으로 세워졌는가? 고의적으로 철거된 6층짜리 가옥 세 채의 자재들로 세워졌다고 했다. 횡행하는 분노의 현상으로 세워졌다고도 했다. 그것은 증오에 의해 세워진 모든 것들이 갖는 구슬픈 측면을 품고 있었다. 파괴의 외양이다. 누군가는 "누가 그 모든 것을 세웠는가?"라고 물을지 모른다. 그러나 동시에 누군가는 물을지 모른다. "누가 그 모든 것을 파괴했는가?" 모든 것이 그 속에 포함됐다. 문, 석쇠, 장벽, 침대, 가구, 망가진 조리용 난로, 되는대로 쌓인 냄비와 팬, 그리고 포석, 목재, 쇠막대기, 깨진 창유리, 좌석 없는 의자, 넝마, 온갖 종류의 잡동사니가 혼합된 전부였다. 그리고 저주가 있었다. 그것은 위대하고 또한 하찮은 것으로, 공허함의 혼란스런 풍자이고 파편의 혼합이었다. 시시포스가 그곳에 자신의 바위를 던졌고 욥은 자신의 질그릇을 던졌다. 요약하면 그것은 지독했고 극빈자들의 아크로폴리스였다.[70]

위고는 여러 쪽에 걸쳐 바리케이드에 대한 묘사를 계속하지만 그것

---

70 Hugo, *Les Misérables*, pp.988~989; 1219. 자크 데리다는 생앙투안 바리케이드에 대한 위고의 묘사를 상세히 인용하지만 그 구절에 대해 마땅히 행해야 할 어떤 분석도 제공하지 않는다. Jacques Derrida, *Specters of Marx: The State of the Debt, the Work of Mourning, and the New International*, trans. Peggy Kamuf, New York: Routledge, 1994, pp.95~96.

을 완성시킬 수 없는 것처럼 보인다. 프랑스 사회의 모든 부서진 조각들의 모음인 바리케이드는 그것이 반영하는 사회와 마찬가지로 고갈될 줄 모른다. 물건들은 줄지어 있고, 한쪽으로 몰려 있고, 서로의 위에 포개져서 전체적으로 완전한 수, 즉 대중의 인상을 남긴다.

> 사람들은 검은 벌의 대군이 바리케이드 앞에서 마치 그들의 벌집인 양 윙윙거리는 소리를 듣는 듯했다. 그것은 덤불이었을까, 진탕 마셔 대는 주연이었을까, 아니면 요새였을까? 무아경 속에서 퍼덕거리는 날갯짓으로 세워진 듯했다. 그 더미에는 하수구가 있고 또한 올림포스가 있었다. 저 절망에 찬 혼란 속에서 지붕의 서까래, 색 벽지가 붙은 다락방에서 나온 벽 조각들, 돌무더기 가운데서 용케도 발포를 견뎌 낸 똑바로 세워진 판유리가 온전히 붙어 있는 창틀, 뿌리째 뽑힌 벽난로, 옷장, 탁자, 떠들썩한 혼란 속에 쌓여 있는 벤치들, 거지들조차 업신여기는 비루한 천여 개의 물건들, 분노와 공허함의 표현이 목격될 것이다. 그것은 누더기—나무와 돌, 쇠붙이로 된 누더기—같았고, 거대한 빗자루로 생앙투안 거리의 집 밖으로 쓸어 내어 그들의 빈곤을 방어 장벽으로 만든 것이라고 누군가는 말했을 수도 있다. 교수대처럼 보이는 나무틀에 달라붙어 있는 도마와 선반 같은 나무 조각들은 돌무더기 위에 납작하게 놓여 회전한다. 이 모든 것들은 무질서한 건축물에 민중들이 참고 견디어 온 심한 고통의 느낌을 더해 줬다. 생앙투안의 바리케이드는 모든 것, 내전이 사회의 선두에 내던질 수 있는 모든 것을 무기로 사용했다. 그것은 싸움이 아니라 발작이었다. 본거지를 방어하는 화기들은 그 총 속에 섞여 있는 나팔총과 더불어, 도자기 조각들과 손가락 마디뼈, 코트 버튼, 심지어 금속 부분 때문에 위험한 탄환이 되는 가구의 바퀴까지도 마구 쏟아 냈다. 그 바리케이드는

제정신을 잃고 있었다. 말로 표현할 수 없는 절규가 구름 속까지 치솟았다. 때로는 군대에 도전하면서 육체들과 타오르는 듯한 얼굴들로 가득 찬 폭풍우로 뒤덮였다. 그것은 머스킷, 사브르, 곤봉, 도끼, 총검들로 잔뜩 무장한 패거리로 들끓는 움직임이었다. 거대한 붉은 기가 바람 속에서 펄럭거렸다. 호령 소리, 진격의 노래, 둥둥 울리는 북소리, 여인들의 흐느낌, 허기진 사람들의 음흉하고 귀에 거슬리는 웃음소리가 들렸다. 그것은 이성을 넘어선 것이고 살아 있는 것이었다. 전기가 흐르는 동물이나 되는 것처럼 등에서 번갯불이 번쩍였다. 혁명의 정신은 신의 목소리가 울려 퍼지는 이 흙더미에 그늘을 드리운다. 기묘한 고상함이 그곳으로부터 발산되었다. 그것은 쓰레기 더미였고, 그것은 시나이(Sinai)였다.[71]

혐오감과 경외심 사이를 오가며 위고는 자신이 보고 있는 것을 이해할 수 없음을 고백한다. 거대한 대중은 과거의 사건과 비교당하기를 거부한다. 위고는 바리케이드가 혁명의 이름하에 세워졌다고 진술하지만, 그것은 무엇과 싸우고 있었을까? "그것은 혁명과 싸우고 있었다. 기회와 무질서, 공포이며 오해되고 알려지지 않은 것인 저 바리케이드는 제헌의회, 인민의 주권, 보편적 참정권, 국민과 공화정과 전쟁 중이었다. 그것은 '마르세예즈'(La Marseillaise)에 저항하는 '카르마뇰'(Carmagnole)[72]이었다."[73]

생앙투안의 바리케이드는 1848년의 패배 후에 인민의 시체 위에 던져진 무덤의 돌무더기로 이해될 것이다. 쓰레기 더미는 소멸된 민주주의

---

71 Hugo, *Les Misérables*, pp.989~990; 1221.

72 1789년 프랑스 혁명 당시 상퀼로트들이 입었던 상의 또는 당시 민중들이 광장에서 춘 춤을 가리킨다. 이탈리아 피에몬테 지방의 카르마뇰라라는 마을에서 유래한 옷이라고도 하고, 프랑스군이 그 지방에 진주했을 때 입성식을 위해 만든 춤이라고도 전해진다. — 옮긴이

73 *Ibid.*, pp.989~990; 1221.

를 위한 기념비의 역할을 한다. 바리케이드는 또한 자신의 모든 상징들을 제거한 프랑스 국가의 상징이다. 모든 것이 폐허가 되고 모든 이상들이 전소되고 이제부터 국가는 통일된 이미지와 애국주의의 유대 없이 지내야 할 것이다.

그러나 건축물은 또한 저항의 보루이고 집단적인 노력이 쪽모이된 결과이며 인민의 브리콜라주다. 위고는 칼라일이 상퀼로티즘의 분노라고 부른 원시적인 힘을 환기시킨다. 바리케이드 뒤에서 우리는, 통합되기를 거부하고 그들의 본질을 포착하려는 모든 단어와 이미지를 교묘히 피해 가며 그들을 대신하여 말하기를 원하는 사람들을 거절하는 인민의 그늘을 감지한다. 그것은 그들 자신의 이익을 대변하는 인민이다. 그들은 자신을 대변하고, 정치질서와 조화를 이루지 않는 목소리를 낸다. “호령 소리, 진격의 노래, 둥둥 울리는 북소리, 여인들의 흐느낌, 허기진 사람들의 음흉하고 귀에 거슬리는 웃음소리” — “말로 표현할 수 없는 절규 …… 이성을 넘어선.” 어떤 상징이 그러한 인민의 목소리들을 나타낼 수 있을까? 어떤 제도들이 이러한 종류의 대중의 열망을 충실히 표현할 수 있을까? 그리고 관찰자가 처음 접했을 때 불꽃을 튀기고 딱딱 소리를 내는 이러한 조직 — “이성을 넘어선 …… 살아 있는” — 에 어떤 형태의 국가가 적합할까? 상상도 하기 어려운 창조물인 인민은 원시적이지만 전문적인 기질을 가졌고 절대적으로 구식이지만 완전히 근대적이다. “전기가 흐르는”이라고 위고는 말한다. 바리케이드의 혼란 속에서 낡은 사회의 폐허는 새로운 사회가 재건되는 토대를 형성한다. 오래된 파편들의 더미는 완전히 새로운 것이고 그것을 위한 단어는 아직 발명되지 않았다.

마지막으로, 바리케이드에 대한 위고의 설명에서 나오는 것은 저자의 해석적인 응시와 모든 해석에 대항하는 사회적인 합성물 사이의 조우다. 1848년 6월이 역사에 의해 완전히 이해될 수 없는 사건이었다고 이미 선언한 위고는 이제 생앙투안의 바리케이드가 또한 이성을 넘어선 것이라고 결론 내린다. 우리는 미학 이론이 숭고함의 범주하에서 전형적으로 접근하는 그런 유의 현상과 맞닥뜨린다. 바리케이드는 언어로 진입하기를 거부하고 합리적인 개념의 지배를 피하면서 모든 숭고한 것들과 마찬가지로 사색적인 관망만을 허용하며 관중에게 종교적 경험과 관련되는 두려움과 존경심을 불어넣는다.

"군중은 숭고해질 수 있다"라고 위고는 소설의 앞부분에서 외쳤는데, 이것은 대중들을 계몽시키기 위해 그들에게 다가가는 것이 지식인들의 임무라는 사실을 의미한다.[74] 바리케이드는 철학적인 지도 없이, 위고와 같은 지식인들은 상상할 수도 없는 행동을 통해 그들 자신의 힘에 의해 숭고해진 대중들 앞에 그와 그의 독자를 위치시킨다. 바리케이드는 인민을 스핑크스로, 입을 꼭 다물고, 비밀스러운, 불가사의하고, 의기양양한 존재로 나타낸다. 인민의 위대한 동지인 위고조차 이 수수께끼를 풀지 못한 채 경외심에 입을 다물지 못하고 쓰레기 더미를 응시하고 있으며 여전히 그것에 고취되어 두려움에 떨고 있다.

---

74 Hugo, *Les Misérables*, p.509; 632.

10

웃음거리로 만들기

생앙투안의 바리케이드는 1869년의 귀스타브 플로베르의 『감정 교육』에서도 언급된다. 위고의 강렬한 상징주의는 본거지에 대한 플로베르의 침착한 묘사에 견줄 때 조금은 애처로운 것으로 보인다. 플로베르는 우리가 아무것도, 심지어 바리케이드도 볼 수 없도록 만든다. 동요는 너무 많은 먼지를 일으켰다. 그러나 생앙투안에서 벌어진 군대의 최후의 소탕 작전에서의 총소리는 그의 텍스트에서 더욱더 분명하게 울려 퍼진다.

플로베르의 서술에는 1848년의 폭력에 관한 다른 설명들의 특징인 극적인 긴장감이 부족하다. 다른 작가와 관찰자들이 파리의 거리를 따라 굴러가는 역사의 바퀴를 보았다고 전하는 반면, 플로베르는 기만과 허세 사이의 천박한 싸움을 해독한다. 주인공인 프레데리크 모로는 프랑스 혁명을 대표하는 사건들을 토대로 한 희극을 써 볼까 하고 생각한다.[75] 『감정 교육』을 1848년 혁명에 대한 소극을 쓰려는 플로베르의 시도로 이해

---

75 Gustave Flaubert, *Sentimental Education*, trans. Robert Baldick, Harmondsworth: Penguin books, 1964, p.151. 프랑스에서는 다음과 같이 출간되었다. *L'éducation sentimentale: histoire d'un jeune homme*, ed. A. Thibaudet and R. Dumesnil, Bibliothèque de la Pléiade, Paris: Gallimard, 1952, p.177.

해 보는 것은 솔깃한 일이다.

플로베르의 관점에서 1848년은 희극의 장르에서 나타나는 현실과 이상 사이의 혼동을 동일하게 보여 주었다. 우리는 신에게 주먹을 휘두르지만 현실에서는 보도에 걸려 넘어지는 이상주의자를 내심 비웃는다. 플로베르의 소설은 곳곳에서 반복적으로 충돌이 일어나게 만듦으로써 이러한 유의 웃음을 끊임없이 만들어 낸다. 이 소설은 혁명적인 군중을 술주정꾼의 무리, 거리의 아이들, 출세 제일주의자, 이상주의자로 묘사하며 으레 그들을 업신여긴다. 이어서 파리 인민의 어리석고 유치한 행동을 그들의 이름으로 제의되는 근엄한 이상들—민주주의, 공화주의, 보편적 참정권—과 대비시킨다. 2월 혁명의 영광스런 순간에 대중의 무리가 튀일리 궁의 왕의 방으로 밀고 들어갈 때, 프레데리크 모로와 그의 친구 위소네는 밀려드는 군중에 휩쓸리면서 그들이 모든 사회적 위계질서를 뒤엎어 놓는 광경을 목격하게 된다. "폭도는 조롱하듯이 레이스와 캐시미어를 걸쳤다. 금색 술 장식으로 작업복의 소매를 빙 둘러 휘감고, 타조 깃털이 달린 모자로 대장장이의 머리를 장식하며, 레지옹 훈장의 리본을 창녀들의 띠로 이용했다."[76] 이 사건은 플로베르에게 이 시대의 새로운 최고의 권력을 묘사할 수 있는 기회를 제공한다. 바로 "인민 폐하"를.

> 부지불식간에 앞으로 밀려서 그들은 붉은색 벨벳으로 된 캐노피가 천장에 드리워진 방에 들어왔다. 왕좌 아래쪽에 검은 턱수염의 한 노동자가 셔츠는 반쯤 풀어헤치고 멍청한 유인원처럼 히죽거리며 앉아 있다. 다른 사람들은 그의 자리에 앉으려고 층계참을 기어올랐다.

---

76 Flaubert, *Sentimental Education*, p.289; *L'Education sentimentale*, pp.320~321.

"얼마나 대단한 신화인가! 당신의 자리에 최고의 권력을 가진 인민이 있습니다!"라고 위소네가 말했다.

왕좌가 들어 올려지고 방을 가로지르며 이 손에서 저 손으로 불안불안하게 넘어갔다.

"훌륭한 왕이여! 이것이 어떻게 떨어지는지 지켜보십시오! 국가라는 배는 폭풍우 치는 바다 위에서 내던져지고 있습니다! 그것은 캉캉을 추고 있습니다! 그것은 캉캉을 추고 있습니다!"

왕좌는 거센 경멸과 야유 속에서 창문으로 옮겨져 바깥으로 던져졌다.

"불쌍하고 낡은 것!" 위소네는 그것이 정원으로 떨어지는 것을 지켜보며 말했다. 그곳에서 왕좌는 재빨리 들어 올려져 바스티유로 옮겨졌고 불태워졌다.[77]

민주주의와 공화주의, 인민주권에 대해서는 그쯤 해두기로 하자. 인민은 애처롭게도 자신들의 이름으로 조성된 드높여진 이상을 대표할 수가 없다. 또는 더 비관적으로는, 인민은 이런 이상들을 그것들과 정반대되는 것들로 바꾸어 놓는다. 플로베르는 민주주의의 승리를 소극과 강탈로 묘사한다. 때로는 완전한 광기로 묘사하기도 한다. "현관 안의 홀에서 여러 겹의 옷을 걸쳐 입은 창녀가 눈을 크게 뜨고 미동도 없이 위협적으로 자유의 여신상처럼 자세를 취하고 있었다."[78]

깔보는 듯하게, 그러나 얄궂게도 조금은 구제해 주는 것을 잊지 않으며 플로베르는 노동계급이 어떻게 하루 동안 귀족인 체하며 그들의 최고

77 *Ibid.*, pp.288~289; 320.
78 *Ibid.*, p.290; 321.

의 날을 보내는지를 관찰한다. 플로베르는 하룻밤 사이에 서둘러 자신들을 훌륭한 공화주의자로 개조하는 지식인들과 부르주아지 일원들에게 무자비한 태도를 보이며, 어떻게 그들이 새로운 다수결의 체제하에서 자신들의 관직을 유지하기 위해 인민주권에 가까스로 입에 발린 말을 하는지를 보여 준다.

요컨대, 『감정 교육』은 민주주의의 장대한 타파이고 신용할 수 있는 정치적 이상으로서의 '인민'에 대한 정면공격이다. 빅토르 위고와 대니얼 스턴, 쥘 미슐레, 피에르 조제프 프루동, 칼 맑스, 하인리히 하이네와 같은 다른 관찰자들은 1848년의 혁명들을 진보의 경로에서의 결정적인 한걸음으로 묘사했다. 인민은 앞으로 나아갔다. 이 익명의 대중들은 이제 역사의 주체가 되었다. 이와 반대로 플로베르에게 역사의 주체는 없었고 엄격히 말하면 인민 역시 마찬가지였다. 인민은 제헌적인 정치권력으로서도 국가의 구현으로서도 존재하지 않고 오직 사적인 야망과 집단적인 망상을 추구하기 위한 은폐로서만 존재한다. 우리가 역사라고 부르는 것은 다양한 개인과 집단이 인정받고 영향력을 추구하려는 욕망들의 총계이다. 사회는 무한한 수로, 이리저리로 움직이는 군중들로, 동요하는 대중들로 구성된다.

> 북소리가 돌격 신호를 울린다. 날카로운 고함과 승리의 외침이 들려온다. 군중이 앞으로 뒤로 물결쳤다. 프레데리크는 두 빽빽한 군중 사이에 끼어 꼼짝하지 못했다. 어떤 경우라도 그는 매혹되었고 너무나도 즐기고 있었다. 땅 위로 떨어지는 부상자와 드러누운 사망자들은 정말로 다치거나 죽은 것처럼 보이지 않았다. 그는 마치 자신이 한 편의 연극을 보고 있다고 느꼈다.[79]

반란의 혼란 속에서 통일감과 공통성은 존재하지 않는다. 사람들은 옷가지와 무기 위로 넘어지고 진흙 속에서 미끄러진다. 그 와중에 프레데리크는 도랑 속에서 엎드려 있는 사망한 하사관의 손인 것으로 밝혀지는, 부드러운 뭔가를 밟고 만다. 발포는 격렬하게 이뤄지지만 사람들은 전투가 계속되는 내내 여전히 열려 있는 와인 가게에서 담배를 한 모금 피우거나 맥주를 마시며 휴식을 취한다. 길 잃은 개가 울부짖는다. 플로베르는 그 광경에 대해 "이것이 실소를 자아냈다"고 결론짓는다.[80]

지젤 세징제는 플로베르의 대중이 어떤 해방적인 역사의 힘과도 정반대되는 것이라고 진술했다. 플로베르의 군중의 행동을 통해서는 어떤 집단적인 발상이나 보편적 합리성도 드러나지 않으며, 그들은 항상 무턱대고 행동하고 점차 소외감을 느끼게 된다. 대중들이 소외되는 것은 그들이 집단적인 삶의 형태를 취하기 때문이라고 플로베르는 주장한다. 무리와 집단은 편견과 정형화된 생각의 온상이다. 인간은 독립적으로 생각하지 못하도록 견제되고 그/그녀의 머리는 플로베르가 그 어떤 것보다 혐오했던 사회 통념(idées reçues)이라고 칭해지는 것인 망상, 반쪽 진실, 어리석음으로 가득 찬다.[81]

그러므로 플로베르에게 있어 대중을 두려워할 이유는 없다. 말할 필요도 없이 그들은 또한 어떤 희망도 불붙이지 않는다. 비참한 자들은 그의 관심을 끌지 못한다. 그의 동료이자 친구인 조르주 상드에게 보내는 편지는 그 이상의 설명을 필요로 하지 않는다. "나는 군중, 대중, 무리가

79 Flaubert, *Sentimental Education*, p.286; *L'Education sentimentale*, p.318.
80 *Ibid.*, p.287; 318.
81 Gisèle Séginger, *Flaubert: une poétique de l'histoire*, Strasbourg: Presses Universitaires de Strasbourg, 2000, p.105.

언제나 혐오할 만할 것이라고 믿네."[82]

플로베르가 1848년에 대한 그의 이야기를 끝낼 때 그는 그의 시대의 정치적인 광신뿐 아니라 정치적인 구석이 있는 모든 것을 부인했다. 그는 인민의 의미론의 역사를 없애 버리고 인민의 범주가 결코 정치적으로 중요하지 않다는 것을 보여 주었다. 이상적인 인민은 존재하지 않고 현실의 인민은 정치적 이상과 정반대되는 것이며, 다시 말해 그들은 발전과 성숙을 위한 자질과 신념, 역량을 갖고 있지 않은 대중들이다.

대중은 무정형성과 순응성으로 인해 다른 목적에 더 적합하다. 『감정교육』의 내레이션은 화가가 나무와 언덕, 들판과 시내를 하나의 매력적인 전경으로 구성하는 것과 거의 유사한 방식으로, 다양한 종류의 사람들로 이뤄진 다중을 통일체로 변화시키는 저자의 응시의 지배를 받는다. 플로베르는 대중들을 미학적 대상으로 체계적으로 변화시킨 첫번째 작가이다. 물론 그보다 앞선 많은 사람들—위에서 언급된 사람들만 언급해도 다비드, 발자크, 위고, 들라크루아—은 이미 인민이나 대중의 재현을 중대한 미학적 과제로 이해하기 시작했다. 그러나 그들의 경우에 미학적 표현은 항상 더 고상한 사회적·정치적 목표를 향한 수단이었다. 그들은 새로운 최고 권력의 궁중 화가가 되어 '인민'과 '민주주의'가 위엄 있는 시각적 인상을 줄 수 있도록 기여했다. 플로베르는 그러한 임무를 거부했다. 그가 인민을 향해 냉정한 태도를 취했다면 그것은 그가 그들을 제대로 이해하기 위해 그들을 떨어져서 보기를 원했고, 가능한 한 정확하게 인민에 대한 그의 감각적인 인상을 보여 주기를 원했고, 또한 이러한 인상들을 그 자신의 목표이자 정당화가 되는 미학적 경험으로 나타내기를 원했기

82 Flaubert, "Letter to George Sand, 8 September 1871", *Flaubert-Sand*, pp.375~376.

때문이다. 이 소설은 어느 지점에선가 영웅과 그의 동료에 대해 "그들은 창문으로 거리의 사람들을 지켜보면서 오후를 보냈다"라고 진술한다.[83]

이러한 의미에서 『감정 교육』은 나아갈 방향을 시사한다. 이 소설은 훗날 대도시와 산업적인 집단에 대한 위대한 모더니스트들의 설명에서 완벽하게 구현되고 1920년대 후반의 지가 베르토프와 발터 루트만의 영화적인 도시교향곡에서 절정을 이루게 될, 대중을 재현하는 방식을 향해 첫걸음을 내딛는다. 플로베르의 책에서 '사람들을 관찰하는 것'은 정당한 것이 된다. 사실상 1927년 지크프리트 크라카우어가 '대중 장식'으로 확인한 것은 이미 여기서 어느 정도 발전되었다. 군중은 떨어져 있는 관찰자에게 미학적인 모험, 그리고 회전운동에서 급격하게 변화하는 형태와 형상으로서 자신의 모습을 제공한다. "떨어져서 보면 조밀한 군중은 앞뒤로 흔들리는 검정색 곡물의 들판처럼 보였다." "아래쪽에 떼 지어 있는 흐릿한 다수의 사람들, 그 한가운데 여기저기서 어두운 배경과 대조되며 총검이 하얗게 번쩍였다." "드러난 머리, 헬멧, 붉은 모자, 총검, 어깨들이 당혹스럽게 쇄도하며 격렬하게 밀려들었기에 사람들은 저항할 수 없는 충동에 이끌리며 끊임없이 포효했고 강을 밀어 올리는 한사리처럼 계속 상승하여 들끓는 대중 속으로 사라져 갔다."[84]

플로베르의 관점에서 이것은 1848년의 혁명적 대중의 유일하게 관대한 측면이며, 말하자면, 그들의 유일한 가치이다. 그들은 감각과 문학적 양식의 창조를 자극한다. 지적인 연구와 대중을 멀리서 묘사하는 것은 정치 지도자들이 높이 올라간 위치에서 인민을 조사하고 멀리 떨어져 있는

83 Flaubert, *Sentimental Education*, p.282; *L'Education sentimentale*, pp.314~315.
84 *Ibid.*, pp.276, 282~283, 288; 308, 315, 319~320.

대중을 지각하는 것과 일맥상통한다. 미학적으로 매혹적인 대중으로 인민을 재현하는 것은 자신의 개별성을 진정으로 믿는 사람만이 가질 수 있는 관점을 필요로 한다. 그는 자신이 관찰하고 있는 폭력적인 사건들로부터 멀리 떨어져 있다. 투쟁의 결과와 상관없이 그는 안전하고 걱정이 없다. 플로베르는 반란 속에서 그가 느끼는 미학적 즐거움이 그 결과에 대한 무관심을 상정한다는 점을 잘 알고 있다. 그러나 그는 그것이 정당화되는 태도라고 생각하며 그의 영웅이 그것을 지지하는 발언을 하도록 만든다. "가장 다정한 인간이 동료들에게서 떨어져 나왔기에 온 인류가 멸망하는 것을 눈 하나 깜빡하지 않고 지켜볼 상황이 존재하기 때문이다."[85]

85 Flaubert, *Sentimental Education*, p.283; *L'Education sentimentale*, p.315.

11

연막

1850년 국민의회에서 있었던 논쟁에서 아돌프 티에르는 왜 투표권을 제한하는 것이 필요한지 설명했다. 그는 인민과 대중을 확고하게 구분했다. "우리가 배제하고 싶은 것은 인민(le peuple)이 아니라 대중(la multitude)이다. 그것은 와해된 대중이며, 어디에도 거처를 정할 수 없고 그들의 가족을 위한 확고한 은신처를 만들 수 없는 깡패 무리이다. 그것은 법이 추방하려고 하는 대중이다."[86]

티에르에 따르면 시민으로서의 한 사람의 권리는 그가 거주지와 영구적인 주소를 보유하고 있는지에 따라 결정된다. 19세기 파리에서는 심각한 주택 부족 현상이 있었다. 수만 명의 가족들과 개인들은 제대로 된 주거지가 없어서 거리에서 머물거나, 매일 아침 나가서 저녁 식사와 다음 날의 방세를 지불해 줄 일거리를 찾을 동안 방이나 방의 일부를 일시적인 조건으로 재임대할 수밖에 없었다. "자신의 가족을 위한 견고한 주거지를 만들어 낼 수 없는" 노숙자들과 일반적인 노동계급 사이의 경계는 불분명했다.

86 Chevalier, *Classes laborieuses et classes dangereuses*, p.459에서 인용.

정의는 미끄러진다. 인민과 대중은 어떤 때는 동의어이고 어떤 때는 정반대되는 것이다. 티에르는 대중에 반대하여 인민의 편을 든다. 그는 정치적 권리를 가진 사람과 갖지 못한 사람 사이의 경계를 강화하기 위해 어떻게 정치 언어를 조작해야 하는지를 알고 있다. 다른 많은 사람들처럼 티에르는 '대중들'을 나머지 사람들이 공유된 가치와 정치적 제도를 통해 통합된 '인민'이 되는 것을 가능하게 만들기 위해 제거되어야 하는 인민의 일부분을 나타내는 것으로서 사용한다.

「테니스 코트의 서약」을 마지막으로 보자. 그림을 준비하면서 다비드는 그의 대상을 기하학적인 패턴으로 나누고 일정한 자리를 각 집단과 대표자에게 할당하였다. 이미지를 지배하는 망을 조직하는 데 있어 하나의 분할선이 다른 것들보다 더 강력하다. 이것은 이미지 자체를 만들어 내는 벽들을 나타내는 선이다. 다비드가 묘사한 역사적인 순간에 통합된 인민의 힘은 벽들로 밀려든다. 벽에 높이 위치한 큰 창문들을 통해 손을 흔들고 환호하는 보통의 남녀들은 그들의 존재로 역사적인 맹세를 확인해 준다. 잠시 후에 국면이 바뀐다. 혁명적인 순간은 지나갔다. 평범한 남녀들은 기어 내려가고 건물의 벽들 뒤로 사라진다. 이 벽들은 역사적인 사건이 발생하는 공간을, 이 투시도의 평면을, 더 나아가 사회의 정치적인 무대를 분할한다. 다비드의 투영된 그림은 다수의 인민을 통합하는 동시에 그들을 분열시킨다.[87]

사회는 언제나 분열된다. 일부 사람들은 사회의 정치적인 제도들에 접근할 수 있고 사회의 대표자들로서 나타난다. 다른 사람들은 그럴 수

---

87 주잔네 팔켄하우젠은 특히 「테니스 코트의 서약」이 이러한 대립을 반영한 것이라고 주장한다. 다비드는 인민의 주권을 이상으로 나타내지만 인민을 틀 바깥으로 내쫓는 희생을 치러야만 가능하다. Falkenhausen, "Vom 'Ballhausschwur' zum 'Duce'", pp.3~17.

없다. 이 경계는 결코 자명하지 않다. 우리가 정치적 배제의 역사를 연구한다면 우리는 두 종류의 추방이 존재한다는 사실을 알게 된다. 첫번째 경우에서, 각각의 집단은 상대 집단을 적으로 여기기 때문에 한 집단은 다른 집단을 거부한다. 두번째 경우에서, 강력한 집단은 약한 집단의 결점을 정확하게 거들먹거림으로써 그들을 정치적 영향력으로부터 배제시키고, 그에 따라 약한 집단들의 수호자의 역할을 할 특정한 더 강력한 권위 — 대개 유력한 집단 자체 — 의 개입이 불가피해진다. 이 역설은 기이한 것이다. 이미 누군가가 그들을 대변하고 있으며 더 효율적으로 말하고 있기 때문에 약한 집단은 스스로를 대변하도록 허용되지 않는다. 약한 집단은 이미 중개자들을 통해 어떻게든 포함되었기 때문에 배제될 것이다.

인민과 대중 사이의 경계는 또한 또 다른 구분에 의해 정해진다. 시민이 된다는 것은 투표자로서 등록되고 납세 기록과 주소 명부의 목록에 포함된다는 것을 의미한다. 어떤 사람이 그러한 공적인 기록들에 포함되면 그/그녀는 인정받는 신분을 갖게 된다. 그/그녀는 시민이자 한 개인이 된다. 게다가 시민이자 개인이 되는 것은 특정한 공동체와 특정한 인민의 인정받는 대표자가 되는 것이다. 이와 반대로 대중에 속하는 사람들은 개인이 아니며 이름도 권리도 없는 존재들이다.

19세기가 흘러가면서 대중들에 대한 담론은 점점 더 개인주의의 관점에서 나타난다. 귀스타브 플로베르와 같은 작가들과 아돌프 티에르와 같은 정치인들은 다른 사람들이 스스로를 개인으로서 이해한다는 조건하에서만 그들을 대중들로서 묘사할 수 있다. 1848년 이후의 프랑스의 역사는 흔히 노동계급과 부르주아지 사이의 투쟁으로서 묘사된다. 그러나 계급들 사이의 관계는 대칭적인 것과는 거리가 멀다. 부르주아지가 식별할 수 있는 개인들의 집합체로서 묘사되는 반면, 다른 계급과 관련되는 기록들은 집단적인 존재 또는 더 간단하게는 대중, 즉 'la foule'나 'la multitude'에 대하여 말한다. 이것은 충분히 자연스러운 일로 보이는데, 이 시대의 거의 모든 사회적 관찰자들은 부르주아지의 일원들이었고 그들 자신들을 사회의 표준이자 중심으로 간주했기 때문이다. 그들은 노동계급의 요구를 그들이 대표하는 사회적·정치적 질서에 맞서는 일촉즉발의 위협으로 인식했다. 당연히, 그들의 인식은 정당화되었다.

들라크루아의 1830년의 「민중을 이끄는 자유의 여신」은 단순히 노동자와 부르주아지가 마리안의 보호하에 통합되어 나란히 싸우는 마지막 그림이 아니다.[88] 그것은 노동자와 부르주아지가 동일한 종에 속하는 개인들로서 그려지는 마지막 그림이기도 하다. 훗날의 이미지들에서 그들은 서로를 적으로서 대면한다. 그러나 이 적들은 동등한 입장의 두 인간들로서 서로 맞서는 것도 아니고 인간 대 인간으로서 싸우는 것도 아니다. 그보다는, 그들은 개별 시민이 얼굴 없는 대중들과 관련되는 것처럼 서로 관련된다. 보들레르의 산문시, 플로베르의 『감정 교육』, 히폴리트 텐(Hippolyte Taine)의 프랑스 혁명에 대한 설명, 에밀 졸라의 『제르미날』(*Germinal*), 그리고 노동계급에 관한 다른 소설·책·시들의 대다수에서와 마찬가지로 19세기 초반을 통해 내내 그러하다.

적대자들은 종종 거리의 전투에서 서로 충돌하고 먼지와 포연은 전투원들의 개별적 특징의 흔적을 없애 버린다. 1871년의 그림에서 에두아르 마네는 파리코뮌의 몰락 후에 티에르가 명령한 소탕 작전들 중 하나를 그린다(그림 6). 표적이 된 파리코뮌 지지자들의 얼굴은 그들을 처형하는 소총에서 나오는 연기로 가려져 보이지 않는다.

---

88 Clark, *The Absolute Bourgeois*, pp.18~30을 보라.

그림 6 에두아르 마네, 「바리케이드」, 1871, 매사추세츠 우스터미술관.

12

공동묘지

에르네스트 메소니에의 「1848년 6월 라모르텔리 거리의 바리케이드」는 포연이 일소되자마자 그려졌다(그림 7). 국민방위군의 포병 지휘관으로서 메소니에는 1848년 6월 라모르텔리 거리의 바리케이드를 정복한 부대에 소속됐다. "나는 방어자들이 총에 맞아 쓰러지고, 창문 밖으로 내던져지며, 대지가 시체로 뒤덮이고, 지면이 아직 마셔 없애 버리지 못한 피로 붉게 물든 것을 보았다. '이들 모두에게 죄가 있었습니까?'라고 마라스트가 지휘관에게 물었다. …… '시장님, 결백한 사람은 그들 중 4분의 1도 안 된다는 걸 장담합니다'."[89]

메소니에의 그림은 1849년 완성되었다. 오늘날 그것은 루브르박물관에 걸려 있다. 그것은 작은 그림이다. 몇 피트 떨어져서 보면 모티프로 꽉 차고 색이 엷고 변색된 것으로 보인다. 집들이 늘어서 있는 버려진 거리 외의 모습은 찾아보기 어렵다.

「1848년 6월 라모르텔리 거리의 바리케이드」에 대해 쓰면서 미술사학자 티모시 클라크는 메소니에가 그것을 미래의 반역자들에 대한 경고

---

89 Clark, *The Absolute Bourgeois*, p.27에서 재인용.

그림 7 에르네스트 메소니에, 「1848년 6월 라모르텔리 거리의 바리케이드」, 1849, 파리 루브르박물관.

로서 의도한 것이라고 설명한다. 보라, 이것이 혁명가가 결국 처하게 되는 방식이다! 그러나 모든 진정한 예술가와 마찬가지로 그는 자신의 의도를 넘어서는 작품을 탄생시켰다. 「1848년 6월 라모르텔리 거리의 바리케이드」는 단순한 실물 교육이 아니다. 이 그림이 1851년 처음으로 전시되었을 때, 한 비평가는 이 작품이 드라마와 예술적 에너지를 결여했다며 아쉬워했다. 이 그림을 진정으로 이해하기 위해서는 그림에 가까이 다가가 미세한 부분까지 꼼꼼히 살펴야 하는데, 그러고 나면 그것은 감당할 수 없을 만큼 고뇌하는 인상을 준다. 「1848년 6월 라모르텔리 거리의 바리케이드」는 인간 오믈렛(omelette d'hommes)일 뿐이라고, 이 비평가는 불평했다.[90]

관람자는 이미지에 다가갈수록 보도가 시체로 이뤄져 있는 것을 발견한다. 메소니에는 파괴된 바리케이드에서 나온 조약돌과 같은 음영으로 시체를 그렸고 머리는 주변에 흩어져 있는 바위의 형상을 하고 있다. 불과 몇 시간 전에 라모르텔리 거리를 점유했던 노동자들이 '원료'로 격하되었다. 얼마 후에 시체들의 신분이 확인되자 그들은 수레에 가득 채워져 도시 성곽의 바깥으로 수송된 뒤 공동묘지로 던져졌다.

플로베르의 대중의 미화, 티에르의 정치적 삶에서 다중을 배제할 필요성에 대한 주장, 메소니에의 죽은 노동자들을 그린 고뇌의 그림을 통해 사회적 분할은 완성된다. 인구의 배제된 일부분은 대중으로 변형되고 눈에 보이지 않게 되었으며 물질로 변화하고 무해한 것이 되었다. 이러한 사회적 분열의 과정은 '대중들'이 1789년과 1848년 사이에 경험하는 의미론적인 변형에 반영된다. 우선, 이 단어는 민주주의와 다수의 원칙하에

---

90 Clark, *The Absolute Bourgeois*, p.28에서 재인용.

새롭게 나타나는 정치체제, 무한한 수로의 권력의 이양을 나타낸다. 이 단어는 이제 가난한 자와 노동계급 즉 비참한 사람들의 궁핍한 상황을 묘사할 때 사용되고, 특히 이 집단의 범죄적이고 반체제적인 가능성이 쟁점이 될 때 그렇다. 그후 '대중들'의 의미는 다시 한번 바뀌어 이제는 노동운동 자체를 환기시킨다. 1889년경 우리가 보게 되는 것처럼 '대중들'은 네 번째 의미를 획득한다.

이 의미론적 변형을 통해 변하지 않고 남는 것은 그 용어가 지닌 차별의 기능이다. 경멸적인 발언을 뜻하는 우리의 어휘 목록에 속하는 대부분의 단어들은 이러한 특징을 공유한다. 이 단어—'대중들'—를 발언하는 것만으로도 그것은 이 단어가 나타내는 것들에 대한 거부를 뜻한다. 폭력과 뜨거운 열정, 야만적인 본능의 환상을 상기시킴으로써 '대중들'은 배제의 메커니즘으로 작동하고 동시에 그것이 수행하는 배제를 정당화한다. '대중들'은 정치적 조직의 상처다. 이 상처는 '인민'이 스스로와 동일해지는 것을 가능하도록 만들기 위해 잘려 나간 부분들을 우리에게 상기시킨다. 또는 더 정확히 말하면, 인민의 지배적인 일부분이 스스로 정치적·문화적 공동체가 되는 것을 가능하도록 만들기 위해서다.

클라크에 따르면 메소니에의 「1848년 6월 라모르텔리 거리의 바리케이드」는 인민의 진정한 익명성을 묘사한다. 그 익명성은 인민 자신에게로 거슬러 올라갈 수 없고 그들이 노출되어 있는 비인간화한 폭력으로만 거슬러 올라간다.[91] 인민을 대중으로 보거나 그리는 것은 인민을 대중으로 변형시키는 첫번째 단계이다. 메소니에의 이미지를 세심히 살피고 사

91 "이것은 인민의 진정한 익명성이고 만들어진 동일성이며, 또한 폭력의 결과이지 '자연스러운' 사실이 아니다"(*Ibid.*, p.28).

망한 반역자들의 얼굴을 유심히 보면 우리는 각각의 얼굴이 죽음에 대한 각자의 심정을 드러낸다는 것을 알아채게 된다. 만일 사람들이 모두 똑같아 보인다면 이것은 어떤 자연스런 유사성 때문이 아니라 그들이 다뤄진 방식 때문이다.

1889

브뤼셀에 입성하는 그리스도

그러니까 당신은 오늘날 존재하는 모든 것에 도전하는 것입니까?

—에르베 부르주

그림 8 제임스 엔소르, 「1889년 브뤼셀에 입성하는 그리스도」, 1888, 로스앤젤레스 폴게티미술관.

13

십자가에 못 박힌 사람

"나는 미치고 싶다, 나는 미치고 싶다"라고 아우구스트 스트린드베리는 1889년 새해 첫날에 프리드리히 니체에게 썼다. 며칠 전 스트린드베리는 "니체 카이사르"라고 서명된 당황스러운 편지를 받았다. 이 편지는 그를 슬프고 걱정스럽게 만들었는데 이 독일인 철학자가 미쳐 가고 있는 것은 아닌가 하는 의구심이 한층 굳어졌기 때문이다. 스트린드베리는 마지막으로 동료에게 손을 내밀으려 애쓰며, 고대인들이 더 높은 지혜를 향한 길로서 신봉했던 쾌락주의의 무절제와 도취의 관용구로 그를 묘사했다. "광기의 기쁨" 속에서 흥청망청 놀아 보자고 스트린드베리는 외쳤다.[1]

스트린드베리에 대한 니체의 답신은 또 다른 광기의 흔적을 남기며 그들의 우정을 확인했다. 이제 거기에는 "십자가에 못 박힌 사람"이라고 서명되어 있었다.[2] 그러고서 니체는 또 다른 현실 속으로 침잠하였다. 그

---

1 Giorgio Colli and Mazzini Montinari ed., *Nietzsche Briefwechsel: Kritische Gesamtausgabe III-6: Briefe an Friedrich Nietzsche: Januar 1887-Januar 1889*, Berlin: de Guyter, 1984, p.414. 스트린드베리의 편지는 익명의 고대 그리스인이 지은 『아나크레온티아』(*Anacreontea*)라는 제목의 원고의 9부와 12부, 그리고 호라티우스의 『송시』(*Odes*)의 10번과 19번에서 인용하여 짜깁기한 것이다.

2 스트린드베리에 대한 니체의 답장. *Nietzsche Briefwechsel III-5*, p.572.

의 마지막 기록은 진정한 기쁨의 하나인 한 세계의 발견에 대해 말한다. 메타 폰 살리스(Meta von Salis)에게 보내는 1월 3일의 편지에서 니체는 황홀경에 빠졌다. "세계는 계몽되었다. 신이 지상에 내려왔기 때문이다. 하늘이 얼마나 기뻐하는지 모르겠는가." 이 편지 역시 "십자가에 못 박힌 사람"으로 서명되었다.[3]

독특하게 사적이고 소통될 수 없는 것으로 보이는 경험들—병자나 부상자들의 고통, 신자가 받는 계시, 미치광이의 망상들—이라도 종종 관례나 유행의 흐름으로 특징지어진다. 그리스도에 대한 니체의 동일시는 어떤 기준에 의해서도 독창적인 것은 아니다. 당대의 많은 정신이상자들이 스스로를 그리스도의 운명을 짊어진 것처럼 비추었고 특히 예술가와 작가들이 그랬다. 또 다른 사람으로는 제임스 엔소르(James Ensor)가 있었다. 이미 1886년 그는 십자가에 못이 박혀 있는 스스로의 모습, 즉 「십자가에 못 박힌 엔소르」를 그렸다.

스트린드베리는 벨기에 화가의 예지력 있는 이미지 속에서 니체의 운명을 인지했을까? 어쩌면 그는 자기 자신의 운명까지 알고 있었을까? 니체가 쇠약해지고서 10년쯤 뒤에 스트린드베리는 자신이 광기의 형상을 인지하는 데 엔소르가 어떤 도움을 주었는지를 묘사한다. 1903년의 중편 소설 「고독」의 중요한 에피소드에서 스트린드베리는 자신이 스톡홀름의 하층계급과 대치한 경험을 이야기하는데, 하인의 아들이었던 그는 스스로를 하층계급과 동일시하는 동시에 혐오했다.

이 생물을 관찰하는 동안 나는 엄청난 수의 장애자가 있음을 알아차렸다.

---

3 폰 살리스에게 쓴 니체의 편지. *Nietzsche Briefwechsel III-5*, p.572.

기형인 다리와 부러진 등뼈가 목발과 지팡이와 어우러져 있었다. 거대한 등을 가진 난쟁이들, 난쟁이의 몸통을 가진 거인들. 코가 없는 얼굴, 발가락이 없고 발끝이 덩어리로 된 발. 겨우내 숨겨져 있던 이 모든 불행들의 집합은 이제 햇빛을 받으며 기어 나와 나라 전역으로 이동한다. 나는 이러한 인간 같은 생물들을 엔소르의 신비로운 가면 장면들과 극장에서 공연된 글루크(Christoph Willibald Gluck)의 「지하세계의 오르페우스」에서 접한 적이 있는데, 그때는 그것들이 환상이고 과장된 것들이라고 믿었다.[4]

마차에 탄 채로 대중들을 내려다보던 스트린드베리의 서술자는 처음에는 연민으로 가득 찬다. 그 뒤에, 그는 그들보다 높은 곳에서 편안하게 앞쪽으로 나아가는 동안 자신이 그들의 부러움과 증오의 초점이라는 사실을 깨닫는다. 그가 만일 자신의 동정심을 표현하기를 원한다면 저 비참한 사람들에게 걸어 내려가 그의 몸이 그들의 몸과 닿게 해야 한다. 생각만으로도 너무 두려워진 그는 운전수에게 서둘러 집으로 돌아가라고 말한다. 문간에 서자 그는 "나는 끔찍한 꿈에서 벗어났다"라고 말했다.[5]

여기서 우리가 본 것은 모더니스트에 관한 가장 중요한 장면이다. 고독한 개인은 그의 자율성을 위협하는 얼굴 없는 대중들의 사회와 맞닥뜨린다. 엔소르에 대한 1926년의 에세이에서 독일인 예술사학자 프랭거는 동일한 장면이 종종 이 벨기에 화가의 작품에서 되살아난다고 주장한다.[6]

---

4 August Strindberg, *Ensam*, Samlade Verk vol.52, ed. Ola Östin, Stockholm: Norstedt, 1994, p.55. 이 책의 영문 번역본은 다음과 같다. *Inferno, Alone, and Other Writings: In New Translations*, ed. Evert Sprinchorn, New York: Anchor Books, 1968. 여기서 이용된 번역은 내가 직접 한 것이다.

5 Strindberg, *Ensam*, p.56.

6 Wilhelm Fraenger, "James Ensor: Die Kathedrale", *Die graphischen Künste*, Band.49, Wien:

엔소르는 인간을 미친 폭도로, 그리고 유일한 진리의 목소리인 자신을 그들 속에 있는 희생자나 구제자로 묘사함으로써 자신의 개성을 입증한다.

니체와 마찬가지로 엔소르는 자기 자신을 십자가에 못 박힌 그리스도로 묘사한다. 스트린드베리와 마찬가지로 엔소르는 그가 사회와 동료 인간들과 맺는 상호작용을 그가 환영 같은 전투 무대에서 연출하는 심리적 갈등으로 변형시킨다. 엔소르와 스트린드베리 모두 정신이상에 가까운 초자연적인 기질을 갖고 있었지만, 바로 그 기질이 또한 날카로운 사회적 비평과 주목할 만한 미적 창조성의 원동력이었다. 그들의 작품은 환상적이면서도 정치적인 새로운 논리에 따라 사회를 재구성하여 사회적 사건과 사람들, 집단들을 그것들이 대개 뿌리박혀 있는 이데올로기적·역사적 맥락에서 떼어 놓는다. 엔소르의 주요한 작품인 「1889년 브뤼셀에 입성하는 그리스도」(그림 8)라는 표제의 위대한 유화에서처럼 사회적 우주는 분할되고 개조된다.

제임스 엔소르가 이러한 일을 해냈을 때 그는 고작 스물여덟 살이었다. 이 작품은 그의 이력에서 종합적인 연구물로서 간주되어 왔고 이 예술가 자신도 언제나 그것을 자신의 가장 위대한 업적으로 여겼다. 그는 이 그림을 팔기를 거부했다. 사실상, 그는 이 그림을 보여 주기를 매우 꺼려 했다. 그는 처음에는 그것을 자신의 스튜디오에 보관했고 나중에는 자신의 집에 보관했는데, 그곳에서 그것은 그의 오르간 뒤의 벽 전체를 덮는 거대한 태피스트리처럼 걸려 있었다. 이 시기의 다른 그림들에 비해 「1889년 브뤼셀에 입성하는 그리스도」는 관람자에게 깜짝 놀랄 만큼 독창적이라는 인상을 준다. 이 작품은 조르주 쇠라의 「그랑드 자트 섬의 일

Gesellschaft für Vervielfältigende Kunst, 1926, p.92.

요일 오후」, 폴 고갱의 「우리는 어디에서 와서 어디로 가는가」, 파블로 피카소의 「아비뇽의 처녀들」과 더불어 그림의 진화에 있어 결정적인 역할을 한 몇 안 되는 모더니스트의 작품들 중 하나다. 엔소르의 이미지는 문화적인 순간을 압축해서 보여 주고 있고, 그와 동시에 세상을 바라보는 새로운 방식을 개시한다. 「1889년 브뤼셀에 입성하는 그리스도」는 모더니스트로서 보여 준 획기적인 작품이자 예술사에 있어 하나의 혁명이다.

14

벨기에인의 영광

스트린드베리는 분명 프랑스 잡지 『라 플룸』이 1898년 엔소르를 위해 할애했던 특별호들에서 이 화가의 작품과 만났을 것이다.[7] 이 화가의 가까운 친구인 외젠 드몰데를 시작으로 벨기에 아방가르드의 모든 주요한 인물들은 엔소르의 천재성에 경의를 표했다. 이들은 엔소르의 작품이 지닌 세 가지 특징을 어떻게 이해할 것인지 방향을 제시하였다. 그것은 바로 빛을 다루는 그의 방식, 군중에 대한 묘사, 마지막으로 그의 이미지가 가진 광기 어린 성향인데, 그들은 이 마지막 것을 이 예술가 자신의 괴짜 같은 성격에 연결시켜 그러한 시각적인 격노를 설명했다.

이 세 가지 특징은 이 시기 유럽 문화에 깊이 스며들어 있었다. 1880년대에 예술은 자연과 빛의 지각을 탐구하기 위한 수단으로서 자율성을 주장했다. 부르주아지는 이른바 대중들의 존재에 사로잡혔다. 또한 의학은 광기를 이성의 부재로 인해 유발되는 병리적인 상태로 재정의했다.

세 가지 사안들이 연결되지 않는 것처럼 보이지만 엔소르의 이미지

---

7 *La Plume: littéraire, artistique et sociale*, vols.228~232, Paris, 1898. 이 다섯 권의 특별호들은 1899년 한 권의 단행본으로 출간되었다. James Ensor and Bl Rousseau, *James Ensor, peintre et graveur*, Paris: La Plume, 1899.

는 그것들을 하나의 견고한 개체로 융합한다. 그러나 엔소르에 대한 연구에서 심도 있게 조사된 유일한 요소는 첫번째 요소인 빛이다. 다른 두 가지 —대중과 광기 —는 그것들이 자명한 것들인 양 다뤄져 왔다. 광기는 이 예술가의 일대기의 한 측면으로서, 그리고 대중들은 그의 모티프의 하나로서 말이다. 이것은 이해할 수 있는 일이다. 미술사는 미학적인 대상에서 발견되는 가장 사소한 뉘앙스를 해독하도록 훈련된, 그러나 광기의 역사나 대중들의 역사에 대한 지식은 부족한 사람들에 의해 쓰인다. 일반적으로 말하면, 미술사학자들은 「1889년 브뤼셀에 입성하는 그리스도」가 메시지를 전달한다고 주장한다. 그들은 엔소르의 걸작이 그리스도의 운명을 애통해하고 있다고 우리에게 말한다. 도시에 당도해 구원의 약속을 공포하는 메시아는 거리의 미친 대중들의 희생물이 된다. 따라서 이러한 묘사는 근대사회의 인간 조건에 대한 진술로 여겨진다. 이데올로기에 눈이 먼 대중운동은 개인의 미덕을 타락시키며 집단의 관례를 깨뜨리는 모든 사람들을 공격한다.

이러한 해석을 신뢰할 수 있게 만드는 것은 엔소르의 일대기에서 발견되는 이에 대한 증거이다. 우리는 엔소르가 자신이 그곳으로부터 추방되었다고 느끼는 문화적인 기득권층과 벨기에 사회에 대항하여 반란을 일으켰고 고통받는 메시아의 역할을 기꺼이 수행했다는 사실을 알고 있다. 그러나 이러한 해석을 미심쩍게 만드는 것은 그것이 엔소르의 그림 자체에 대해서는 우리에게 아무것도 말해 주지 않는다는 점이다. 이 시기의 다른 그림들은 스트린드베리가 「고독」에서 보여 준 것과 거의 유사한 방식으로 개인과 대중들의 조우를 묘사한다. 독자나 관람자는 미쳐 날뛰는 군중으로 인해 연약한 자율성과 자존심이 도전 받는 개인적인 영웅과 스스로를 동일시하도록 요구된다. 이것은 플로베르에서 우리 시대에 이르기까지 개인과 대중들의 대립이 묘사되어 온 방식이며, 앞부분에서 우리는 이 이미지들이 어디서 기인하는지 살펴보았다. 「1889년 브뤼셀에 입성하는 그리스도」가 매우 기이한 점은 그것이 개인과 대중들 사이의 조우를 표현하는 전형적인 방식을 분명하게 거부하고 있다는 점이다.

엔소르는 노동계급의 상황에 대한 19세기의 집중적인 논의의 중심부에 존재했다. 그는 자기 자신의 길을 개척했는데, 자신의 시각적인 재현 수단을 이용하여 개인과 대중들 사이의 영속적인 갈등에 대한 널리 퍼져 있는 가정에 정반대되는, 사회와 민주주의에 대한 생각을 분명하게 표현했다. 엔소르의 그림에서 우리가 보는 것은 개인도 대중도 아니며 그것은 사회적 삶의 더 근본적인 실체이다. 그것은 자크 루이 다비드가 자신의 시대에 혁명을 그리는 화가로서 재현하려고 시도했던 바로 그 실체다. 1880년대의 벨기에—역시, 혁명 직전의 사회다—에서 많은 사람들은 민주주의의 도래를 기다렸다. 엔소르는 대안적인 세상이 온다는 기쁨에 흥청거리며 그 사건이 발생하기 전에 그것을 그렸다. 프랑스 혁명 100주년에 그리스도는 브뤼셀에 입성한다. 메시아는 여전히 성서 속의 모습이지만, 동시에 브뤼셀의 주요한 대로를 장식하고 있는 말, 바로 "사회주의 만세"(Vive la sociale)의 의미를 실현하기 위해 도착한 변형된 다른 누군가이다.

15

분리

1848년 6월 폭동을 일으킨 노동자들 가운데 부아시라는 사람이 있었다. 그는 자신의 동료들에게 사회로부터 분리되라고 요구했다. "떠나라, 떠나라 이 사회를. 여러분은 이 사회를 위해 모든 것을 하지만 이 사회는 여러분에게 아무것도 해주지 않는다. 모든 것을 하는 사람이 아무것도 갖지 못하고 아무것도 하지 않는 사람이 모든 것을 갖는 이 사회를 떠나라."[8] 1848년의 혁명들은 종종 유럽의 조직화된 노동운동의 돌파구로 묘사된다. 파리의 바리케이드 위에 흩어져 있는 시체들은 제3신분을 동등한 사람들로 구성된 보편적인 계급으로 여기는 에마뉘엘 시에예스의 신념을 터무니없는 농담으로 보이게 만들었다. 제3신분의 내부에서, 제3신분의 주요한 정치적 경쟁자로서 '제4신분'은 점차 분리된 정치 세력으로서 널리 알려졌다. 증가하는 수의 노동자와 장인들은 그들 자신의 협회를 설립했고 그것은 점차 정당과 노동조합으로 변화하였다.

---

8 부아시의 말은 다음에서 재인용되었다. Jacques Rancière, *The Nights of Labor: The Workers' Dream in Nineteenth-Century France*, trans. John Drury, Philadelphia: Temple University Press, 1989, p.186. 원래는 다음의 표제로 출간되었다. *La nuit des prolétaires: Archives du rêve ouvrier*, Paris: Fayard, 1981, pp.195~196.

부아시의 충고는 피에르 로장발롱이 "노동계급의 분리의 시대"라고 부른 것의 앞선 예이다. 아직 더 남았다. 1864년 60명의 노동자들이 발표한 선언은 곧 세간의 광범위한 주목을 받았는데 그것이 명백하게 1789년의 이상으로부터 노동계급의 분리를 공식화했기 때문이다. "더 이상 어떤 계급도 존재하지 않고 1789년 이래로 모든 프랑스인이 법 앞에 평등하다는 사실은 계속해서 반복되어 말해졌다. 그러나 우리의 팔 외에는 가진 게 아무것도 없고 자본의 합법적이고 자의적인 환경에 종속되어 하루하루를 보내는 우리에게 …… 그 진술은 매우 믿기 어려운 것이다."[9] 「60인 선언」은 프랑스 노동운동의 창립 문서 중 하나다. 이 선언은 인민을 대표할 어떤 사람의 권리가 그가 가진 재산과 교육에 의해 결정되는 기존의 정치체계를 명백하게 거부했다. 정당 제도는 이제 막 등장하는 참이었다. 인민의 의지는 충실한 대리인으로서 공익을 제공할 공정한 지지자들—대개 직업적으로 변호사들—에 의해 가장 잘 대변된다고 대개 주장되었다.

「60인 선언」의 배후에 있는 노동자들은 의회에서 그들의 구성원에 속하는 사람들이 그들을 대변하도록 요구했다. 이 제안은 자유주의적 논객들과 보수적인 논객들 모두에게서 격노를 유발했다. 이 논객들은 정치인들과 정치운동이 국민에 대해서는 전혀 우려하지 않고 프롤레타리아트의 사회적 대의만을 지지하기를 요구하는 것은 이기적이고 편협한 것이 아닌가 하고 물었다. 이 논객들은 그 제안을 비민주적인, 심지어 독재적인 것으로 일축했다.

---

9 이 편지는 1863년 2월 17일 『국민의 여론』(*L'Opinion nationale*)에 발표되었다. Rosanvallon, *Le Peuple introuvable*, pp.95~96에서 재인용.

이러한 갈등에서 정치적 대표제에 대한 두 견해가 충돌했다. 한 관점에 따르면, 인민은 보편적 이익의 부패하지 않는 후견인의 역할을 할 수 있는 일정한 자격이 있는 시민들에 의해 대변되어야 한다. 다른 관점에 따르면 인민 전체를 대변할 옹호자는 결코 존재하지 않으며 따라서 각 계급이 그들 자신의 대표자를 선택하는 것이 최선이다.

그러나 이것은 또한 서로 다른 인민의 두 개념들 사이의 충돌이었다. 첫번째 관점에서 인민은 유기적인 통일체이고 서로 다른 계급들이 서로 다른 기능을 수행하며, 국가를 책임지는 사람들로 구성되는 정치 엘리트는 전체의 안녕을 위해 행동한다. 두번째 관점에서 인민은 모순되는 요구를 가진 계급들로 돌이킬 수 없게 분열되어 있고 국가를 관리하는 계급은 필연적으로 자신의 힘을 이용하여 그들 자신의 이익을 증진할 것이다.

이러한 대립은 19세기 후반기의 정치 지형을 특징지었다. 군주제와 봉건적 특권으로의 회귀에 찬성하는 사람들은 차치하고, 정치적 권리가 세무 기록에 달려 있는 제한적 민주주의인 자유주의적 의회주의와 보편적 투표권과 사회문제의 해결, 즉 임금 인상과 노동시간 단축, 고용 보장과 작업장의 안전을 요구하는 사회주의 사이의 주요한 갈등이 지속됐다.

노동자들의 운동은 유능한 정치적 대표자가 없었기 때문에 요구 사항을 진척시키기 위해 국회 바깥에서의 행동에 의존했다. 가두행진과 파업, 직장에서의 사보타주는 꾸준히 증가했고 당국이 신속하게 테러리즘 행위로 분류한 폭력 행동 또한 배제되지 않았다. 예상대로, 이것은 대중들에 대한 상류층의 두려움을 악화시켰다. 대중에 대해서 말한다면, 그들은 이제 좀처럼 '비참한 사람들'을 암시하지 않았다. 이 단어는 더 이상 고통받는 가난한 자들에 대한 연민을 이끌어 내지 않았다. 이 단어는 호전적인 조합, 격렬한 파업, 사회주의자의 선동, 소중한 재산의 파괴에 대한 경고였다.[10] 1871년 이후에, '대중'은 여전히 이러한 의미를 지녔지만 이전 시기의 위협을 무색하게 만드는 훨씬 나쁜 뭔가를 환기시켰다. 1871년의 파리코뮌은 부르주아지의 일원들이 수년 동안 생생하게 묘사했던 나쁜 전조들을 더욱 분명하게 해주었다. 파리코뮌은 바로 대중이 세계에서 두번째로 큰 도시에서 권력을 장악할 수 있다는 사실을 입증했다.

다른 모든 혁명들처럼 코뮌의 통치 기간은 짧았다. 1870년 가을 비스마르크의 독일 군대가 파리를 포위 공격하자 황제는 그의 정부와 군 사령부와 함께 이 도시에서 달아났다. 그러나 대다수의 주민과 국민군은 항복하기를 거부했고, 서서히 개입하여 도시의 주도권을 장악했다. 정치적으로 무질서하고 식량과 연료가 극심하게 부족했던 겨울이 지나간 후에 상이한 파리가 나타났다. 이 수도는 이제 사회주의 성향의 노동자와 지식인, 공무원, 가게 주인들로 이뤄진 선출된 평의회에 의해 통치되었고 이들은 그해 봄 몇 주 내에 도시에서의 삶을 재편성하며 코뮌의 원칙에 따라 노동 과업, 정치적 영향력, 병역, 식량 및 다른 필수품들을 할당하였다.

지식인들 사이에서 파리코뮌에 대해 보인 반응은 충격과 불신이었다.[11] 상류 사회의 프랑스인은 하류계층의 코뮌 거주자들과 국민군을 경멸했다. 가령 플로베르는 코뮌은 통치가 얼마나 해이해졌는가를 증명했다고 주장했다. 플로베르는 황제와 정부가 이 수도를 버리기로 결정했던 반면 코뮌의 지지자들은 독일의 포위에 저항하고 파리를 방어했다는 사실을 무시하면서 대다수의 프랑스인이 공무를 떠맡기에 생물학적으로 부적합하다고 주장했다. "인민은 수와 집단 그리고 무한함을 나타내기 때

---

10 Susanna Barrows, *Distorting Mirrors: Visions of the Crowd in Late-Nineteenth-Century France*, New Haven: Yale University Press, 1981을 보라.

11 Paul Lidsky, *Les écrivains contre la commune*, Paris: François Maspero, 1982를 보라.

문에 결코 성년에 이르지 못하고 그들은 언제나 사회적 계층구조의 최하층일 것이다"라고 1871년 4월 30일에 플로베르는 코뮌에 대해 썼다.[12]

다른 프랑스 작가들은 이와 동일한 태도를 견지하며 코뮌을 폭주나 대재앙으로 맹렬히 비난했다. 그들은 극악한 장면들을 환기시키며 어떻게 지하세계의 부류들이 하수관에서 기어 나와 파리의 거리에서 주지육림을 즐기는지를 묘사한다. 그들의 의견으로는, 대중들은 이제 기존의 정치질서에 직접적으로 도전하고 있었고 민주주의가 혼돈을 예고하는 것처럼 보였다.

18년이 지난 1889년 지배계급들은 여전히 그들의 트라우마로 인해 불안해했다. 마르크 앙주노는 1889년의 문화적 풍조를 아주 상세히 기록했다. 그는 프랑스 부르주아지의 일원들 사이에서 두드러지는 정서를 묘사한다. "1871년, 즉 교살자와 식인종, 방화범을 포함하는 집단적인 광기의 분출에 대한 그들의 기억은 생생하게 현재의 것으로 남아 있다."[13] 이 시기까지, 지배적인 해석이 자리 잡고 있었다. 파리코뮌은 대중들이 유전된 악과 폭력의 성향에 의해 선동되었다는 사실을 입증한다는 것이다.

요컨대, 노새의 등에 탄 그리스도가 수천 명에 둘러싸여 브뤼셀로 들어오는 불가사의한 걸작을 제임스 엔소르가 그렸을 때 이런 생각이 대중들에 대한 지배적인 견해였다.

---

12 Flaubert, "Letter to George Sand, 30 April 1871", *Flaubert-Sand*, p.228; Jean Bruneau ed., *Correspondance*, Bibliothèque de la Pléiade, Paris: Gallimard, 1999, p.314.

13 Marc Angenot, *1889: un état du discours social*, Montréal: Éditions de Préambule, 1989, p.462.

16

망상

코뮌이 몰락하고서, 1874년 귀스타브 르봉이라는 젊은 의사는 『인생: 생리학과 인간의 삶에 적용되는 위생학과 의학』이라는 책을 출간했다. 이렇게 르봉은 그를 프랑스에서 가장 영향력 있고 널리 알려진 지식인으로 만들어 주게 될, 작가로서의 생활을 시작했다. 무미건조하고 과학적인 인상을 주는 제목은 내용이 가진 엄청난 허세를 감춘다. 『인생』은 사회를 진단하려는 한 의사의 시도일 뿐 아니라 또한 하층계급의 정치조직을 괴롭히는 질병을 치유하려고 한다.

이 책에서 르봉은 그에 앞서 많은 사람들이 말했던 내용을 되풀이했다. 대중들은 사회의 발전에 위험한 영향을 미친다는 것이다. 그러나 그의 작업을 독창적으로, 또는 심지어 선구적으로 만든 것은 그것이 주장하듯 군중의 행동을 엄격하게 과학적으로 설명했다는 점이다. 르봉은 대중의 행동이 정신적 병리에 의해 유발된다고 주장했다. "망상은 동일한 마음 상태를 가진 다수의 개인에게 동시적으로 작용하는 동일한 자극의 영향이나 모방에 의한 집단적인 것일 수 있다. 이 집단적인 망상은 역사상 매우 흔했던 진정한 정신적 전염이다."[14]

르봉에 따르면, 파리코뮌은 그러한 전염병의 예시였고 다른 의학적이고 생물학적인 비정상성에 견줄 수 있는 병리적 징후였다. 그의 다음의 저작들에서 르봉은 다른 다수의 증상들을 추가하여 이 질병에 대한 그의 진단을 다듬었다. 그 증상들은 교육에 대한 접근의 민주화, 전문 지식이 없는 배심원단의 도입, 도시의 혼잡, 교회의 하락하는 권위, 저질스러운 구경거리를 보는 청중의 행동, 노동자들의 파업이다. 근대사회에서 인간은 큰 그룹과 집단에 의해 갈수록 더 영향을 받는다고 르봉은 설명했다. 이것은 불안의 이유가 된다고 그는 덧붙였는데, 그러한 상황들에서 인간은 독립적으로 생각하는 자신의 능력을 잃어버리기 때문이다. 독립적으로 생각하기는커녕 그/그녀는 원시적인 본능에 의해 지배받게 된다.

귀스타브 르봉은 자신의 시대에 대한 과학적 확신을 가졌다. 그는 역사와 문화, 사회의 연구가 자연과학의 실증주의적인 모델을 따라야 한다고 주장했던 사람들에게 동의했다.[15] 이상적으로, 역사학자와 사회과학자들은 자연과학자들이 화학적·물리적 작용들을 연구할 때 사용했던 방법들을 사회현상을 조사할 때 동일하게 적용해야 한다. 또한, 찰스 다윈과 허버트 스펜서의 이론들은 인간의 행동이 주로 유전적 성향에 의해 지배된다고 보는 이해의 토대를 마련했고, 이러한 생각은 세기 전환기의 유럽 문화에 그늘을 드리우는 관심사가 되었다. 유전 이론은 헨리크 입센, 히폴리트 텐, 에밀 졸라, 스트린드베리에서 오토 바이닝거와 지그문트 프로이트에 이르는 많은 영향력 있는 저자들의 작품들에 흔적을 남겼다. 그들은 모두 '유전된 특성'이 인류가 생존과 인정을 위한 투쟁 속에서 발전

14 Gustave Le Bon, *La vie: physiologie humaine appliquée à l'hygiène et à la médicine*, Paris, 1874. Robert A. Nye, *The Origins of Crowd Psychology: Gustave Le Bon and the Crisis of Mass Democracy in the Third Republic*, London: Sage, 1975, p.28에서 재인용.

15 르봉의 이론의 지적·정치학적인 배경에 대해서는 Barrows, *Distorting Mirrors*와 Nye, *The Origins of Crowd Psychology*를 보라.

시켜 왔던 무의식적인 본능의 기저를 구성한다고 주장했다. 숙고와 의식적인 의지, 활동적 기억과 같은 더 고상한 정신적 특성은 인간의 진화의 진행에서 상당히 최근에 발달한 문명의 얇은 층을 형성한다. 따라서 그러한 특성들은 각각 다른 인민들 사이에, 그리고 하나의 인민 내의 다양한 개인들 사이에 불균등하게 분포된다. 유전된 성향은 피할 수 없는 것이고 그것은 의식적인 인격을 지배한다고 이 사상가들은 주장했다. 자신들이 잠재의식적인 본능의 영향하에 있다는 것을 드러내며 야만적으로 행동하는 개인들을 개혁하고 개선하려는 노력은 소망적인 사고이다. 그보다는, 인류 대다수는 냉정하고 과학적인 방식으로 단련되어야 한다.

대중은 이러한 지적인 패러다임에서 발달하기 시작한 새로운 많은 지식 분과들에서 특별한 이점을 가진 연구 분야였다. 사회학자, 범죄학자, 인류학자들은 사람들이 떼를 지어 모이는 경향의 증가, 군중의 행동을 지배하는 법칙, 그리고 이 모든 것들이 사회의 미래에 미칠 어떤 가능한 결과를 모두 설명하려고 애썼다.

이 이론적 연구에 르봉이 기여한 바는 군중의 의식, 집단의 영혼, 또는 대중의 영혼의 존재를 확인한 점이다. 그는 그것을 'une âme collective'와 'une âme des foules'로 다양하게 불렀다.[16] 그는 이러한 생각을 그의 시대의 인류학적인 과학에서 얻었는데, 이 학문 분야는 세계의 다양한 종족들 사이에서 인정되는 차이들이 각 종족의 특징을 결정하는 인종의 영혼이나 인종의 의식에서 기인할 수 있다고 대개 주장했다. 이와 유사한 맥락에서, 르봉은 이제 유전된 기질로 구성되는, 사람들이 떼를

16 Gustave Le Bon, *The Crowd: A Study of the Popular Mind*, reprint of 2nd ed., Marietta, GA.: Larlin Corp., 1982, pp.xiii~xxii, 67~69를 보라. 원래는 다음의 표제로 출간되었다. *Psychologie des foules*, Paris: Presses Universitaires de France, 1963(1st ed. 1895), pp.9~15, 45~46.

지어 모일 때면 언제든 모습을 드러내는 군중의 영혼이 존재한다고 진술한다.

군중의 영혼이 가진 기능을 설명하기 위해서 르봉은 의학계의 그의 동료들에게 의지했다. 그는 불만을 표하고 계속해서 사회의 변화를 요구하는 집단적인 운동에 왜 많은 사람들이 합류하려고 열망하는지를, 그의 관점에서 볼 때, 적절하게 설명할 수 있는 임상심리학에서의 최근의 발견들에 의존했다. 경험적 심리학의 방법들을 사회 과정의 분석에 적용하려는 르봉의 시도는 『군중심리』(1895)로 이어졌고, 그것은 19세기 말의 프랑스 군중심리를 위대하게 요약하고 대중화한 작품으로 일반적으로 간주된다.

이 시기의 프랑스 심리학은 전적으로 정신병리학 연구를 토대로 했다. 집단적인 인간 행동에 대한 르봉의 묘사의 핵심은 세 가지 개념으로 구성된다. 암시 감응성, 최면, 정신적인 전염이다. 르봉은 이 세 가지 모두를 샤르코(Jean Martin Charcot), 에스퀴롤(Jean-Étienne Dominique Esquirol), 비샤(Marie François Xavier Bichat), 그리고 파리의 살페트리에르 정신병원과 비세트르 정신병원의 다른 의사들이 발전시킨 광기의 연구에서 차용하였다.

'정신적인 전염'에 대한 르봉의 설명은 그가 어떻게 그의 이론을 구성하였는지를 보여 주는 좋은 예증이다. 르봉은 여기서 스펜서의 모방 행동으로서의 원시적 학습의 개념에 의해 영향을 받았는데, 후에 이 개념을 사회학자인 가브리엘 타르드와 에밀 뒤르켐이 사회를 응집하게 만드는 행위의 유사성을 설명하기 위해 발전시켰다.[17] 르봉은 이 모방 이론을

17 Nye, *The Origins of Crowd Psychology*, p.68.

심리학자인 프로스페르 데스피네(Prosper Despiné)의 전염 이론에 연결시켜, 어떻게 어떤 사람이 그/그녀의 정신장애가 있는 동료의 증상을 무의식적으로 모방하게 되는지를 설명하는 데 기여했다. 이 현상은 두 사람 사이에 발생하는 정신이상, 즉 '감응성 정신병'(folie à deux)으로 알려졌다. 그것은 대개 사랑하는 커플에게서 나타났다. 비정상자는 그/그녀의 건강한 배우자가 범죄적 또는 병리적 행동을 저지르도록 조장하는 듯했다. 데스피네는 그러한 행동을 **전염**이라는 항목하에 두었다.

대중심리에 대한 그의 이론에서 르봉은 이 두 개의 구분되는 생각들을 하나로 압축했다. 사회학은, 다른 사람들을 모방함으로써 학습하는 인간의 동인을 토대로 한, 사회에 대한 일반적인 이론을 제공했다. 심리학은 정신질환자가 어떻게 동료로 하여금 그/그녀의 행동을 모방하도록 조장하는지에 대한 이론을 그에게 제공한다. 르봉은 둘을 절충적으로 융합(또는 혼동)함으로써, 사회학의 모방 이론이 갖고 있는 보편적인 범위의 특성이 광기의 정신적인 전염의 다소 특정한 사례에 주장될 수 있는 것처럼 가장할 수 있었고, 인간이 떼를 지어 모일 때면 언제나 뇌의 장애에 감염되기 쉽다고 결론 내리기 시작한다. "생각, 정서, 감정, 믿음은 군중 안에서 세균처럼 강렬한 전염 능력을 지닌다. …… 광기와 같은 두뇌의 무질서는 전염된다(고전적인 감응성 정신병)."[18]

1880년대와 1890년대에 대중심리학의 연구에 전념한 다른 연구자들—가브리엘 타르드, 스키피오 시겔레(Scipio Sighele), 파스콸레 로시(Pasquale Rossi), 에르네스트 뒤프레(Ernest Dupré), 오귀스트 마리(Auguste Marie) 그리고 샤를 블롱델(Charles Blondell)—처럼 르봉 또한

---

18 Le Bon, *The Crowd*, p.123; *Psychologie des foules*, p.74.

그의 최면술에 의한 암시 이론을 위해 임상심리학에 의존했다. 그들 모두가 최면술에 의한 암시 감응성 이론이 오직 적은 수의 신경증 환자들에게만 적용된다는 사실을 쉽게 무시했기 때문에 그들은 지도자와 집단을 포함하는 모든 사회적 관계를 최면술에 의한 행동으로 묘사할 수 있었다.[19] 따라서 최면을 거는 의사가 미친 환자에게 유발하는 망상은 군중의 선동가가 유발하는 이른바 집단적 망상과 유사한 것으로 이해됐다.

정신적 전염, 최면, 암시 감응성이라는 이러한 심리학적 개념들의 조합은 대중심리학자들에게 강력한 진단 방식을 제공해 주었고, 이것을 이용하여 그들은 정치 지도자의 최면을 거는 능력으로 유발된 망상이 어떻게 군중의 모든 일원에게 쉽게 확산될 수 있는지를 설명하려고 시도했다. 결국, 이런 식으로 대중심리학자들은 집단행동이 정말로 '감응성 정신병'의 한 사례이고 전염병의 규모로 퍼진다고 결론 내리기 쉬웠다. 『군중심리』에서 르봉은 대중에 합류하는 사람의 주요한 특성을 요약한다. "의식이 있는 인격의 소멸, 무의식적인 인격의 우세, 감정과 생각의 동일한 방향으로의 암시와 전염에 의한 전환, 암시된 생각이 즉시 행동으로 변형되는 경향. …… 그는 더 이상 자기 자신이 아니고 자신의 의지에 지배당하기를 멈춘 자동인형이 되었다."[20] 이와 같이, 대중의 일부가 되는 개인은 그/그녀의 개성을 포기하고 더 큰 사회라는 육체 내에서, 순환하는 열정에 의해 각성되는 장기(臟器)가 된다. 동시에, 이러한 열정은 르봉이 군중의 의식 또는 대중의 영혼이라고 칭한 것을 형성한다.[21]

---

19 Nye, *The Origins of Crowd Psychology*, p.71.

20 Le Bon, *The Crowd*, p.12; *Psychologie des foules*, p.14.

21 르봉이 다음처럼 주장하듯이 말이다. "대중을 구성하는 개인들이라면 누구든지, 그들의 생활양식, 그들의 직업, 그들의 성격, 그들의 지능이 유사하든 유사하지 않든, 그들이 군중으로 형성되었다는 사실이 그들 각각이 고립된 상태에 있다면 느끼고 생각하고 행동했을 방식과 상당히 다

르봉과 다른 대중심리학자들이 군중행동을 집단적인 최면으로 묘사했을 때 그들은 누군가가 최면술사의 역할을 수행한다고 추정했다. 이 행위자가 지도자다. 암시의 능력을 통해 그는 개인들을 하나의 대중으로 융합한다. "군중은 모든 외부의 흥분되는 동기들에 의해 좌우된다"라고 르봉은 진술했다. 대중은 "그들이 받아들이는 충격의 노예다".[22] 달리 진술하면, 대중심리학은 대중을 정치적인 골칫거리로 해석하고 있고 지도자는 그에 대한 해결책이 된다는 것이다. 달성이 된다면 이러한 해결책은 '대중'이라는 무정형의 물질이 조직화된 집단으로 변형된다는 것을 암시한다. 당, 조직, 그리고 하나의 국민으로까지.

대중심리학 이론을 발전시킨 과학자들은 종종 그들 자신을 분자와 물리적 힘을 연구하는 화학자와 물리학자에 견주었다. 사회집단과 개인들은 이와 동일한 가차 없는 자연의 법칙의 지배를 받지 않았는가? "악덕과 미덕은 황산과 설탕과 같은 생산물이다"라고 히폴리트 텐은 썼다.[23] 이 사회과학자들은 자연과학에서 나타나는 물리적 덩어리에 대한 관점에서 많은 특징들을 차용하여 대중에 대한 견해를 표현했다. 기력이 없고 서로 구분되지 않는 대중은 확고한 권력에 의해 반죽되어 형태를 갖추기를 기다리는 날것의 물질이다. 다른 모든 물질과 마찬가지로 대중은 묶여 있는 에너지로서 정상적인 상황하에서는 속박되고 건설적인 목적으로 향하는

른 방식으로 그들을 느끼고 생각하고 행동하게 만드는 일종의 집단적인 마음을 소유하게 만든다"(Le Bon, *The Crowd*, pp.5~6; *Psychologie des foules*, p.11).

22 *Ibid.*, p.17; 17. 르봉은 군중이 "주인 없이는 결코 행동할 수 없는 노예 무리이다"라고 결론 내린다. 대중들은 "복종에 여념이 없기 때문에 누구든 자신을 그들의 주인이라고 선언하는 자에게 본능적으로 굴복한다"(*Ibid.*, pp.113, 117; 69, 71).

23 Hippolyte Taine, *Histoire de la littérature anglaise*, 4 vols., Paris: Hachette, 1902~1907, vol.1, p.viii.

사회적·정치적 열정이며 그 결과는 사회과학자들이 '문명' 또는 '사회질서'라고 칭하는 것이다. 그러나 그 열정은 파괴적으로 폭발할 수도 있고 그 결과는 '폭동' 또는 심지어 '혁명'이다.[24] 앞의 것을 달성하고 뒤의 것을 피하기 위하여, 사회에는 인민의 폭발하기 쉬운 열정을 길들이고 그들을 목적의식이 있는 노동을 향해 이끌 수 있는 강력한 지도자—에리니에스를 진압함으로써 문명화된 폴리스를 설립한, 법의 여신 아테네와 같은 강력한 지도자—가 필요했다.

1880년대 동안 체계화되고 이어지는 세기들에 한층 정교해지면서, 대중심리학은 방금 말한 것처럼 지도자들이 어떻게 대중들을 더 높은 일정한 정치적·사회적 목표를 향해 동원하는지를 설명한다. 이 이론은 목표 자체는 판단하지 않는다. 유대인을 몰살시키려는 열광을 자극한 히틀러, 인도의 가난한 사람들에게 영국의 부당함에 항거하여 일어서도록 촉구한 간디, 새로운 아이라이너를 홍보하는 레브론 사. 이들은 대중심리학에서는 서로 유사한 현상이다. 이 세 사례 모두에서 지도자는 대중들의 욕망을 일정한 목표로 향하게 한다. 이러한 극단적인 행위에서 목표

---

24 자연과학에서 나온 범주들을, 군중행위를 분석하는 사회이론가들은 계속해서 이용한다. 남부아시아에서의 집단적인 폭력을 다룬 스탠리 탐바이아의 탁월한 책 중 가장 설득력이 떨어지는 부분에서, 저자는 도플러 효과(Doppler effect) 이론을 빌려 온다. "편견과 비난, 풍문의 파동들은 진동수가 늘어나고 폭력이 일어날 태세가 갈수록 강화되는데, 파동들이 누적적으로 서로에게로 되돌아가고 '청색 이동' 효과—단파인 청색—와 최고조에 이른 격렬함이 나타나기 때문이다. …… 충돌은 최고의 소음과 열기를 만들어 내고 파괴적인 폭발을 발생시킨다"(Stanley J. Tambiah, *Leveling Crowds: Ethnonationalist Conflicts and Collective Violence in South Asia*, Berkeley: University of California Press, 1996, p.292). 장 보드리야르의 대중들에 대한 분석은 물리학과 수학에서 빌려 온 은유들에서 뛰어난데, 특히 '대중들'을 '사회적 에너지'의 '내파'의 현장으로 보는 아이디어가 그렇다(Jean Baudrillard, *A l'ombre des majorités silencieuses, ou, La fin du social*, Paris: Denoël/Gonthier, 1982, pp.62~66). 페터 슬로터다이크는 이와 유사하게 '대중들'을 "쉽게 광분하는 심리정치적 폭발물"로 특징짓는다(Peter Sloterdijk, *Die Verachtung der Massen: Versuch über Kulturkämpfe in der modernen Gesellschaft*, Frankfurt: Suhrkamp, 2000, p.30).

가 각기 다를 수 있다는 사실은 이 대중심리학자의 또 다른 기본적인 가정을 확실하게 해줄 뿐이다. 즉, 대중은 생각하지 못하기 때문에 어떤 일이든 하도록 그들을 이끌 수 있다는 것이다. 르봉의 『군중심리』가 루스벨트에서 히틀러, 무솔리니에 이르는 전 세계의 국가 원수들이 선호한 읽기 자료였다는 사실은 우연의 일치가 아니다.[25] "나는 그의 저작을 모두 읽었다. 그리고 그의 『군중심리』를 얼마나 많이 반복해서 읽었는지 모른다"라고 언젠가 무솔리니는 고백했다.[26]

대중심리학은 권력이 어떻게 행사되는지 —카리스마적인 지도자의 최면을 거는 능력을 통해서— 만을 설명하려고 시도한 것이 아니다. 대중심리학은 또한 권력이 행사되어야 한다는 점을 증명하려고 애썼다. 그렇지 않으면 위험한 계급들이 그들의 열정에 의해 타락할 것이기 때문이다. 이것은 대중심리학의 애매모호함을 암시한다. 이것은 지배에 있어서의 훈계이기도 하고 지배에 대한 훈계이기도 하다. 그것은 조종의 기술의 안내서를 제공하고, 동시에 그 기술에 대한 비판적 분석을 내놓는다.[27]

1889년 또는 그즈음에 대중심리학이라고 불리는 과학적인 학문 분야로 승격된, 대중에 대한 관점의 궁극적인 의미는 무엇일까? 광기의 역사에 대한 그의 책에서 미셸 푸코는 17세기 중반의 '대(大)감금', 즉 프랑

---

25 르봉이 히틀러의 『나의 투쟁』(*Mein Kampf*)에 미친 영향에 대해서는 Alfred Stein, "Adolf Hitler und Gustave Le Bon", *Geschichte in Wissenschaft und Unterricht*, vol.6, 1955, pp.362~368을 보라.

26 르봉에 대한 무솔리니의 찬양은 Pierre Chanlaine, *Les Horizons de la science*, Paris: Flammarion, 1928, p.17을 보라(Nye, *The Origins of Crowd Psychology*, p.178에서 재인용).

27 이러한 모호함은 대중심리학 이론들이 미치는 엄청난 영향의 이유가 된다. 세르주 모스코비치가 주장하는 것처럼 "경제학과 함께, 대중심리학은 역사를 만드는 발상들을 제공했던 두 과학 중 하나다"(Serge Moscovici, *The Age of the Crowd: A Historical Treatise on Mass Psychology*, trans. John C. Whitehouse, Cambridge: Cambridge University Press; Paris: Editions de la Maison des Sciences de l'Homme, 1985, p.4).

스 인구 중 게으르거나 반항적인 일부분을 훈육하려고 시도하는 정화 작업에 관해 쓴다.[28] 미친 사람으로 간주되는 이들—백치, 마을의 바보들, 정신이상자들—은 거리와 광장에서 체포되어 교정 시설에 숨겨지고, 그곳에서 그들은 게으름뱅이, 실업자, 노숙자, 거지, 가난한 노인, 장애인, 좀도둑, 범죄자, 방랑자, 그리고 다른 유의 품행이 나쁜 사람들과 함께 묶였다. 푸코가 강조한 것처럼, 미친 사람들은 그들의 **정신적인** 장애 때문에 구금된 것이 아니다. 그들은, 아마도 표적이 된 다른 그룹들과 공유했을 특징인 그들의 **도덕적인** 열등함과 **사회적인** 무책임성 때문에 배제되었다.

19세기 말기의 대중심리학의 등장과 함께 시나리오는 역전된다. 이제, 도덕적으로 열등하고 사회적으로 무책임한 자들로 간주되는 사람들, 즉 빈자들과 노동계급은 그들의 정신적인 장애를 이유로 광기 어린 자들과 한 집단으로 분류되며 배제된다. 대중심리학의 이론을 통해, 집단행동을 옹호하는 모든 근거들은 주류의 문화적·정치적인 어휘에서 잘려 나갔다고 역사학자인 로버트 나이는 주장한다. 이제부터 집단적으로 행동하는 것은 임상적으로 미친 것으로 규정되었다.

한편 대중심리학은 또한 특정한 종류의 역사적 수정주의를 초래했다. 가령 의사인 뤼시앵 나스는 파리코뮌을 근본적인 "병적인 심리"를 나타내는 "혁명적 노이로제"로 묘사했다.[29] 대중심리학의 또 다른 야심찬 적용은 신경학자인 알렉상드르 칼레르에 의해 이뤄졌는데, 그는 프랑스 역사상의 모든 주요한 혁명과 반란—다비드의 1789년, 위고의 1832년, 메소니에와 플로베르의 1848년—을 이러한 사건들을 특징지었던 전염

28 Michel Foucault, *Histoire de la folie à l'âge classique*, Paris: Gallimard, 1972, pp.56~91.
29 Lucien Nass, *Le Siège de Paris et la commune*, Paris: Plon, 1914, pp.352~353.

의 성격과 암시 감응성의 정도에 따라 분류했다. 칼레르는 또한 그의 관점에서 볼 때 부당하게 무시되어 온 몇몇의 대중심리적인 질병들을 발견했다고 주장했는데, 그것들은 "전염적인 히스테리-악령망상증"과 "우울증 상태의 환각적인 정신병"이다.[30]

한편, 르봉은 대중심리의 더 심화된 정치적 원리를 분명하게 한 1898년의 『사회주의 심리』(*Psychologie du socialisme*)에서 그의 이론을 적용했다. 1898년 르봉이 직면한 문제는 1790년 에드먼드 버크가 직면했던 것과 동일한 문제였다. 일반의지, 사회의 이익을 대표하기에 누가 가장 적합한가? 르봉은 보편적 투표권과 사회적 정의를 위한 노동운동의 투쟁을 병리적 망상으로 기각했다. 그는 "우리는 로마 제국에서 분명한 퇴락이 시작된 시각이 정확하게 로마가 야만인들에게 시민권을 부여한 때였다는 점을 잊어서는 안 된다"라고 썼다.[31]

---

30 Alexandre Calerre, "Les Psychoses dans l'histoire", *Archives internationales de neurologie 34*, 1912, vol.1, pp.229~249, 299~311, 359~370; vol.2, pp.23~36, 89~110, 162~177, 211~224.

31 Nye, *The Origins of Crowd Psychology*, p.51에서 재인용.

17

영도의 사회

대중심리학은 우리에게 인간 집단을 군중 또는 대중들로 인식하라고 가르쳐 준 가장 교조적인 형태의 사회관이다. 그것은 우리가 이러한 대중을 감정에 지배되고 충동적으로 행동하는 통일된 덩어리로 분석하도록 가르쳤다. 대중심리학은 우리가 이 통일되고 충동적으로 행동하는 대중들을 무질서하고 위험한 것으로 이해하도록 만들었다. 그리하여 그것은 대중들이 감시되고 감금되어야 하는 종이라고 우리를 확신시켰다.

대중심리학은 또한 군중의 시각적인 재현을 이해하는 방법을 우리에게 훈련시켰다. 역사학자와 비평가들이 집단의 이미지에 접근하려고 사용하는 분석적인 도구들은 그들이 개인들의 예술적 초상을 해석하기 위해 적용하는 진보한 수단들과 비교할 때 석기 시대의 도끼처럼 보인다.[32] 한나 다인하르트에 따르면, 예술사와 예술 이론은 아직 군중의 도상학을 발전시키지 못했다.[33] 그녀는 왜 누구도 서양의 그림에서 인간 집단이 어

---

32 대표적인 예로는 Jonathan Crary, *Suspensions of Perception: Attention, Spectacle, and Modern Culture*, Cambridge, Mass.: MIT Press, 1999, pp.240~247을 보라. 이것은 조르주 쇠라의 1888년의 그림 「서커스 사이드 쇼」(Parade de Cirque)에 대한 해석에 무비판적으로 르봉의 이론을 적용한다.

33 Hanna Deinhard, "Daumier et sa représentation de la foule moderne", *Histoire et Critique*

떻게 재현되어 왔는지를 진지하게 연구하려고 애쓰지 않는지 묻는다.[34]

방금 나는 제임스 엔소르의 「1889년 브뤼셀에 입성하는 그리스도」에 대한 해석들이 대중심리학에서 나온 사회적 관점을 특징으로 한다고 언급했다.[35] 1947년에 이 그림을 묘사하면서 장 스티보는 이렇게 쓴다. "대중, 잔혹하고 야만적인 대중은 열을 지어 밀집하여 밀고 나간다. 대중은 그 존재로서 우리를 압박한다."[36] 20년 뒤 조지 허드 해밀턴은 이렇게 쓴다. "이 사건을 사회주의의 축제일로 묘사하면서, 엔소르는 말라르메가 '평범한 적', 즉 인민이라고 칭한 이들에 대한 그의 혐오감을 표현했다."[37] 1970년에 나온 책에서 파트리크 루테르스베르드는 이 그림을 이와 유사하게 묘사한다. "이 환호하는 대중이 묘사된 방식으로 판단하건대, 그들을 온갖 종류의 무모한 탐닉과 난잡함으로 이뤄진 머리가 천 개 달린 히

---

des Arts, ed. Association Histoire et critique des arts, vol.32, no.81, 1980, p.98.

34 최근 군중의 도상학을 향해 크리스틴 포지가 몇 걸음 나아갔지만 그녀 역시 고전적인 대중심리학에서 물려받은 발상들에 너무 많이 의존한다. Christine Poggi, "Mass, Pack, and Mob: Art in the Age of the Crowd", ed. Jeffrey Schnapp and Matthew Tiews, *Crowds*, Stanford, Calif.: Stanford University Press, 2006, pp.159~202.

35 본문에서 이어지는 예들은 미술사학에서의 지배적인 견해를 설명한다. 「1889년 브뤼셀에 입성하는 그리스도」에 대한 더 저널리스트적인 묘사들에서 100년 된 대중심리학의 발상은 훨씬 더 분명하다. 에드워드 루시-스미스의 조사는 "이 그림이 암시하는 바는, 당연히, 그리스도가 지상에 돌아온다면 벨기에인들이 의심할 나위 없이 예루살렘의 유대인들이 했던 것과 동일한 방식으로 그를 대할 것이라는 점이다"라고 주장한다(Edward Lucie-Smith, *Symbolist Art*, New York: Praeger, 1972, p.178). 폴게티미술관의 관장이었던 존 월시(John Walsh)는 인터뷰에서 이 견해를 되풀이한다. "그들은 폭도입니다. 그들은 도시의 폭도입니다. 그리고 그들은 슬로건을 내건 현수막 아래서 대중 선동가들에 의해 이끌리고 있습니다. [이 그림은] 분명히 당신의 개성과 정체성을 버리는 일의 위험성에 대한 일종의 쓰라린 경고로 의도된 것입니다"(Daryl H. Miller, "Getty Museum Plans with Reverence Its Unveiling of James Ensor's 'Christ'", *Daily News*, Los Angeles, 16 October 1987). 마지막으로 타이항공의 기내 잡지에서 우리는 이러한 해석을 제공하는 전통에 공명하는, 대중들에 대한 두려움에 정면으로 노출된다. "군중의 불안한 쇄도와 그것의 맹목적인 폭력 본능이 엔소르의 명작을 가득 채운다"(Susan E. James, "Among the Ghosts and Skeletons", *Sawasdee*, April 1995, p.41).

36 Jean Stevo, *James Ensor*, Brussels: Editions Germinal, 1947, p.20.

37 George Heard Hamilton, *Painting and Sculpture in Europe, 1880-1940*, Harmondsworth: Penguin, 1967, p.71.

드라로 볼 수밖에 없다."[38] 1985년 「1889년 브뤼셀에 입성하는 그리스도」에 대한 가장 종합적인 분석을 발표한 스티븐 맥거프는 이 그림에서 "엔소르의 메시지"는 "사회가 진정으로 개인인 사람을 조직적으로 배제하고 있다는 것이다. …… 엔소르에게 「1889년 브뤼셀에 입성하는 그리스도」에서의 대중은 자신이 집단적인 목적에 이용되도록 자신을 이렇게 의도적으로 소외시키는 것을 보여 주는 메타포다"라고 주장한다.[39] 요아힘 호이징거 폰 발데그도 동일한 견해인 것으로 보이는데, 1991년 "엔소르의 비관적인 분석은 여러 가지 면에서 귀스타브 르봉의 『군중심리』와 관련된다. …… 엔소르의 그림은 …… 몸짓 외에는 그 어떤 것으로도 소통할 수 없는 그들의 무능력을 나타내는, 대중의 비이성적인 순간을 명백하게 한다. 동시에 그것은 슬로건과 교리에 대한 그들의 취약함을 보여 준다"라고 진술한다.[40] 마지막으로, 1999년 엔소르의 삶과 작품을 연구하면서 미셸 드라게가 남긴 말이 있다. "군중은 스스로를 그것으로부터 구분 지으려는 사람은 누구든 집어삼킬 듯하다. 순응적인 군중은 최면을 통한 전염과 암시를 통해 생성된다. 엔소르의 상상은 그러한 집단적인 망상을 묘사한다."[41]

엔소르가 프랑스의 대중심리학자들과 동일한 문화적 분위기에 몰두해 있었고 비슷한 유의 사회적 상황을 재현하려고 애썼던 것은 사실

---

38 Patrik Reuterswärd, "Barnet, fågeln och havet", *En liten bok om Ensor*, Stockholm: Nationalmuseum, 1970, pp.40~41.

39 Stephen C. McGough, *James Ensor's 'The Entry of Christ into Brussels in 1889'*, New York: Garland Publishing, 1985, p.204.

40 Joachim Heusinger von Waldegg, *James Ensor: Legende vom Ich*, Cologne: DuMont, 1991, pp.141~142.

41 Michel Draguet, *James Ensor ou la fantasmagorie*, Paris: Gallimard, 1999, p.180.

이다. 그러나 「1889년 브뤼셀에 입성하는 그리스도」를 더 면밀하게 들여다보면 이 그림이 그들의 사회관에 이의를 제기한다는 것이 명백해진다. 「1889년 브뤼셀에 입성하는 그리스도」의 기본적인 형식상의 특징들조차 사회가 개인과 대중들에 의해 구성된다는 대중심리학의 가정을 약화시킨다. 발데마르 게오르게가 강조한 것처럼, 「1889년 브뤼셀에 입성하는 그리스도」는 관람자가 투시도의 평면을 구성하도록 도와주는 알려진 원근법들을 전혀 따르지 않는다.[42] 이 그림이, 한데 합쳐져서 이 이미지를 대립되는 작용으로 변화시키는 세 개의 서로 상충하는 투시도들에 의해 조직화되면서 동일한 사회적 공간을 구성하는 대안적인 방식을 제시하기 때문이다. 첫번째 투시도는 물론 대로 자체를 따라가는 것으로 그 끝은 커다란 붉은 현수막 아래서 아득히 먼 곳으로 사라진다. 그러나 눈은 동시에 캔버스 중앙의 위쪽으로 이어지며 일련의 중심인물들을 연결하는 수직축을 따라서 이끌리는데, 거기에는 앞쪽의 눈에 띄게 육중한 주교의 몸에서부터 행진하는 밴드의 선두에 있는 코가 붉은 고적대장, 그리고 틀에 넣어진 직사각형의 기하학적인 중심에 위치한, 노새의 등에 탄 아주 작은 그리스도의 모습까지 포함된다. 이 투시도는 더 나아가 그리스도의 후광 바로 위쪽의 옆길에서 나타나는 빛과 사람들의 비스듬히 기운 사선의 움직임으로 특징지어진다.

그러나 관찰자는 처음 바라볼 때 이 두 축 중 어떤 것도 탐색하고 싶어지지 않는데, 두 축 모두가 시선을 가장 깊숙한 배경으로 이끌기 때문이다. 사실상 유화 벽화 또는 태피스트리인 「1889년 브뤼셀에 입성하는

---

42 Waldemar George, "James Ensor", *Exposition James Ensor 1926*, Paris: La Galerie, 1926, p.11. 또한 Walther Vanbeselaere, *L'Entrée du Christ à Bruxelles*, Brussels: Weissenbruch, 1957, pp.29ff.

그림 9 엔소르, 「음모」, 1890, 앤트워프 왕립미술관.

그리스도」—그 폭은 4미터가 넘는다—는 그보다는 이 파노라마를 수평으로 살피도록 이끄는데, 관람자는 일반적으로 벽화를 따라 그 앞을 거닐며 전면으로 압축된 가면과 얼굴들을 지켜볼 것이다. 이렇게 세번째 관점은 관람자에게 가장 가까운 집단 내의 복잡하게 뒤엉킨 수평선상의 대화와 몸짓, 일별들로 구성된다. 가령 오른쪽 아래의 구석에 있는 남자의 시선은 왼쪽의 광대들과 텅 빈 현수막들에 고정되어 있다. 여기서 그들의 올라간 위치는 오른쪽의 초록색 연단 위의 네 명의 인물들과 아주 흡사하다. 이러한 일별과 위치들에 의해 암시되는 수평선들은 군악대 앞의 전경에 있는 군중을 거리의 나머지 사람들로부터 분리시키는 직사각형 구역의 경계를 결정한다.

이렇게 각각의 투시도는 서로 다른 군중에 초점을 맞춘다. 그리스도 주변에 모여 있는 군중은 종교적인 행렬, 바보들의 행진, 또는 서커스 광대와 예술가들의 무리다. 전경을 차지한 군중은 권력의 광경, 즉 왼쪽과 오른쪽 어딘가에 관심을 두고 있는 큰 무리의 사람들을 둘러싸는 권위적인 위치에서의 무언극을 암시한다. 대로를 따라 이동하는 투시는 밀집한 당원들과 나부끼는 붉은 현수막들을 드러낸다. 바로 노동자들의 시위다. 이런 식으로 「1889년 브뤼셀에 입성하는 그리스도」는 사회극의 서로 다른 측면들을 반영한다. 그리고 이것은 단지 그것을 세 개의 서로 다른 시점들을 통해 보여 줌으로써가 아니라 적어도 네 개의 뚜렷이 구별되는 그림의 관습을 넌지시 드러냄으로써 그렇게 한다. 엔소르는 전통적인 군대 행진의 이미지, 노동자들의 시위를 보여 주는 언론의 이미지, 카니발 행렬의 묘사, 그리고 두말할 나위 없이 또한 그리스도의 수난을 재현한 대중적인 판화를 환기시킨다.

왜 이 모든 것들을 하나의 대중으로 보아야 한다고 주장할까? 엔소르의 그림은 하나의 군중이 아닌 많은 집합체를 보여 준다. 그들은 서로 다른 방향에서 서로 다른 목적을 갖고 우리를 향해 다가온다. 그들은 서로 엇갈려서 움직이며 서로의 길을 방해하는데, 그것은 그들이 앞쪽에 도달하여 그들이 이전에 속했던 집단의 조직에서 분리된 일련의 얼굴들로서 집결할 때까지 그렇게 하며, 그들은 동질감이나 의제가 없는 새로운 종류의 집단이 되고 그들의 우쭐한 머리들은 17세기 네덜란드의 어떤 그룹 초상화에서도 나타나는 시민들만큼 자신감 있고 종잡기 어렵다. 우연히도 「훌륭한 재판관들」(Les bons juges, 1891)에서, 또는 「음모」(그림 9)와 「거북을 관찰하는 가면 쓴 사람들」(Masques regardant une tortue, 1894)과 같은 많은 가면을 쓴 그의 그룹 초상화들에서처럼 엔소르는 이 장르를 자주 희화화했다.

순전한 캔버스의 규모에서 각양각색의 군중들의 병치, 색깔의 극명한 대비와 물감을 바르는 서로 다른 방식들 — 붓, 나이프, 손가락 끝, 방울져 떨어뜨리기, 직물, 또는 튜브의 구멍 — 에 이르는 모든 것들에서 엔소르는 투시도의 평면의 대조와 대립을 극대화하는데, 마치 2차원 공간의 제한된 부분이 그것이 해체되기 전에 얼마나 많은 이질성을 견뎌 낼 수 있는지를 탐구하는 듯하다.

이것은 「1889년 브뤼셀에 입성하는 그리스도」에 통합하는 구조가 없다는 뜻이다. 지배적인 조직화 패턴의 부재는 사회극 자체에 어떤 권위자도 없다는 사실에 부응한다. 라캉주의자들이 거대한 대타자라고 부르는 것—집단의 구성원들에게 통일성과 동질감을 강요하는 남근의 기표—이 이 그림에는 없다. 이 군중의 지도자는 어디 있을까? 물론 오른쪽의 강단 또는 연단 위에는 약간의 사람들이 있다. 그러나 그들은 분명 광대나 왕의 어릿광대들로 보이며 그들은 어떤 명령도 내리기를 꺼리는 듯하다. 중앙의 그리스도의 모습은 그의 가장 가까운 수행단을 제외하고는 누구의 주의도 끌지 못한다. 다른 모든 사람들은 동일시할 요소, 공감할 누군가를 찾고 있지만 허사다. 이러한 동일시할 권위적인 요소가 빠져 있는 한 그들은 동질감 없이 지내야 할 것이기 때문이다.

"정치적인 투쟁에서 사람들은 그들의 자연스러운 모습으로 나타나지 않는다. 그들은 저마다 가면으로 치장한다"라고 무정부주의자이자 대중행동 이론가인 조르주 소렐은 르봉의 『군중심리』에 대한 그의 논평에서 썼다.[43] 르봉과 마찬가지로, 소렐은, 정치적인 투쟁에 연루된 사람들은 자신들의 정체성을 타락시키는 역할을 무언의 몸짓으로 표현한다고 믿었다.

엔소르는 더 급진적이었다. 그의 작품에서 남성과 여성들은 그들의

---

43 Georges Sorel, *Le Devenir Sociale*, November 1895, pp.769~770. Nye, *The Origins of Crowd Psychology*, p.105에서 재인용.

자연스러운 모습으로 나타나지 않는데 그들은 그런 것을 갖고 있지 않기 때문이다. 사람들의 진짜 정체성은 다른 사람들과의 무수한 만남을 통해 만들어지고 주름이 생기고 상처가 난 가면이다.

엔소르에게 있어서 인간의 정체성은 사회적 삶이라는 유동적인 덩어리들을 뒤덮고 있는 얇은 얼음층으로 나타난다. 그의 작품들은 가면을 전경에 놓음으로써 이러한 발상을 강조한다. 엔소르가 인간을 가장(假裝)으로 보는 것은 그의 시각예술에서뿐만이 아니다. 그의 글쓰기의 대부분을 구성하는 기이한 연설들에서 그는 전형적으로 자신의 청중을 "친애하는 친구들, 장관들, 영사들, 시장들, 그리고 가면을 쓴 사람들"로 받아들인다.[44]

실제로, 가면은 19세기 후반 유럽 문화에서 관례적인 주제이다. 인간의 본질에 대한 깊은 불확실성이 많은 사람들을 우리가 상징주의로 칭하는 해법으로 이끌었다. 인간의 삶은 오직 상징들을 통해서만 접근될 수 있는 또 다른 현실을 숨긴다. 엔소르의 우주에 거주하는 가면을 쓴 사람들은 이러한 의미에서 상징적인 모습이며, 감춰진 사회적 현실—형태가 없고 악마 같은—은 이러한 모습을 통해 스스로를 표현한다. 그러나 엔소르는 독특한 방식으로 상징주의의 문제를 해결했다. 앙드레 드 리더가 진술하듯이, 그는 얼굴과 가면 사이의 차이를 없앴다.[45] 그 결과는 가면 같은 인간들, 인간 같은 가면들, 즉 가면도 인간도 아니고 명확한 특징이 없는 제3의 종에 속하는 생물이다. 인간의 얼굴들은 과장된 디테일이 가득

44 James Ensor, "Discours prononcé au banquet offert à Ensor par 'La Flandre Littéraire'", *Mes Ecrits*, 5th ed., Liège: Éditions nationales, 1974, p.76. 또한 James Ensor, *Discours aux masques loyaux et autres de James Ensor*, Liège: P. Aelberts, 1950을 보라.

45 André de Ridder, *James Ensor*, Paris: Éditions Rieder, 1930, p.51.

담기고 기괴하고 우스꽝스러운 것들로 과도하게 채워진다. 캐리커처와 관련되어, 엔소르의 상상력은 이러한 종류의 신원 불명의 마스크를 인식할 수 있는 개인의 얼굴에 겹쳐 놓거나 인간의 얼굴 생김새를 동물의 크기로 확대하는 배가나 이중화를 만들어 낸다. 인간의 통일성은 쪼개지고 인간의 독특한 개성에는 정형화된 이미지의 흔적이 새겨지며 그것은 정체성과 익명, 인간성과 야수성 사이의 중간쯤에 떠다닌다. 자율적인 개인도 군중의 얼굴 없는 요소들도 아닌 엔소르의 인물들은 그들 자신인 동시에 타인들이다.

1880년대 후반의 그의 작품들에서 이 엔소르의 생물들은 크게 증가하고 연극적인 교류에 참여하기 시작한다. 이 장면들이 어떤 외부의 현실의 심리적인 투사인지 아니면 모방적인 묘사인지를 말하는 것은 불가능하다. 인간 같은 외양은 매우 불안정하고 연약하여 정신계와 외계, 죽어 있는 해골과 심장이 고동치는 몸, 개인과 집단 사이의 벽들을 녹이고, 가면을 쓴 상호작용하는 그룹은 사회적 삶 자체의 심오하고 분화되지 않은 요소와 상관관계가 있는 객관이 된다. 엔소르의 상징주의가 표현주의적이거나 심지어 초현실주의적으로 변화하는 것이 바로 이 지점인데, 그것이 사회적 장을 분명한 실체들, 고정된 의미들, 안정된 정체성들로 편성하는 문화적·개념적인 재현 체계들에 앞서는 수준의 현실을 드러내기 때문이다.

제임스 엔소르는 그의 생의 더 많은 부분을 그곳의 연례적인 카니발로 잘 알려진 벨기에 도시 오스탕드에서 보냈다. 그의 어머니와 누이들은 기념품 가게를 운영하며 카니발용 가면과 복장들을 팔았다. 다시 말해 엔소르가 왜 인간에게 가면을 씌워 변장시키고 세상을 어릿광대와 괴물들 사이의 투쟁으로 그리기를 좋아했는지에 대한 매우 명확한 설명이 존재한다.[46] 엔소르의 작품에서 카니발은 이 세상에서 평등의 순간이다.[47] 그것은 모든 위계질서를 소멸시킨다. 카니발은 현실과 확고하게 관련되지 않은 기호들의 행렬, 끝없는 의미 작용의 과정이다. 카니발은 모조와 원본 사이의 차이를 소멸시키는 역전의 메커니즘으로 작동되기 때문에 가면은 얼굴과 동일한 수준의 현실에 놓인다. 내부와 외부 사이의 연결은 깨어진다. 외부의 모습은 더 이상 어떤 근원적인 정체성도 드러내 보이지 않는다. 얼굴과 가면, 몸짓의 의미는 그에 따라 오직 주위의 얼굴과 가면, 몸짓들과의 유사성과 차이에만 의존한다. 카니발은 이렇게 하나의 심리학적인 사건이다. 이 일련의 익살맞거나 유령 같은 인물들 속에서 근원적인 이해관계나 내부의 동기들로 돌아오도록 이끌릴 수 있는 모습은 존재하지 않는다.

「1889년 브뤼셀에 입성하는 그리스도」는 의심할 나위 없이 카니발과 관련되는 시나리오에 들어맞는다. 그림 속의 머리들은 육체로부터 분리된 것처럼 보이고 일부 인물들은 문자 그대로 목이 잘려 있다. 얼굴이나 가면들의 모호한 의미는 오직 주위의 것들과의 관계에 따라서만 결정되며 그들이 분리된 유기체나 영혼들에 연결되어 있다는 사실에 의존적이지 않다. 어떤 내부의 에너지의 원천도 갖지 못한 그들의 몸짓들은 엉킨 실에 꿰어 있는 구슬처럼 그들이 끼워 넣어진 집단의 순환에 의해서만

---

46 오스탕드의 카니발이 엔소르에 미친 직접적인 영향에 대한 훌륭한 설명은 Émile Verhaeren, *James Ensor*, Collection des artistes belges contemporains, Brussels: G. van Oest, 1908, pp.10~11; Robert Croquez, *Ensor en son temps*, Ostende: Erel, 1970, pp.43~57을 보라.

47 엔소르에게 나타나는 카니발적인 것에 대해서는 Draguet, *James Ensor ou la fantasmagorie*, pp.137~182; Timothy Hyman, "James Ensor: A Carnival Sense of the World", ed. Carol Brown, *James Ensor 1860-1949: Theatre of Masks*, London: Barbican Art Gallery, 1997, pp.76~86을 보라.

그림 10 엔소르, 「1889년 브뤼셀에 입성하는 그리스도」 세부 그림.

결정된다.

이렇게 「1889년 브뤼셀에 입성하는 그리스도」는 대중심리학과 동일한 수준에서 작용하며 이성과 광기, 질서와 반란 사이의 갈등을 연출한다. 르봉의 연출에서 이러한 갈등은 두 동질적 세력으로 사회를 조직화함으로써 해결된다. 즉, 미친 대중들은 개인 지도자들의 암시의 능력에 의해 길들여진다. 이와 대조적으로 엔소르는 이러한 분할을 완전히 뿌리 뽑는다. 그의 인물들은 최면과 정신적인 전염, 암시 감응성의 개념들이 정박하지 못하는 어떤 새로운 사회적 환경 속에서 표류한다. 르봉에게 있어 군중은 하나의 집단적인 영혼에 의해 구성된다. 엔소르에게 있어 군중은 차이와 유사성을 가진 수많은 방계들에 의해 조직된다. 르봉에게 있어 군중은 동질적이다. 엔소르에게 있어 군중은 이질적이다. 르봉은 군중 속의 모든 얼굴들을 지도자를 향해 돌리는 반면 엔소르는 중심이 없이 그들이 공간 안에서 펼쳐지도록 만든다. 르봉은 군중의 구성원을 자동화된 상태로 보는 반면 엔소르는 그/그녀를 사회적 긴장의 총체로서 이해한다. 「1889년 브뤼셀에 입성하는 그리스도」의 시각적인 문법을 정의하기를 원한다면, 우리는 이 그림이 수직적인 종속관계들을 제거하고 그것들을 수평적인 병렬의 관계들로 대체한다고 말할 수 있다.

이 모든 것들은 「1889년 브뤼셀에 입성하는 그리스도」가 대중심리학의 것과 근본적으로 정반대되는 사회적 세계관을 제시한다는 사실을 의미한다. 엔소르의 인물들은 모두 아직 지도자와 인민으로 분리되지 않은 사회적 장을 통해 움직인다. 이 그림은 위계질서를 전복하고 권위를 무너뜨리며 정체성을 용해시키고 질서를 교란하고 예의를 무너뜨리며 고위 인사를 비웃는다. 엔소르의 묘사는 재현과 권력의 체계, 즉 전체 사회가 어떻게 재현되어야 하는지를 결정하는 미학적인 체계뿐 아니라 사회가 누구에 의해 대표되어야 하는지를 결정하는 정치적인 체계 모두에 합선을 일으킨다. 이러한 파괴 작용을 통해 엔소르는 그의 인물들을 고정된 권력의 위치가 없고, 따라서 분명한 사회적 정체성이 없는 세상의 모호한 자유로 데리고 간다.

가령 「1889년 브뤼셀에 입성하는 그리스도」의 전경에서 서로 입을 맞추고 있는 남자와 여자를 자세히 바라보라(그림 10). 누가 여자인가? 붉은 프리지아 모자는 그녀를 인민과 공화국의 상징인 마리안으로서 나타낸다.[48] 엔소르에 대한 학문적 연구에서 그녀가 어리둥절해 하는 시민을 껴안은 것은 르봉 식으로, 즉 대중적 열정의 전염적인 힘에 대한 공공연한 비난으로 해석되었다. 평등주의적인 이상에 매혹된 폭도는 도덕성

---

48 마리안의 이력과 의미에 대해서는 Maurice Agulhon, *Marianne Into Battle: Republican Imagery and Symbolism in France 1790-1880*, trans. Janet Lloyd, Cambridge: Cambridge University Press; Paris: Editions de la Maison des sciences de l'homme, 1981을 보라.

을 타락시키고 악을 불러들인다.[49] 르봉의 렌즈를 제거하면 다른 해석이 가능해진다. 훌륭한 중산계급의 시민이 공개적으로 코뮌의 영웅적인 여자에게서 입맞춤을 받는다. 그에게서 권위를 빼앗고 그가 진정 누구인지를 보여 주는 더 나은 방법이 있을까? 흥미롭게도 엔소르는 이 모티프를 다른 많은 작품들에 삽입하였다. 「오스탕드에서의 목욕」(Les Bains à Ostende, 1890), 「물고기의 증식」(La Multiplication des poissons, 1891), 「가장」(Masquerade, 1891), 「근위기병들」(Les Gendarmes, 1892), 그리고 「붉은 양배추와 가면들」(Chou rouge et masques, 1925~1930)이 그것들이다. 그는 분명 이 모티프를 하나의 상징이나 서명으로 사용한 것으로 보인다. 판사, 주교, 장관, 시장, 경찰국장, 장군, 의사, 지식인은 울부짖는 군중 속으로 결연하게 밀어 넣어진다. 엔소르가 그리고 있는 것처럼 군중은 법과 질서의 대리인들에게 말한다. "그렇다, 우리는 당신들이 말하는 것처럼 위험하고 미쳐 있다. 그리고 우리는 당신에게 입을 맞춘다. 당신들은 우리 중 하나이기 때문이다!"

질서의 대표자들이 밑바닥 생활로 던져지듯이 그들의 권위의 기반이 되는 이성과 문명의 원칙들까지도 그렇게 된다. 이성의 통치자는 무너진다. 이 그림은 우리가 브뤼셀의 거리에서 발생하고 있는 일을 평가할 수 있도록 해줄 각각의 규범적인 위치를 파괴한다. 따라서 이 사회적 사건이 정상적인지 병리적인지 밝혀내는 것이 불가능하다. 의학에 의해 이성과 광기 사이에 만들어지는 차이는 엔소르의 환상에 적용될 수 있는 가능성을 잃어버린다. 그의 정신이상은 이성에 반대되는 것으로서가 아니라 다

---

49 McGough, *James Ensor's 'The Entry of Christ into Brussels in 1889'*, p.154를 보라. 이와 유사하지만 덜 경멸적인 시각을 보여 주는 읽기 자료로는 Diane Lesko, *James Ensor: The Creative Years*, Princeton: Princeton University Press, 1985, pp.142~143을 보라.

른 질서의 이성으로서 나타난다.

스트린드베리와 니체의 경우에서와 같이 우리는 내부에 체계를 지닌 광기와 직면한다. 그것은 과학의 체계가 아니라 신화의 체계다. 「1889년 브뤼셀에 입성하는 그리스도」는 지식과 권력의 범주들이 아직 완벽하게 사회적 삶을 구조화하지 못했던 망각된 과거에 대한 집단적인 기억에서 그 에너지를 이용하는 것으로 보인다. 우리가 엔소르의 가두행진에서 보는 인간과 동물 사이의 기이한 이종교배(métissage)가 그 궁극적인 의미를 획득하는 것은 이 먼 과거와의 관계를 통해서다. 중세 유럽의 사법체계들은 법의 테두리를 넘어서 있는 사람—노상 강도나 무법자—을 흔히 늑대-인간(wolf-men)으로 칭했다. 어떤 사람이 시민들의 정치조직체에서 추방되었을 때 그는 늑대처럼 사냥될 수 있다고 판결되거나, 아니면 그가 늑대의 머리를 가지고 있기 때문에 인간의 질서와 동물의 질서, 도시와 숲, 문명과 황무지 사이의 무인 지대에 거주해야 한다고 규정됐다.[50] 대중적인 상상력은 점차 이 추방된 늑대-인간들을 유럽의 민간설화들 안에 살고 있는, 그리고 여전히 대중문화의 모든 곳에서 발견되는 늑대인간들(werewolves), 그리고 인간과 동물이 혼합된 다른 잡종들로 변화시켰다. 카니발 또한 자유롭고 법률의 보호 밖에 있는 동물 왕국의 공동체에 합류함으로써 사람들이 자신의 도시의 법을 벗어날 수 있었던 먼 시대의 자취를 포함한다. 엔소르에 가장 가까웠던 이전의 가장 중요한 화가들로는 대(大) 피테르 브뤼헐(Pieter Brueghel de Oude)과 히에로니무스 보스(Hieronymus Bosch)가 있었다. 반인간의 생물들로 구성된 대가족은 그들

---

50 Giorgio Agamben, *Homo Sacer: Sovereign Power and Bare Life*, trans. Daniel Heller-Roazen, Stanford: Stanford University Press, 1998, pp.104~111을 보라.

그림 11 엔소르, 「성당」, 1886, 앤트워프 플랜틴-모레터스 박물관.

의 그림 속에서 떼를 지어 다닌다. 그들은 또한 「1889년 브뤼셀에 입성하는 그리스도」에서 나타나며 자신들이 이전에 추방됐던 도시를 다시 한번 정복한다. 곰의 몸 위에 인간의 얼굴, 원숭이의 얼굴을 한 인간의 몸, 반인 반코뿔소의 모습, 늑대·말·토끼의 머리를 한 다른 이들, 거기에 까마귀와 앵무새의 부리를 가진 다른 이들. 이 모든 생명체들의 상징적인 아버지는 도시로 들어오지 못하게 금지되어 있지만 숲에서 돌아와 구성된 사회질서를 몰락하게 만들 것 같은 인물이다. 이와 동일한 관념의 흔적은 자연상태를 "인간이 인간들을 향해서는 늑대인" 환경으로 보았던 홉스의 설명에서 보존된다. 「1889년 브뤼셀에 입성하는 그리스도」는 이러한 전(前)정치적 상태를 재현한다. 도시의 질서가 사라지면서 그곳의 주민은 더 이상 확실한 인간 개인들로 구성되지 않는다. 우리는 심지어 그들이 인간들로 구성되는지 짐승들로 구성되는지조차 알 수 없다.

이 그림에 자율적인 개인들이 존재하지 않는다면 그 어떤 대중들도 존재할 수 없는데, 위에서 제시된 것처럼 '대중들'은 스스로를 개인들로서 여기는 인민이 만들어 낸 투영일 뿐이기 때문이다. 그렇다면 우리가 보는 것은 개인들도 대중들도 아니다. 차라리, 우리는 사회적 장을 개인들과 대중들로 나누는 대표제가 흐름을 중단시키기 이전의 사회공동체가 보여 주는 모습을 본다. 여기서 사회는 생성의 상태로 굳어지고, 오로지 수평적인 관계들과 적대감들로만 구성되며, 인간의 욕망이 존재하지 않는 상태와 욕망이 만족을 추구하는 언제나 무능한 존재 형태 사이에서 떠돈다.

엔소르는 이와 동일한 사회적 변형의 상태를 또 다른 주목할 만한 작품인 「성당」(그림 11)에서 더 생생하게 묘사한다. 이 에칭화에서 맨 아랫부분의 넘치도록 많은 인민은 일찍이 없었던 고도의 형태의 사회적 조직으로 상승하는 일련의 변화를 경험하는데, 이러한 상승은 지나간 세대들의 권위와 권력을 상징하고 이제는 인민의 어깨를 짓누르는 악몽처럼 압박하는 성당의 경직된 특성으로 매끄럽게 넘어갈 때까지 계속된다. 인민이 대중으로서 나타나는 것은 오직 이러한 권위의 상징들과의 관계 속에서다. 이러한 전형들을 제거하면 인민은 스스로 다른 형태가 될 것이다. 국가와 교회, 그리고 나머지 이데올로기적인 기구의 영향력을 제거하면 사회는 「1889년 브뤼셀에 입성하는 그리스도」처럼 보일 것이다.

엔소르에 관한 거의 알려지지 않은 글에서 발터 벤야민은 이 화가가 부르주아 사회의 견고한 대중으로 보이는 것을 해산시켰다고 언급한다. 아래에 무엇이 숨겨져 있는지 보기 위해 돌을 치워 보는 사람처럼 엔소르는 사회적 제도들을 전복하여 "지배계급들의 얼굴이 아닌 내장"을 노출시킨다.[51] 벤야민은 「1889년 브뤼셀에 입성하는 그리스도」를 순차적으로 해석하라고 요청한다. 그의 관점에서, 이 이미지는 천천히 흘러가는 역사의 과정을 하나의 점과 같은 사건으로 압축한다. 엔소르는 과거의 질서는 산산조각이 나고 미래는 아직 형성되지 않은 연결지점에서 역사의 흐름을 중단시키고 철저한 단절을 드러낸다. 그러한 접근은 이 그림의 가장 인상적인 특징들 중 일부를 조명한다. 우선 그것은 왜 엔소르가 이 사건을 1889년에, 즉 프랑스 혁명 100주년이자 제2인터내셔널의 첫해에 발생한 것으로 앞당기기로 결정했는지를 명료하게 한다. 대부분의 학자들이 침묵 속에서 간과하는 사실들이다. 둘째, 그것은 캔버스의 위쪽 가장자리에 있는 기이한 단색의 영역이 갖는 의미들을 명백하게 한다. 즉 위쪽의

51 Walter Benjamin, "James Ensor wird 70 Jahre"(1930), eds. Rolf Tiedemann, Hermann Schweppenhäuser and Tillman Rexroth, *Gesammelte Schriften*, vol.4, pt.1, Frankfurt: Suhrkamp, 1981, p.567.

두 모서리의 녹색과 푸른색의 구역, 위쪽 가장자리를 따라 칠해진 암녹색의 넓은 획, 그리고 왼쪽 가장자리를 따라 있는 검은색 줄들의 체크무늬 패턴이 그것이다. 비평가들은 전형적으로 그것들이 엔소르가 이미지를 구성할 때 남겨진 공간들을 채운 것에 불과하다고 이해했다. 그러나 만일 「1889년 브뤼셀에 입성하는 그리스도」가 역사적인 단절을 보여 주는 것이라면 이 구역들은 중대한 역할을 획득한다. 공사장의 비계(飛階)와 비교해 볼 때, 이 부분들은 이 이미지가 스스로를 재건하는 과정에 있는 사회를 재현하고 있는 듯한 인상을 이끌어 낸다.

더욱이 「1889년 브뤼셀에 입성하는 그리스도」를 불연속의 구체화로 설명하는 것은 또한 투시도의 평면을 구조화하는 세 개의 모순되는 시점들이 가진 의미를 파악하는 것이다. 나는 이미 각 시점이 서로 다른 군중에 초점을 맞추고 있다고 말했다. 우리가 각 시점이, 그리고 그것에 상응하는 특정한 군중이 낡은 질서를 전복하고 새로운 질서를 도입하는 과정에서의 구체적인 순간을 나타낸다는 사실을 깨닫는다면 이러한 생각이 적절하고 증거로 뒷받침된다는 사실을 알 수 있다. 주된 사건은 당연히 '입성' 자체이며 그것은 그리스도를 중심으로 하는 원근법에 의해 환기된다. 그러나 만일 「1889년 브뤼셀에 입성하는 그리스도」가 새로운 시대의 개시를 알리는 것이라면 그것은 또한 낡은 질서를 추방한다. 전경에 줄지어 선 희화화된 성직자들과 부르주아지는 이러한 억압적인 과거를 구현하는 것처럼 보인다. 그들은 프레임 바깥으로 막 떨어지려고 하며 그들의 퇴장은 메시아가 도착함으로써 끌어내려질 첫번째 사람인 거만한 주교에 의해 예고된다. 사실상, 「1889년 브뤼셀에 입성하는 그리스도」는 '퇴장'(The Exit)으로도 칭해질 수 있다.[52]

전경의 군중이 과거의 퇴장을 의미한다면, 더 나아가 중앙의 그리스도 주위의 군중이 새로운 것의 등장을 나타낸다면 대로를 따라 붉은 현수막 아래의 소실점에 이르는 세번째 시점이 환기시키는 군중에는 어떻게 접근해야 할까? 수많은 사람들, 전체 인구는 거리에 줄지어 있다. 그들은 너무 멀리 떨어져서 구별할 수 없고 그들의 펄럭이는 현수막 위의 메시지는 알아볼 수가 없다. 그들은 행진하지 않고 메시아 뒤에서 기다리며 서 있는데 메시아는 그들이 지나갈 수 있도록 길을 터 주고 있는 듯하다.

그림의 이 부분에서 나타나는 무한하게 확장되는 시점은 그가 가장 존경했던 과거의 플랑드르의 거장인 대 브뤼헐에게 경의를 표하는 엔소르의 방식일 것이다. 「1889년 브뤼셀에 입성하는 그리스도」의 구도를 지배하는 원근법의 원칙들은 분명 브뤼헐이 그의 「아이들의 놀이」(Kinderspiele)에 적용한 원칙들과 관련되는데, 그 안에서 오락과 놀이의 넓은 파노라마는 마을 거리의 깊이의 원근법에 의해 공간적으로 균형을 이루고, 이 거리는 「1889년 브뤼셀에 입성하는 그리스도」의 대로와 마찬가지로 전경의 활동들을 직접적으로 상대화하는 거의 초월적인 추진력을 더해 준다. 이와 마찬가지로 엔소르의 그림에서도 그리스도를 포함한 앞쪽의 인식 가능한 인물들은, 시간적으로 한정되고 상대화되며 결국에는 익명의 집단이 점유하여 나타내는 긴 시점 ― 역사학자들의 장기지속(longue durée)의 시각적인 등가물 ― 에 의해 흩어진다.

따라서 그리스도를 「1889년 브뤼셀에 입성하는 그리스도」의 주된 주인공으로 생각하는 것은 적절하지 않다. 그의 축소된 크기는 그 반대의 사실을 암시하기에 충분하다. 엔소르의 메시아는 그다지 대단하지 않은 선구자의 역할을 부여받았다. 그러한 의미에서 그는 대부분의 다른 유

52 이 비평은 하인리히 딜리(Heinrich Dilly)에게 빚진다.

토피아적인 인물들과 흡사하다. 그들이 도래하는 자유의 세계의 진정한 화신인 경우는 드물며 그들은 그 세계가 나타날 수 있게 하는 조력자들이다.[53] 이렇게 엔소르의 그리스도는 변화를 막는 세력들을 무력화하는 중재의 인물이다. 「1889년 브뤼셀에 입성하는 그리스도」는 새로운 질서를 가능성으로서만 환기시키며, 그것은 대로의 멀리 떨어진 구획을 뒤덮고 있는 익명의 다중들로 대변된다. 그들이 누구이든 간에 그들은 역사의 무대로 막 진입하려고 한다.

---

53 프레드릭 제임슨에 따르면 진정한 유토피아 이야기들을 특징짓는 것은 그것들이 완벽한 사회가 실제로 어떤 모습인지를 보여 주는 그림을 제공한다는 점에 있지 않은데, 이러한 그림이 작가 자신이 속한 사회의 이데올로기적인 제약들에 의해 필연적으로 오염될 것이고 이런 이유로 희망했던 완벽함에서 벗어날 것이기 때문이다. 그러므로 대부분의 작가들은 그들의 저작물을 서로 다른 종류의 작업으로만 제한했다. "즉 그것만으로도 자유가 그들 주변에 나타날 수 있게 만드는 본질적인 메커니즘의 건설이다. 이 메커니즘 자체는 자유를 해방시킨다는 것 외에는 자유와 관련이 없다. 그것은 자유를 방해하는 것, 즉 물질, 노동, 그리고 그것들에 수반하는 사회 기구가 필요로 하는 것들(가령 권력, 훈련과 규율, 강제, 복종의 습관, 존경 등등)을 무효화시키기 위해 존재한다"(Fredric Jameson, *The Seeds of Time*, New York: Columbia University Press, 1994, pp.56~57).

18

검둥이

파리코뮌의 가장 상징적인 사건은 1871년 5월 16일 방돔의 기둥을 넘어뜨린 일이다. 43미터 높이의 기둥은 나폴레옹이 유럽의 경쟁국들과의 전투에서 쟁취한 승리를 기념하기 위해 건립되었다. 코뮌의 법령에 따르면 그것은 전 세계적인 연대보다는 전쟁을 기념했기 때문에 철거되어야 했다. 이렇듯 그 기둥의 존재 자체가 "공화정의 세 위대한 원칙들 중 하나인 박애에 대한 공격"이었다. 기둥의 파괴를 이제는 권력의 굴레를 벗어던지고 있는 예속된 사람들의 복수로 생각하는 것도 어렵지 않다.

기둥의 철거가 있기 하루 전인 1871년 5월 15일 젊은 시인인 아르튀르 랭보는 그의 친구이자 동료인 폴 드메니에게 글을 썼다. 이 편지는 역사적인 것이 된 두어 개의 진술을 포함한다. 첫번째 것은, 번역하기 어렵지만, 문학사에서 가장 빈번하게 인용되는 구절 중 하나다. "Je est un autre." 이 문장은 단순히 "I is an other"라는 의미가 아니다.[54] 문법적인 변칙을 통해 이 문장은 또한 '나'를 나 자신에게서 멀어지게 만든다. 이 문

54 "나는 타자다"를 의미하는 프랑스어는 원래 'Je suis un autre'이지만 랭보는 영어의 1인칭 단수 be동사에 해당하는 'suis'를 3인칭 단수의 'est'로 변형시켜 사용했다. —옮긴이

장은 데카르트의 개인주의, 즉 '나'를 통합되고 자율적인 행위자로 보는 발상에 대한 오랜 비평의 전통을 성문화하였다.

두번째 진술은 대개 모더니즘의 미학을 이해하는 열쇠로 간주된다. "시인은 길고, 끝이 없고, 체계적으로 이뤄지는, 모든 감각들의 해체를 통해 스스로를 선지자로 만든다."[55] 더 노골적으로 진술하면 다음과 같다. 우리의 일상적인 인식은 세계에 대한 잘못된 생각을 우리에게 제공하기 때문에 우리는 우리가 가진 인식의 습관과 기성의 세계관들을 파괴해야 한다.

그러나 문학사는 랭보가 그의 편지를 어떻게 시작하는지에 대해 침묵한다. "자네에게 한 시간의 가치가 있는 근대 문학 강의를 들려 주기로 결정했네. 바로 현대의 찬송가로 시작하겠네." 그다음 랭보는 그가 막 완성한 시 「파리 전쟁의 노래」를 삽입한다. 이것은 마음속에 오직 한 가지 생각, 즉 "그들의 발코니에서 눈이 튀어나온, 유리를 깨뜨리는 소리에 몸을 떨고 있는 부르주아지"를 괴멸하려는 생각만을 품고 있는 투사를 노래한 것이다("절대로, 절대로 우리는 되돌아가지 않을 것이다 / 우리의 바리케이트로부터, 우리의 돌무더기로부터").

도시의 포석(鋪石)은 뜨겁다
당신들이 쏟아붓는 휘발유에도 불구하고,
무조건적으로, 당장, 우리는
당신들의 권력을 무너뜨릴 방법을 찾아야 한다![56]

---

55 Arthur Rimbaud, "Letter to Paul Demeny", *Complete Works*, trans. Paul Schmidt, New York: Perennial, 2000, p.116. 원래는 다음의 표제로 출간되었다. *Œuvres complètes: poésie, prose et correspondance*, ed. Pierre Brunel, Paris: Le Livre de poche, 2001, p.242.

랭보는 파리코뮌을 찬양하지만, 그것은 바로 그날 프랑스 군대에 의해 진압되고 있었다. 칼의 명령을 부활시킨 아돌프 티에르는 평등주의 체제에 대한 모든 지지자들에게 자비를 허락하지 말 것을 군대에 명령한다. 수천 명의 사람들이 학살될 것이다.

몇 안 되는 수의 분명한 무정부주의적 작가들은 별도로 하고—쥘 발레스(Jules Vallés)는 그들 중 가장 잘 알려진 인물이다—랭보는 이 시기의 프랑스 작가들 가운데 유일하게 코뮌을 옹호하는 언급을 했다. 왜 그의 정치적 개입은 문학사에서 결코 언급되지 않을까? 아마도 미술사학자들이 제임스 엔소르의 작품을 용감한 개인이 변덕스러운 대중들에 맞서는 투쟁으로서 묘사하는 경향이 있는 것과 동일한 이유에서일 것이다. 엔소르에 대한 훗날의 평판은 랭보에 대한 것과 유사하다. 그들의 정치적 개입과 활동은 피가 끓는 일화나 젊은이 특유의 비행으로 전해진다.

이에 대한 대안은 그들의 호전적인 정신을 근대주의자들이 작품을 만드는 추진력의 핵심적인 부분으로 이해하는 것이다. 그들의 작품은 분명 심미적인 충동이 정치적인 충동과 결합된 모더니즘이다. 따라서 드메니에게 보내는 그의 편지에서 랭보는 인간의 삶에 대한 새로운 관점(**나는 타자다**)과 새로운 미학(**감각들의 해체**)뿐 아니라 사회적인 혁명(「파리 전쟁의 노래」) 또한 상술한다. 이 편지에서 그가 이 문제를 표현하는 방식을 통해 이 세 가지가 하나의 일관성 있는 계획의 연관된 측면들이라는 점이 분명해진다. 그 계획이란 주관적이고 집단적인 주이상스(jouissance)의 확인을 통한 감각적인 인간의 해방, 즉 엔소르가 브뤼셀의 대로에서 연출

---

56 Rimbaud, "Parisian War Cry", *Complete Works*, p.64; "Chant de guerre Parisien", *Œuvres complètes*, pp.239~241.

한 것과 동일한 해방이다.

랭보와 파리코뮌에 대한 크리스틴 로스의 책에서 그녀는 코뮌은 그것이 존재했던 짧은 기간 동안 새로운 형태의 사회조직을 거의 실현할 뻔했다고 주장한다. 그녀는 그것을 무리(swarm)에 비유한다. 왜일까? 무리는 민주주의를 위한 이상적인 상황을 나타내기 때문이라고 로스는 주장한다. 그것은 누구도 다른 사람들의 대변자의 위치로 승격되지 않는 집단적인 생물 형태다. 이러한 의미에서 무리는 한편의 정당이나 정치 지도자들, 그리고 다른 한편의 인민이나 국민 투표 사이의 확고한 구분을 상정하는 계급, 프롤레타리아트, 대중과 같은 일반적인 개념들에서 벗어난다. 우리가 무리의 진화적 미래상을 형태가 없고 유토피아적이며 원시적인 어떤 것, 또는 복잡한 사회의 현실들과 양립할 수 없는 것으로 여겨 단념한다면 그것은 우리가 무리를 "모든 형태의 주권에서 벗어나는 것으로서" 이해하기 시작한 것이라고 로스는 진술한다.[57] 무리 안에서 권력은 결코 위임되거나 왕과 정부 또는 지도자의 수중에 놓이지 않는다. 무리의 사회적 형태는 수평적이고 병렬적이다. 그것은 각각의 남녀를 평등한 수준에 위치시키고 사회적·정치적 위계질서를 근절하며, 스스로를 더 큰 사회구조와 다르게 만들어 자율적인 정치적 조직이 되려고 애쓰는 어떤 대표제도 거부한다. 칼 맑스는 이와 유사하게 코뮌을 "인민에 의한, 인민을 위한, 인민 자신의 사회적 삶이 재개되는 것으로서" 묘사했다.[58]

---

57 Kristin Ross, *The Emergence of Social Space: Rimbaud and the Paris Commune*, Minneapolis: University of Minnesota Press, 1988, p.123.

58 진정한 민주주의는 인민의 대표로서의 국가와 시민사회 사이의 구분을 인정하지 않는다고 맑스는 헤겔의 법철학에 대응하여 썼다. 그보다는, 진정한 민주주의 체제에서 모든 직무와 기능은 전체로서의 사회체를 대표할 것이다. "그것은 제화공이, 그가 사회적 요구를 충족시키는 한, 나의 대표자이고, 종의 활동으로서의 모든 특정한 사회 활동은 단지 종을, 즉 나 자신의 본성을 대표

그러한 사회가 존재할 수 있을지 물을 이유는 충분하다. 분명히 대답은 그렇다인데, 이것이 코뮌의 시기 동안 사회가 드러낸 모습과 유사하기 때문이다. 그러한 사회는 어떻게 나타날까? 로스는 방돔 기둥의 파괴를 지적하는데, 그것은 이전에 사회와 그것의 위로부터의 역사를 상징했던 제도들이 평등화되는 것을 의미했다. 그 대신에 각각의 사람들이 그/그녀의 자발적인 활동을 통해 타인에게 필요한 것을 충족시키는, 생산과 소비의 수평적인 네트워크를 통해 인민은 스스로를 대변했다.

무엇보다도 로스는 랭보의 텍스트들을 지적하는데 그녀의 관점에 따르면 그것은 무리의 목소리를 표현한다. 스무 살이 안 된 나이에 코뮌을 위해 싸웠던 랭보는 수평화하는, 타인 중심적인 형태의 무리를 운율과 장르를 타파하는 서정적인 작품으로 바꾸어 놓음으로써 다른 모습의 시학을 보여 주었다. 랭보의 운문과 산문은 대중적인 노래와 인용문, 슬로건에 의해 점령된다. 이러한 작품들이 시적 진행을 방해하기 때문에 이 시인은 자율적인 창조자라기보다는 그를 통해 집단의 다양한 목소리들이 말하는 매개가 된다. 따라서 문학적 표현의 중심적인 힘인 권위적인 1인칭 단수는 폐지된다. "나는 타자다"를 외치면서 랭보는 무리의 급진 민주주의를 분명히 보여 주는데 그 안에서 개인은 오직 타자, 그의 동료 인간의 개입을 통해서만 유지된다. 랭보는 시적인 권위를 소멸시키고 중심적인 역할을 하는 각각의 위치를 무효화하며 모든 사람을 미개한 주변부로 던지는 원심성의 정신적·사회적 힘을 대변한다.

하며, 또한 모든 사람이 모든 다른 사람들의 대표자라는 점에서 그러하다. 그는 여기서 그가 대표하는 다른 어떤 것 때문이 아니라 그의 존재와 그의 일 때문에 대표자가 된다"(Karl Marx and Friedrich Engels, "Contribution to the Critique of Hegel's Philosophy of Law", *Karl Marx and Friedrich Engels: Collected Works*, vol.3, New York: International Publishers, 1975, p.119).

유토피아적인 전망과 광기 어린 환상들이 혼합된 랭보의 작품에는 또한 말이라기보다는 비명과 주먹질로 이뤄진 문장들이 존재한다. 밑바닥 삶을 사는 사람들, 심지어 짐승 같은 사람들과 힘을 합치는 랭보는 인류 역사에서 따돌림당한 사람들과 스스로를 자연스럽게 동일시한다. 그는 그들이 자신들을 억압하는 사회질서에 품었던 혐오를 공유한다. "이 서구의 늪지"에서 태어나 자란 것은 이 시인의 가련한 운명이라고, 또한 거기서 벗어나는 유일한 방법은 미개인들과 협력하는 것이라고 그는 『지옥에서 보낸 한 철』(*Une Sais on en enfer*)에서 진술한다.[59] "나는 영원토록 열등한 종족이었다"라고 랭보는 주장한다.[60] "이 대륙을 떠나는 것이 최선이다. 여기선 이 악마 같은 인간들에게 볼모를 마련해 주려고 광기가 횡행한다. 나는 함(Ham)족의 자손의 진정한 왕국으로 들어갈 것이다."[61] 이미 1870년대에 랭보는 그가 학교에서 견뎌 냈던 종교적 규율, 광산과 공장의 노동계급이 당하는 굴욕과 착취, 비유럽의 인민들에 대한 식민주의적 정복 사이의 관계를 이해했다. "백인들이 상륙한다! 대포다! 이제 우리는 세례를 받고 옷을 입고 일을 시작해야 한다."[62]

파리코뮌이 짧은 시간에 달성한 체제 붕괴는 랭보 자신의 글이 가진 해방의 추진력과 일치했다. 따라서, 알퐁스 도데가 코뮌 체제하의 파리는 검둥이들(nègres)의 수중에 있다고 경고했던 반면 랭보는 그렇다라고, "나는 짐승이다. 검둥이다"라고 장난스럽게 확인해 주었다. 이어서 프랑스의 고위 관리를 열거하며 그들 또한 검둥이들이라고 진술했다. "당신들

---

59 Rimbaud, "The Impossible", *Collected Works*, p.239; "L'Impossible", *Œuvres complètes*, p.436.

60 Rimbaud, "Bad Blood", *Collected Works*, p.221; "Mauvais Sang", *Œuvres complètes*, p.416.

61 *Ibid.*, p.223; 417.

62 *Ibid.*, p.223; 417.

은 모두 미치광이, 야만인, 구두쇠다. 상인이여, 당신은 검둥이다. 법관이여, 당신은 검둥이다. 장군이여, 당신은 검둥이다. 황제여, 악마의 제왕이여, 당신은 검둥이다."[63] "교수대 위에서 노래한 인종"을 찬양하는 랭보의 접속사 없는 병렬적인 산문은 프랑스 사회의 책임자들에게 몰래 접근하여 그들을 빈민가를 향해 가는 미친 행렬 속으로 던져 버린다. 당국은 퇴위되고 바보들은 보석 왕관을 쓰며 인간과 짐승 사이의 차이는 지워진다.

이렇게 랭보의 작품은 "모든 감각들의 체계적인 해체"뿐 아니라 "모든 형태의 권력의 체계적인 해체" 또한 요구한다. 이 시인은 노예들에 대해, 그리고 다수에게 속할 미래에 대해 말한다. 정의에 대한 인민의 영원한 꿈은 랭보의 작품에서만큼 강렬했던 적이 결코 없었으리라. 천막을 거두고 행군을 시작하자! 이 시인은 외친다. 이제 곧 출발할 시간이다. "언제 우리는 출발할 것인가. 산과 해안을 넘어서, 새로운 노동의 탄생을, 새로운 예지를, 폭군과 악령들의 도피를, 미신의 종말을 환호하러 가기 위해서, 또 누구보다 가장 먼저 …… 지상의 크리스마스를 찬미하러 가기 위해서!"[64]

따라서 제임스 엔소르의 「1889년 브뤼셀에 입성하는 그리스도」는 랭보의 작품에서 텍스트로 된 일족과 조우하는 것이다. 이 시인과 화가의 세계관과 심미적 태도 사이의 유사성은 때때로 절대적이다. 이 프랑스 작가가 그의 산문시 「퍼레이드」에서 코뮌의 정신을 환기시킬 때 이 텍스트 — 구문론, 문체, 운율 형식 — 는 엔소르가 17년 후에 시각화할 이 극적인 사건의 상세한 연출이라는 인상을 준다.

63 *Ibid.*, p.223; 417.
64 Rimbaud, "Morning", *Collected Works*, p.242; "Matin", *Œuvres complètes*, pp.439~440.

중국인들, 호텐토트인들, 집시들, 멍청이들, 하이에나들, 몰록 신들,

늙은 정신이상자들, 불길한 악령들,

그들은 짐승 같은 태도와 애무로

대중적이고 모성적인 상황들을 일그러뜨린다

그들은 새로운 연극들과

상냥한 아가씨들이라는 노래들을 공연할 것이다.

광대들의 대가인 그들은, 최면극을 이용하고,

장소와 인물들을 변형시킨다.

눈빛은 활활 타오르고 피는 노래하고 뼈들은 부풀어 오르기 시작하며,

눈물이 흐르기 시작하고, 붉고 가는 흐름들이 물결을 일으키고 고동친다.

그들의 험담과 그들의 공포는 한순간

또는 몇 달 내내 계속된다.

오직 나만이 이 야만적인 퍼레이드의 열쇠를 쥐고 있다![65]

---

65 Rimbaud, "Parade", *Complete Works*, p.178; "Parade", *Oeuvres complètes*, p.462.

19

근대의 돌파구

제임스 엔소르에 관한 최고의 책은 여전히, 그의 친구인 에밀 베르하렌이 1908년 출판한 책이다. 베르하렌은 엔소르가 "그의 예술 작품으로 일종의 코뮌을 [개시하고 — 옮긴이] …… 그의 심미적인 교리를 붉은 현수막의 주름 안에 새겨 넣었다는" 점에서 종종 비난받았다고 언급한다.[66] 엔소르의 지적인 친구들과 지인들이 사회주의자들과 무정부주의자들이었으며 그들 중 몇몇은 심지어 지리학자 엘리제 르클뤼(Elisée Reclus)처럼 코뮌의 참가자였다는 사실은 잘 알려져 있다. 그러나 그들의 발상이 엔소르의 삶과 작품에 미친 어떤 직접적인 영향도 증명하기는 어렵다. 그는 다른 사람의 발상들을 모방하고 설명하는 일을 전적으로 분별없는 것으로 여겼던 기이하고, 가만히 있지 못하고, 완고한 사람이었다. 그가 맺은 선택적인 친교, 그리고 그의 작품을 형성하도록 도왔던 맥락은 오직 그의 이미지들의 반항적인 표현성에서만 탐지할 수 있다.

엔소르가 1888년에 「1889년 브뤼셀에 입성하는 그리스도」를 만들어냈을 때 벨기에의 상황은 1871년의 프랑스의 상황과 유사했다. 당시는 심

66 Verhaeren, *James Ensor*, p.100.

각한 경제적 불황의 시기였고 노동계급의 많은 수가 실직하여 굶주리고 있었다. 1886년 봄 벨기에는 격렬한 대치가 폭발적으로 증가했다. 리에주의 무정부주의자들이 코뮌 15주기를 기념하여 행진할 때 군대가 몇몇 시위자들을 죽이는 것으로 대응한 3월 18일, 불안이 시작되었다. 이 사건은 반란의 물결의 도화선이 되었지만 그들은 결국 군대에 의해 무너졌고 많은 사람이 죽고 산업 중심지가 군대의 명령하에 놓이는 결과를 초래했다.[67] 반란에 뒤따르는 것은 사회주의 지도자들에 대한 편향된 고발들로 유발된 법적인 분규였다. 유죄판결을 받은 사람에는 플랑드르 지역 공산주의자들의 우두머리인 에두아르 안젤르(Edouard Anseele)가 포함됐는데, 그는 우연히도 엔소르의 「1889년 브뤼셀에 입성하는 그리스도」의 예비 그림들에서 경례를 받는 모습으로 나타나고 그것을 토대로 한 1898년의 에칭화에서도 그렇다(그림 12).

그해의 연대기에서 루이 베르트랑은 "1886년은 우리에게 끔찍한 해이다. 프랑스에서의 1871년과 같다"라고 결론 내렸다. 그러나 그것은 또한 "대중이 모든 사람들로 하여금 그들의 위대한 목소리를 듣게 만들었던" 첫번째 사건이라고 베르트랑은 덧붙였다.[68] 혁명적인 소요는 이제 영속적인 것이라고 그와 같은 해에 쥘 브루에는 썼다. "새로운 요소가 오늘날 사회 무대에 나타나고 있다. 인민, 또는 그보다 더 나은 프롤레타리아트이다."[69] 1886년 이 인민은 정치적인 현실에 눈을 떴다. 600만 명의 인

67 Marcel Liebman, *Les socialistes belges, 1885-1914: la révolte et l'organisation*, vol.3, Brussels: Vie ouvrière, 1979, pp.53~74; Jules Destrée and Emile Vandervelde, *Le socialisme en Belgique*, vol.4, Paris: V. Giard and E. Brière, 1898, pp.58~75; Léon Delsinne, *Le Parti ouvrier belge dès origines à 1894*, Brussels: La Renaissance du livre, 1955, pp.69~83.

68 Louis Bertrand, *La Belgique en 1886*, 2 vols., Brussels, 1887, vol.1, pp.5~7.

69 Jules Brouez, "Du problème social", *La Société Nouvelle 2*, tome 1, 1886, p.30.

그림 12 엔소르, 「브뤼셀에 입성하는 그리스도」 에칭화, 1898, 로스앤젤레스 폴게티 연구소 전문도서관.

구 가운데 590만 명이 정치체계에서 배제되었다. 당대의 한 논평가는 벨기에 사회가 둘로 나누어졌다고 언급했다. "인민은 권력 안에서 압제의 기구만을 보았고, 부르주아지는 전체 노동자 무리 안에서 무질서한 무리만을 보았다."[70] 1886년 이 체제는 무너지기 시작했다. 1893년 그것은 사람들의 보편적인 투표권으로 대체되었다.

같은 해인 1886년은 또한 다산 작가이자 급진적인 변호사, 사회주의 정치인이자 전위적인 저널 『근대미술』(*L'Art moderne*)의 편집자였던 에드몽 피카르가 그의 획기적인 글 「예술과 혁명」을 발표한 때이다. 피카르는 지식인들이 "그들의 펜을 붉은 잉크에 담글" 때가 왔다고 말했다.[71]

70 V. Arnould, "La Dérive", *La Société Nouvelle 2*, tome 2, p.208.
71 Edmond Picard, "L'art et la révolution", *La Société Nouvelle 2*, tome 2, p.208.

그림 13 엔소르, 「파업」, 1888, 앤트워프 왕립미술관.

1880년대 중반에 엔소르가 그 선봉에 섰던 예술운동 레뱅(Les XX)은 이러한 정치적인 경향과 관련된다. 『벨기에의 별』의 한 비평가는 1888년의 레뱅의 살롱의 전시 목록을 보고 몸서리쳤다. "이 목록은 붉은색, 피의 붉은색, 전투와 대학살의 붉은색이다."[72]

카미유 르모니에와 리하르트 무터 같은 당대의 벨기에 미술의 연대기 작자들이 인식했듯이 전위예술가들의 정치적인 급진주의는 '대중들'이 자신들의 존재를 공동체의 문화 안에서 주장하도록 허용했고 그에 따라 미학적으로 사회가 묘사되는 방식을 변화시켰으며 동시에 정치적 대표제의 새로운 체계를 요청했다.[73] 이러한 경향에 대한 엔소르의 기여는

---

72 "Chronique de la Ville", *L'Etoile Belge*, 5 February 1888. Jane Block, *Les XX and Belgian avant-gardism 1868-1894*, Ann Arbor, Mich.: UMI Research Press, 1984, p.37에서 재인용.

73 Camille Lemonnier, *Camille Lemonnier: L'Ecole belge de peinture, 1830-1905*, Brussels: G. van Oest, 1906, pp.160~189; Richard Muther, *Die belgische Malerei im neunzehnten Jahrhundert*, Berlin: S. Fischer, 1904, pp.86ff.

그림 14 엔소르, 「19세기의 벨기에」, 1889, 브뤼셀 왕립도서관 판화실.

사회의 기둥들을 정면으로 공격하는 몇 안 되는 수의 호전적이고 신성 모독적인 이미지들에서 가장 자명하다. 바로 「근위기병들」과 「교리의 자양분」(Alimentation doctrinaire, 1889)이다. 「파업」(그림 13)은 오스탕드에서 파업을 일으킨 어부들에게 경찰이 폭력을 행사하는 모습을 그린다. 그에 반해 「19세기의 벨기에」(그림 14)는 전쟁터로 변하고 있는 벨기에를 자신의 단안경을 통해 내려다보고 있는, 구름에 둘러싸여 망연자실한 표정을 하고 앉아 있는 레오폴드 왕을 보여 준다.[74]

---

74 이 이미지들에 담긴 정치적 내용이 명백함에도 불구하고 수전 캐닝, 더 최근에는 퍼트리샤 버먼이 그것을 상세하게 논의한 유일한 학자들이다. 캐닝의 선구적인 분석들은 전후의 엔소르에 대한 평판의 반역사적인 억견을 바로잡는 매우 귀중한 것이다. 그러나 종종 캐닝은 엔소르의 정치적 견해를 너무 단순하고 명백하게 만들고, 엔소르의 이미지를 어떤 더 면밀한 시각적 분석도 불필요하게 만드는 활동가로서의 의도로 분석한다. Susan M. Canning, "The Ordure of Anarchy: Scatological Signs of Self and Society in the Art of James Ensor", *Art Journal*, vol.52, no.3, Fall 1993, pp.47~53; "Visionary Politics: The Social Subtext of James Ensor's Religious Imagery", *James Ensor, 1860-1949: Theatre of Masks*, pp.58~69; "La Foule et le boulevard:

전위예술가들은 사회주의를 지지할 충분한 이유가 있다. 작가들과 예술가들은 노동계급의 경험을 공유하지 않았지만, 그들이 공동의 적들에 맞서 투쟁했다는 것은 확실하다. 그 적들은 권위적인 입헌군주제, 예술과 사상에 적의를 품은 것으로 악명 높은 자유주의적인 산업 부르주아지, 그리고 유치원에서 대학까지 줄곧 교육체계를 통제하는 교회이다. 노동자와 지식인, 예술가들로 구성된 유사한 전선들이 1880년대 동안 많은 서유럽 국가들에서 발견되었다. 덴마크의 비평가 게오르그 브라네스는 "근대의 돌파구"라는 표현을 만들어 내었고 근대주의자의 선언서들의 등장, 세속주의와 표현의 자유를 위한 싸움, 사회정의를 위한 투쟁이 바로 동일한 역사적 과정의 양상들이었다고 주장한다.[75] 이 운동들은 사회를 대변하는 새로운 형태들에 대한 바람을 공유했다. 그것은 공통의 의지를 표명할 새로운 정치적 제도들, 그리고 사회적 현실을 담아낼 새로운 문화적·예술적 형태들이었다. 동시에, 그들은 귀족들이 지지하고 있는 현실에 대한 신비화, 교회에 의한 종교적인 주입, 부르주아지들의 위선 그리고 서민들이 믿는 미신들을 제거하려고 애썼다. 이렇게 1886년과 1893년

James Ensor and the Street Politics of Everyday Life", ed. Jane Block, *Belgium: The Golden Decades 1880-1914*, New York: P. Lang, 1997, pp.41~64; "In the Realm of the Social", *Art in America*, vol.88, no.2, Westport, Conn.: F. F. Sherman, February 2000, pp.74~83, 141을 보라. 이 저작의 구상 이후에 발표된 버먼의 탁월한 연구에 관해 말하면, 그것은 「1889년 브뤼셀에 입성하는 그리스도」에 대한 현대적이고 종합적인 첫번째 분석이고, 특히 엔소르 그림의 미술사적·문화적 맥락에 대한 설명에 강하며, 벨기에의 정치적·문화적 지배층에 맞서는 엔소르의 반란을 다루는 중요한 장을 포함한다. 그러나 버먼은 엔소르의 그리스도론의 특징과 그것이 1880년대 벨기에 예술과 문학, 사회주의에서 나타나는 그와 유사한 광범한 메시아의 형성과 이야기들과 갖는 관계를 무시하며, 그에 따라 엔소르의 상징적인 행동의 본질적인 몸짓을 표현하지 못한다. Patricia G. Berman, *James Ensor: Christ's Entry Into Brussels in 1889*, Getty Museum Studies on Art, Los Angeles: J. Paul Getty Museum, 2002를 보라.

75 Georg Brandes, *Det moderne gjennembruds maend, en raekke portraeter*, Copenhagen: Book on Demand, 1883.

사이의 시기는 뚜렷한 분열의 시대였다. 이 시절 동안에 벨기에 사회를 그리는 일은 다수의 사회적·문화적 투쟁들 속에서 자신의 입장을 밝히는 것이었다. 그것은 코르넬리우스 카스토리아디스가 "사회의 상상적 제도" 라고 칭한 것과 궁극적으로 관련되는 경쟁에서 편을 정하는 것이었다.[76] 누군가 국가의 상황을 다룰 때면 언제나 그/그녀는 필연적으로 근본적인 정치적 문제, 즉 어떻게 사회를 대표할 것인가에 답해야 했다.

벨기에 사회는 어떻게 가장 잘 대표되어야 할까? 누구에 의해서? 어떤 언어로? 어떤 정치적 제도들에 의해서? 어떤 미학적 방법을 통해서? 「1889년 브뤼셀에 입성하는 그리스도」를 그렇게 주목할 만한 그림으로 만드는 것은 그것이 근대의 돌파구 기간 동안 벨기에 사회와 문화를 분열시켰던 사실상 모든 갈등의 계보들을 압축하고 있다는 점이다. 이 그림에는 보편적인 투표권과 사회정의를 위한 투쟁이 존재했는데, 그것이 1886년 8월 15일 브뤼셀에서 발생한 거대한 사회주의자들의 행진을 묘사한 신문 삽화들을 부분적으로 본떴기 때문이다.[77] 엔소르의 이미지에서 우리는 또한 전위예술가들과 학술원 사이의 미학적인 싸움을 목격하는데, 레뱅에 모인 젊은 화가들의 연합이 학술원의 기득권층을 비판했던 것처럼 말이다. 이 그림에 포함된 것은 또한 플랑드르다움에 대한 지지자들과 프랑스어권 옹호자들 사이의 문화적이고 언어적인 투쟁이다. 우리는 군주제 옹호자들과 싸우는 공화주의자들을, 그리고 교회의 사람들을 공격하는 세속화를 위한 운동을 목격한다. 마지막으로 당연히 계급투쟁 자체가 존재하는데 1886년 그것은 벨기에를 내전 직전까지 몰고 갔다. 엔소르의

76 Cornelius Castoriadis, *The Imaginary Institution of Society*, trans. Kathleen Blamey, Cambridge, UK.: Polity Press, 1987. 특히 pp.353~373.

77 McGough, *James Ensor's "The Entry of Christ Into Brussels in 1889"*, pp.160ff., 229.

「1889년 브뤼셀에 입성하는 그리스도」에서 이 갈등과 긴장, 그리고 투쟁들은 모두 하나의 사건으로 축약된다.

그러나 축약되었지만 정리되지는 않았다. 더 주목할 만하고 「1889년 브뤼셀에 입성하는 그리스도」를 군중에 대한 재현 가운데 독특한 것으로 만드는 것은 그것이 이러한 갈등의 계보들 간의 구별 짓기를 거부한다는 점이기 때문이다. 그것은 1889년경 벨기에 사회를 갈라놓았던 이데올로기적·정치적·사회적·문화적·미학적인 투쟁의 측면들을 분류하지 않는다. 그의 동료들인 콩스탕탱 뫼니에(Constantin Meunier), 레옹 프레데릭(Léon Frédéric), 외젠 라르망(Eugène Laermans), 프랑수아 마레샬(Francois Maréchal)과 달리 엔소르는 대중들을 존엄함의 수준까지 들어올리지 않는데, 노동자들 역시 인간이라는 사실을 증명하기 위해서다. 엔소르의 그림에서 갈등들은 계급의 구분에 맞추어 정렬되지 않고, 정치적 논쟁의 규칙들에 따라 주장되지 않으며, 이성의 원칙들에 따라 놓이지 않고, 미학적인 관례들에 따라 구조화되지 않는다. 그 대신에 갈등들은 내가 앞에서 묘사한 카니발의 배가의 원칙과 시각적인 병렬의 문법에 따라 연출된다. 수평적인 인간관계들은 크게 증가하는 반면 사회적 위계질서들은 평등화되고, 이 사건은 모든 존재와 모든 물체가 새로운 사회적 형태들 안에서 연결되어 있는 무리 지은 다중처럼 보이거나 정상적인 질서가 분해되고 모든 정체성들이 배가되는 카니발처럼 보인다. 이 전략은 엔소르가 사회를 재현하는 물려받은 방식들을 무시하고 사회문제의 중심부로, 즉 집단성 자체로 직행하는 것을 가능하게 만들었다.

「1889년 브뤼셀에 입성하는 그리스도」는 소멸과 생성 사이의 문턱에 있는 인민을 정확히 포착한다. 그는 또한 막 행동하려는 인민을 포착한다. 낡은 권위들을 무너뜨리고 스스로 주권을 가진 정치권력의 주체가 되는 행동을 하려는 인민을 말이다. "모든 사회적 방어수단들이 무효가 되고 모든 사회적 관계들이 끝이 난다"라고 정치인이자 작가인 쥘 데스트레는 1886년의 벨기에에 대해 말했다.[78] 1886년과 1889년 사이에 벨기에 사람들은 "과거의 타불라라사(tabula rasa)"를 만들었다고 마르셀 리브만은 그의 벨기에 노동자 운동사에 관한 연구에서 진술한다.[79] 엔소르는 「1889년 브뤼셀에 입성하는 그리스도」에서 이 과정을 파악했고 그것을 형이상학적인 차원들의 거리 축제로 변형시킴으로써 하나의 사건으로 압축했다. 우리가 혁명이라고 부르는 이 불가사의한 현상에 대한 시각적인 대응물이 존재한 적이 있다면 그것이 바로 아직 의미도 방향도 형성되지 않은 영도의 사회(society degree zero)이다. 모든 가능성들이, 안 좋은 것을 포함하여, 열려 있다.

---

78 Jules Destrée, "Les Troubles de Charleroi", *La Société Nouvelle 2*, tome 1, p.427. 또한 Jules Destrée and Richard Dupierreux, *Pages d'un journal, 1884-1887*, Brussels: Éditions de la Connaissance, 1937에서 나타나는 데스트레의 1886년 사건들의 연대기를 보라.

79 Liebman, *Les Socialistes belges, 1885-1914*, p.53.

20

바보들의 노래

제임스 엔소르의 독창성은 흔히 이 예술가가 가진 신경증 기질의 긍정적인 부작용으로 설명되어 왔다.[80] "엔소르는 멍청이로 여겨졌다"라고 마비유 드 퐁슈빌은 말한다.[81]

그러나 우리가 여기서 1880년대, 즉 대중심리학 분야와 부르주아지 문화가 인민의 대다수를 잠재적으로 미친 사람들로 진단했던 시기에 대해 말하고 있다는 사실을 잊어서는 안 된다. 멍청이는 폭동을 선동하는 역량을 가진 정치적인 인물이었고 광기는 사회의 더 낮은 심연에서 올라오는 힘으로 보였다. 따라서 「1889년 브뤼셀에 입성하는 그리스도」는 단지 엔소르의 개인적 심리의 표현으로만 이해되어서는 안 된다. 그의 그림을 그의 개인적인 환상 이야기가 보편적인 벨기에 역사 이야기와 융합된 결과로 이해하는 것이 더 이치에 맞다. 이 환상 이야기의 영웅은 사회 주변부의 불안정한 예술가이며, 그는 자신을 순교, 즉 "십자가에 못 박힌

---

80 G. F. Hartlaub, "Zur Wertung der Kunst James Ensors", *James Ensor: Ausstellung*, Mannheim: Walther, pp.3~8; Fraenger, "James Ensor: Die Kathedrale"; Waldegg, *James Ensor*; Draguet, *James Ensor ou la fantasmagorie*.

81 André Mabille de Poncheville, *Vie de Verhaeren*, Paris: Mercure de France, 1953, p.105.

자"로 바라보고 싶어하고 그를 바보로 보는 문화적 기득권층을 공격함으로써 자신의 고결함을 보호한다. 정치적 이야기의 주체는 벨기에 사람들이며 그들은 자신을 인간 이하의 미개인으로 이해하는 정치적·경제적·종교적 제도들에 맞서 반격을 가함으로써 자신들의 인간성을 주장한다.

그러한 관점은 엔소르의 경력의 큰 수수께끼를 해결하는 이점이 있다. 그의 창의적인 시기는 왜 그렇게 짧고 폭발적이었을까? 1893년 이후에 왜 그는 의미 있는 일을 전혀 하지 못했을까? 로허르 반 힌더타엘은 묻는다. "그의 가장 열렬한 숭배자조차 1893년 이후에 그가 극히 적은 예외가 있긴 하지만 대체로 힘들게 같은 일을 되풀이했을 뿐이라는 사실을 인정할 것이다."[82] 엔소르의 창의적인 시기는 벨기에에서 근대적인 돌파구가 열리던 때와 정확히 일치하고, 또한 1885년의 노동자들의 정당의 창립에서 1893년의 보편적인 투표권의 도입에 이르는 국내의 사회주의 운동이 고군분투하던 오랜 시간과 동시에 일어났다.[83] 이 오랜 시간 동안 노동운동은 정치적 대표제의 억압적인 체계를 폐지했고, 지식층은 인민과 민족이 미술과 문학, 일반적인 문화 속에서 드러나거나 감춰지는 방식을 오랫동안 결정해 왔던 권위적인 체계를 약화시켰다. 이 투쟁들, 궁극적으로 사회의 본질과 그것의 올바른 대표제들과 관련되었던 이 투쟁들에서 사회의 내부가 모습을 드러냈다. 그것은 사건으로서의 인민, 즉 서로를 차단하고 통합을 위한 모든 시도를 가로막긴 하지만 사회를 구성하는 힘으로서 나타나는, 격정과 이익의 얽히고설킨 미로와 같은 인민이었다. 이

82 Roger van Gindertael, *Ensor*, trans. Vivienne Menkes, London: Studio Vista, 1975, p.125.

83 Lesko, *James Ensor*, p.3. 레스코는 엔소르의 창의성의 시기를 1899년까지 연장하지만, 엔소르가 1880년대 후반과 1890년대 초반에 그의 가장 중요한 작품을 만들어 냈다는 점에 대해서는 학자들 사이에 불일치가 존재하지 않는다.

역사적인 순간에 드러난 사회성의 영도의 수준은 엔소르 자신의 환상 이야기에서 바랐던 목적과 완벽하게 부합한다. 그것은 권위의 기둥들이 쓰러지고 사람들이 잔해 속에서 춤추는 순간이다. 이것은 브뤼셀에서 1889년의 해다. 이것은 또한 1789년과 1989년, 그리고 제임스 엔소르 자신에게는, 모든 해이다.

그후 1885년과 1893년 사이, 정치적인 지형은 엔소르가 자신의 환상 이야기를 구성하도록 해줄 적대감들을 제공했다. 그가 주교와 판사, 미술평론가에게 "그렇다, 나는 동물이고 짐승이다. 그러나 당신들도 마찬가지다"라고 외쳤을 때 그의 목소리는 또한 인민의 목소리였다. 그리고 인민이 외쳤을 때, 엔소르는 그들의 목소리를 그 자신의 것으로 만들었다. 정치적 갈등의 장은 그 자신의 투쟁을 위한 알레고리가 되었고 그 자신의 투쟁을 위한 알레고리는 정치적 갈등의 장이 되었다.

1893년 이후에 두 이야기는 분기되었다. 벨기에를 후끈 달구었던 갈등들은 해결되었다. 사회는 평상시로 돌아갔다. 엔소르의 미술에 생기를 불어넣었던 가면과 신화들은 사회적 반향을 일으키는 힘을 잃어버렸다. 한때 강력했던 그의 몸짓들은 마을 바보들의 강요된 움직임과 어릿광대의 속임수로 변화하였다. 엔소르는 그의 시절의 다른 많은 천재들—니체, 반 고흐, 힐(Carl Fredrik Hill)—과 같은 길을 따라서 사라졌다. 그러나 우리는 그들이 광기로 전락하는 모습을 특징지었던 영웅적이고 비극적인 함축을 그의 쇠퇴에서는 감지하지 못한다. 엔소르는 90대까지 풍요롭게 살다가 1949년에서야 사망했다. 그는 계속해서 그림을 그렸지만 근대적 돌파구 시기의 짧은 혁명의 여름 동안 그가 달성했던 업적에 비견이라도 될 만한 어떤 것도 만들어 내지 못했다.

그가 마흔 살일 때 이미 노망이 났다고 미셸 드라게는 애통해한다.[84]

20세기 초반에 우리는 과거의 영광에 의지해서 살고, 카니발을 조직하며, 지역의 로터리클럽에서 연설하고, 추한 건물들에 반대 운동을 하며, 동물의 권리를 보호하고, 현대의 비천함에 맞서는 운동을 하는 신랄한 부호로서의 엔소르를 접한다. 드라게는 그를 돈키호테에 견준다. 세르반테스의 영웅이 기사 제도가 그 존재 이유를 잃어버렸던 시대에 전투의 동작과 고결한 기사의 의례를 끝까지 좇았던 것처럼 엔소르는 1893년 이후에 무정부주의자의 움직임을 되풀이했고 정치와 전위예술가 모두로부터 분리된 영역에서 그렇게 했다. 그가 한때 왕족과 부르주아지를 꾸짖었던 것과 같은 강도로 그는 이제, 풍차를 향해서가 아닌, 가장 측은한 글들에 속하는 글의 제목이 명료하게 밝혀 주는 것처럼 '수영장을 향하여'[85] 맹렬히 공격한다.

---

84 Draguet, *James Ensor ou la fantasmagorie*, pp.9~12.
85 Ensor, "Contre le swimming-pool", *Mes Ecrits*, pp.137~138.

21

호모 사케르

그런데 도대체 왜 「1889년 브뤼셀에 입성하는 그리스도」를 정치적 이미지로 이해할까? 종교적인 메시지로 이해하는 것은 어떨까? 충분히 명쾌하지 않은가? 그림의 한가운데에 있는 그리스도의 강력한 존재는 분명히 세속적인 문제와 정치적 투쟁들을 향한 그리스도의 메시지를 확인하는 것으로 이해되어야 한다.

엔소르의 문화적 환경을 얼핏 보면 문제가 더 복잡하다는 것이 드러난다. 1886년 사회주의자 알프레드 드퓌소(Alfred Defuisseaux)는 『인민에 관한 교리문답』(*Catéchisme du peuple*)이라는 제목의 소책자를 출간했다. 그는 대개 하층계급의 가정에서 발견되는 유일한 책인 널리 보급된 루터의 대소교리문답의 구성 방식을 이용하여 사회주의 사상을 보급했고, 이 팸플릿은 23만 부가 발행됐다. 일부 역사학자들은 이 팸플릿을 거의 내전으로 이어진 그해의 시위들에 불을 붙인 기폭제로 이해한다. 같은 시기 스웨덴에서 아우구스트 스트린드베리는 이와 유사한 팸플릿 『최하층에 관한 작은 교리문답』(*Lilla katekes för underklassen*)을 썼지만 그의 소책자는 그가 사망할 때까지 출간되지 않았다.

엔소르의 복음서와 더 유사하게 관련되는 것은 그의 친구인 외젠 드몰데가 1880년대 후반부터 쓰기 시작한 짧은 이야기들이다.[86] 1891년의 모음집인 『이페르담 이야기』에서 드몰데는 복음서의 일화들의 배경을 플랑드르로 바꾸었다. 신의 아들은 미천한 자로서 오두막들을 전전했고 빅토르 위고가 "비참한 사람들"이라고 칭한 사람들인 빈곤과 불운이 닥친 사람들을 이롭게 하며 기적을 행했다. 한 비평가는 드몰데의 예수가 이교도였다고 언급했다. "그의 종교에는 뭔가 야만적이고 원시적인 것이 존재한다."[87]

1890년대 초반 엔소르는 드몰데의 초상화를 그리면서 이 사회주의 작가를 종교적인 창시자로서 묘사했다. 이 둘은 또한 함께 네덜란드를 여행했다.[88] 엔소르는 훗날 에칭화인 「이페르담의 프리돌린과 그라가팡사」(Fridolin et Gragapança of d'Yperdamme)가 되는, 그들을 담은 그림을 그렸고 이렇게 그 자신과 그의 동료를 드몰데의 성서 이야기들의 전설적인 풍경 안에 삽입하였다. 한편 드몰데는 이미 그의 이야기들의 가공의 등장인물들 가운데 엔소르를 모델로 한 등장인물인 플루트를 연주하는 예언자 프리돌린 성인을 삽입하였다.

1892년 드몰데는 엔소르의 미술에 대한 더 긴 연구를 발표한 첫번째 사람이 되었다. 그는 엔소르의 그림들과 그 자신의 평등주의적인 기독교 정신 사이의 밀접한 유사성을 강조했다. 드몰데에 따르면 엔소르의 그리

---

86 Eugène Demolder, *Contes d'Yperdamme*, Brussels, 1891. 이 외에도, 드몰데는 또한 다른 책들에서 그의 짧은 이야기들을 게재하거나 재게재하였다. Eugène Demolder, *Impressions d'art: études, critiques, transpositions*, Brussels: Madame Veuve Monnom, 1889; *Les récits de Nazareth*, Brussels: C. Vos, 1893; Eugène Demolder, *Quatuor*, Paris: Société du Mercure de France, 1897; *La légende d'Yperdamme*, Paris: Mercure de France, 1897; *Le Royaume authentique du grand saint Nicolas*, Paris: Mercure de France, 1896.

87 Hubert Krains, "Chronique littéraire", *La Société nouvelle* 7, 1891, pp.227~228.

88 James Ensor, *James Ensor, Lettres*, ed. Xavier Tricot, Brussels: Labor, 1999, p.114.

스도는 "군중 속으로 내려가 그의 다친 손으로 어리석은 주교를 찰싹 때리기"를 원한다.[89] 엔소르의 그리스도 그림들은 드몰데의 이야기들의 진정한 삽화들이며, 또한 이 이야기들은 엔소르의 미술에 대한 에크프라시스(ekphrases)[90]처럼 이해된다. 둘 모두에서 우리는 어느 정도는 신성한 성자이고, 어느 정도는 마을의 멍청이며, 또 어느 정도는 조합 조직자인 그리스도를 만난다.

같은 해인 1892년 에드몽 피카르는 노동자들의 정당의 문화적 중심지인 브뤼셀의 민중의 집(La Maison du Peuple)에서 '예수의 삶과 이페르담 이야기'라는 주제로 강연했다.[91] 벨기에에서 근대적 돌파구를 구현한 한 사람이 존재했다면 그가 바로 피카르였다. 1896년부터 나온 책인 『산악당과 현대 사회주의에 대한 설교』(*Le Sermon sur la Montagne et le socialisme contemporain*)에서 그는 사회주의가 그리스도의 이상들을 이어받았다고 주장했다. 1886년의 사건들에 관해 쓰면서 피카르는 살해된 노동자들을 기독교의 순교자들로 격찬했다.[92]

---

89 Eugène Demolder, "James Ensor", *La Société nouvelle* 7, p.588. 드몰데는 또한 엔소르의 삼위일체가 성부, 성자, 성령의 천상의 집단이 아니라 성 프란체스코, 성모 마리아, 그리고 예수의 세속적인 3인조라고 언급한다. 엔소르의 「활기차고 빛나는: 예루살렘 입성」을 묘사할 때 드몰데는 우리는 "모든 것이 혼란과 섬망인 군중의 한가운데서" 슬픔과 순수성의 인상을 남기는 "미천한 자들의 신"을 본다고 주장한다(*Ibid.*). 더 나아가 드몰데는 엔소르의 기이한 정신은 생명—인간과 동물의—에 대한 모든 표현들을 향한 무한한 사랑, 그리고 전체로서의 사회에 맞서는 혁명적인 군대 동원을 특징으로 한다고 주장한다(*Ibid.*, p.591).

90 고대 그리스에서 시각예술 작품에 대한 문학적·수사학적 기술을 지칭하는 개념으로 처음 사용되었다. 18세기 말 이후 문학, 예술사, 예술비평에 적용되면서 그 의미와 용법이 확대되어 '시각적 표상에 대한 언어적 표상'을 뜻하게 되었다.—옮긴이

91 Destrée and Vandervelde, *Le Socialisme en Belgique*, p.237.

92 피카르는 그의 한 소설에서 엔소르를 서로 마음이 통하는 화가로 삽입한다(Edmond Picard, *Psukè, dialogue pour le théâtre en 1 acte et 9 scènes...*, Brussels: P. Lacomblez, 1903). 엔소르는 피카르의 이미지 여러 개를 삽입하는 것으로 화답했다. 엔소르는 피카르를 호의적으로 그리지는 않았고 그가 고문 기술자들로 여겼던 비평가들과 피카르를 한편에 넣었다. 그러나 그는 항상 피카르를 지지자로 인식했고 그에게 여러 번 도움을 요청했다. 피카르가 죽기 바로 얼마 전에 쓰

엔소르의 가장 가까운 교제 집단에서 나오는 이러한 예들은 하나의 패턴을 형성한다.[93] 사회주의는 스스로를 기독교로 가장하고 그 과정에서 스스로 변형되며 종교적으로 위장하는 몇 가지 특성들을 지닌다. 그것은 오스발트 슈펭글러가 언젠가 '가정'(假晶)이라고 칭한 것의 사례다. 새로운 내용물은 승인을 얻고 검열을 피하기 위해 낡은 형태들로 슬며시 들어간다. 프랑스 사회학자들은 1848년에 이와 동일한 방법을 사용하였다.[94] 1880년대 후반의 벨기에, 즉 보수적인 가톨릭 정당이 집권하고 교회가 교육체계를 통제했던 그곳에서 이와 같은 전략은 특히 적절했다. 이러한 배경 속에서, 프랑스 혁명의 100주년이 되는 해에 사회주의 저널인 『새로운 사회주의』에서 가장 격렬하게 논쟁된 쟁점이 맑스와 바쿠닌의 관계도, 계급투쟁도, 심지어 프롤레타리아 혁명도 아닌 교회사였다는 사실은 결코 놀랍지 않다.

사회주의자들이 신약성서를 전용할 수 있도록 한 것은 다비드 슈트

인 1924년 2월 16일의 편지에서 엔소르는 그의 지속적인 헌신에 감사를 표한다(Ensor, *Lettres*, pp.609~610).

93 엔소르를 연구하는 학자들 중 누구도 엔소르의 기독교 신화들과 그와 동시대에 살았던 많은 수가 그의 친한 친구들이었던 벨기에 작가들 사이의 공명들을 통찰하지 못했다는 사실은 주목할 만하다. 그자비에 트리코는 엔소르와 드몰데, 피카르, 그리고 다른 사람들 사이에 형성된 협력과 영향의 복잡한 망을 설명했지만 이것이 어떻게 엔소르의 작품에 영향을 주었을지는 묻지 않는다. 트리코는 엔소르가 영감을 받은 주요한 문학적 원천이, 이제는 다들 아는 이야기인 에드거 앨런 포, 프랑수아 라블레, 특히 발자크의 1831년 소설인 「플랑드르의 예수 그리스도」(Jésus-Christ en Flandre)였다는 생각을 되풀이해서 말한다(Xavier Tricot, *Ensoriana*, Antwerpen, Belgium: Pandora, 1995, pp.5~35). 다이앤 레스코(Diane Lesko)는 한 장을 온전히 "엔소르의 예술의 영감으로서의 문학"에 바치지만 엔소르의 친구들의 작품이 그와 유사하게 메시아-사회주의적 상징주의를 포함한다는 사실을 언급하지 않는다(McGough, *James Ensor's 'The Entry of Christ into Brussels in 1889'*, pp.83~114). 또한 신기하게도 이러한 중대한 측면은 엔소르에 대한 최근의 가장 종합적인 두 연구의 저자들인 퍼트리샤 버먼과 미셸 드라게에 의해서도 모두 무시된다.

94 Paul Aron, *Les écrivains belges et le socialisme 1880-1913: l'expérience de l'art social d'Edmond Picard à Émile Verhaeren*, 2nd ed., Archives du futur, Brussels: Labor, 1997, p.230; Clark, *The Absolute Bourgeois*, pp.54ff.

라우스(David Friedrich Strauss)의 『예수전』(*Das Leben Jesu*, 1835~1836)으로 개시된, 기독교의 신화에 대한 일련의 유물론적인 해석들이다. 프랑스와 벨기에에서 슈트라우스의 작품은 철학자이자 정치적 개혁가인 에밀 리트레(Émile Littré)에 의해 번역되고 홍보되었다. 드몰데는 엔소르가 리트레의 거대한 초상화를 그가 1885년에 제작한 큰 연필화들 중 하나에 담아 몰래 가지고 들어왔다고 일찌감치 언급했다. 리트레의 초상화가 담긴 그림은 「활기차고 빛나는: 예루살렘 입성」(그림 15)으로 칭해지며, 그것은 가히 「1889년 브뤼셀에 입성하는 그리스도」의 모델이라 할 만하다.

벨기에의 사회주의의 메시아적인 추진력은 매우 강력하였기 때문에 엔소르의 또 다른 친구인 쥘 데스트레는 주의를 주는 것이 필요하다고 생각했다. "위대한 사회혁명"과 "새로운 메시아의 성스러운 혁명"의 혼동은 모든 사람들로 하여금 그저 자리에 앉아 모든 것이 정돈되는 때인 재림의 "바로 그날"(le Grand Soir)을 기다리도록 초래한다고 그는 썼다.[95] 이것이 데스트레 자신이 교회와 자본주의에 맞서는 그의 논쟁에서 복음을 이용하고, 가난한 노인들을 십자가 위의 예술에 견주고, 노동자들의 정당을 교회에 비유하거나 벨기에의 법률체계가 분명 예수를 다시 한번 감금하고 형을 선고할 것이고, 국가의 법정에서 부당하게 처벌당한 방랑자들 사이에서 그가 나타날 것이라고 주장하는 것을 막지는 못했다.[96]

1899년 벨기에 의회의 사회주의의 대변자 격인 한 인물은 만일 그리

95 Jules Destrée, *Semailles*, Brussels: Henri Lamertin, 1913, p.4.

96 *Ibid.*, pp.139~161; Jules Destrée, "Le Secret de Frédéric Marcinel", *Jules Destrée*, Brussels: Editions de l'association des écrivains Belges, 1906, p.55. 데스트레는 또한 약화되는 종교적 신념과 증가하는 사회주의에 대한 신념 사이에 직접적인 관계가 있다고 명기했다. Jules Destrée, *Art et socialisme*, Brussels: En vente au Journal le peuple, 1896, p.32.

그림 15 엔소르, 「활기차고 빛나는: 예루살렘 입성」, 1895, 앤트워프 왕립미술관.

스도가 돌아온다면 그가 맨 왼쪽에 앉을 것이라고 외쳤다.[97] 1888년, 엔소르가 「1889년 브뤼셀에 입성하는 그리스도」를 완성한 때와 같은 해에 이 시대의 주요한 시인인 조르주 로덴바흐는 산업사회, 노동계급, 그리고 사회정의에 대한 서사시를 기초했다. 그것의 제목은 「예수 그리스도의 책」이다.[98] 그리스도와 인민의 융합은 심지어 벨기에의 신생의 사회주의적인 반체제 문화의 공적 공간에서 제도화되었다. 빅토르 오르타(Victor Horta)가 설계하고 1899년에 개관한 새로운 민중의 집에는 '깨끗한 방'(la salle blanche)이라고 불리는 거대한 회의장이 존재했다. 폴 아롱이 보여 주었듯이 노동자들의 정당은 폴 시냐크(Paul Signac)에게 사회주의 운동의 이 내부의 성소를 장식해 줄 것을 의뢰했다. 시냐크는 그의 그림 「조화의 시간」을 제안했는데 그 그림은 창조성과 여가를 누리는 공산주의의 삶을 환기시켰다(그림 16). 그러나 벨기에 사회주의자들은 그것을 거부했고 그 대신 그리스도의 거대한 머리를 묘사한 앙투안 비에르츠의 그림을 택했다(그림 17). 다시 세례를 받은 「의로운 사람」인 그리스도는 분명 시냐크의 공산주의 유토피아보다 이 운동에 더 적절한 상징으로 생각되었다.[99]

'상징'은 여기서 적절한 단어인데, 벨기에의 사회주의자의 메시아 신앙을 엔소르 자신의 특이한 그리스도론과 구별할 수 있도록 해주기 때문이다. 엔소르의 그리스도는 고통받는 인간을 하나의 동일한 신성한 표상으로 통합하는 상징도, 형이상학적인 개념이나 아이디어도 아니다. 만일 그랬다면 엔소르는 최고의 권력을 가진 개인이 침묵하는 대중들을 대변

---

97 Aron, *Les écrivains belges et le socialisme*, p.230에서 재인용.

98 Georges Rodenbach, "Le Livre de Jésus", *Œuvres*, Geneva: Slatkine Reprints, 1978, pp.151~173.

99 Aron, *Les écrivains belges et le socialisme*, p.76.

그림 16 폴 시냐크, 「조화의 시간: 황금시대는 과거가 아니라 미래에」, 1895, 몽트뢰유시청, 장뤼크 타부토 사진.

그림 17 앙투안 비에르츠, 「의로운 사람」, 19세기 후반, 현재 소유 불명.

하는 체제를 그저 되풀이했을 것이다. 엔소르의 예술을 특징짓는 것은 바로 그러한 권위의 부재이며, 그 부재는 개인과 대중들이 어떤 더 기초적인 집단적 형태로 통합될 기회를 남겨 준다. 엔소르의 그리스도는 분명 중심에 있지만, 그는 또한 키가 작고 조그맣고 비쩍 마르고 초점에서 벗어나 있으며 부분적으로 군중 뒤로 가려져 있다. 그는 최고의 권력을 가진 개인이라기보다는 다중의 일부로서 이 극적인 사건 안으로 들어간다.

이 특징은 또한 브뤼헐을 떠올리게 한다. 그의 그림들에서 그리스도의 행동을 그의 주변의 사람들의 노동과 카니발 행사와 구별하기는 언제나 어렵다. 그리스도는 초자연적인 기적들을 행하지만 그의 노고로 이익을 얻는 사회세계 안에 깊숙이 박혀 있다. 종교개혁기의 천년왕국 운동과 동시대에 존재했던 브뤼헐의 작품은 그와 유사한 이단적인 신념을 특징으로 한다. 그리스도는 기본적으로 신의 세속적인 성육신이라기보다는 실제의 인간 상태의 알레고리적인 변형이다. 엔소르의 작품에서처럼 브뤼헐의 작품에서 예수 그리스도의 모습은 대중적인 집단성의 윤리적인 실체를 인격화한다.

이러한 생각은 엔소르의 친구이자 해석가인 에밀 베르하렌의 작품에서 되살아나는데 그의 문학작품들은 엔소르의 이미지들과 동일한 조각에서 잘려진 것으로 보인다. 이것은 특히 베르하렌이 1890년대에 완성한 3부작에 적용되며, 그것들은 서사시인 「환각에 사로잡힌 정원」(Les Campagnes hallucinées, 1893)과 「촉수 있는 도시」(Les Villes tentaculaires, 1895), 브뤼셀의 민중의 집에서 초연된 희곡인 「새벽」(Les Aubes, 1898)으로 구성된다.[100] 베르하렌의 장엄한 3부작—그는 여러 해 동안 노벨

---

100 베르하렌의 3부작에 대한 논의로는 Eva-Karin Josefson, *La Vision citadine et sociale dans*

상 후보자였지만 그의 동료인 모리스 마테를링크(Maurice Maeterlinck)가 1911년에 상을 받으면서 경쟁에서 졌다—은 파리코뮌과 1886년의 반란들 모두를 암시하며 그 주역은 개인이 아니라 대중들 자신이다. 대중(la foule)은 「새벽」의 등장인물들의 목록에서 처음으로 언급되고, 연극을 위한 상연 지시문들은 이 연극 속의 집단들이 다수의 얼굴을 가진 한 "집단적인 인간"으로서 행동한다고 명시한다.[101] 따라서 베르하렌의 연극의 등장인물들은 가면에, 즉 공동체의 사회적 실체의 순간적인 발산에 견줄 수 있다. 엔소르의 작품처럼 베르하렌의 3부작은 군중의 행동 양식과 외양의 형태의 목록들을 제공한다. "오, 이 대중들, 이 대중들이여 / 그리고 그들을 움직이는 비참함과 고통들이여."[102] 이 대중들에게 가까이 다가가면서 베르하렌의 작품은 대중들의 위대한 목소리가 스며든 두 행위자 또는 배역들을 배치한다. 첫번째 행위자는 바보(le fou)이며 바로 그 이름으로 대중들(les foules)과의 관계가 수립된다. '바보들의 노래'라 불리는 시 모음은 시적 순환을 관류한다. 주기적인 간격으로 이 멍청이는 사회의 하류층에서의 경험을 증언하는 목격자로서 끼어든다. "나는 무한한 넓은 평원의 미치광이다 / 바람이, 영원한 전염병처럼 / 위대한 날갯짓으로 강타하는 그곳에 / 서 있기를 원하는 미치광이다 / 도래하는 시대의 끝을 향해 머리를 내민다 / 예수 그리스도가 영혼과 정신을 심판하기 위해 올 것이

---

l'œuvre d'Émile Verhaeren, Lund: Gleerup, 1982, pp.37~114; Aron, *Les écrivains belges et le socialisme*, pp.173~213; Hans Joachim Lope, "Émile Verhaeren, poète de la ville", ed. Peter-Eckhard Knabe and Raymond Trousson, *Émile Verhaeren: poète, dramaturge, critique*, Brussels: L'Université de Bruxelles, 1984, pp.19~40을 보라.

101 Émile Verhaeren, "Les Aubes", *Hélène de Sparte: Les aubes*, Paris: Mercure de France, 1920, p.108.

102 Émile Verhaeren, "Les Cathédrales", *Les Villes tentaculaires* (1895), *Œuvres*, vol.1, Geneva: Slatkine Reprints, 1977, p.118.

다 / 그러할지어다!"[103]

메시아의 도래에 관해 인민의 목소리로 이야기하는 미치광이와 같은 것이 베르하렌의 신비주의적인 사회주의의 공식이다. 여기서 대중을 그들의 비참함과 고통으로 보여 주는 두번째 행위자는 그리스도 자신이다. "악폐와 미쳐 날뛰는 시간들이 무슨 상관이란 말인가"라고 베르하렌의 시는 묻는다. "언젠가 …… 새로운 그리스도가, 조각된 빛을 받으며, 나타나 자신을 향해 인류를 들어 올리고 새로운 별들에서 뿜어져 나오는 불길 속에서 그들에게 세례를 줄 것이다."[104] 또 다른 시에서 베르하렌은 복음의 약속이 맑스의 범주들로 다시 쓰인 혁명적인 종말 신학을 스케치한다. 처음으로 메시아의 힘이 인민으로, 아니 그보다는 '대중들'로 성변화한다. "대중들과 그들의 격노"가 그들의 힘센 손으로 무자비하게 "만족할 줄 모르는 유토피아의 새로운 우주"를 구축한다. 피와 암흑의 시대는 먼동이 틀 무렵 "삶의 순수한 정수"를 드러내는 "온화하고, 관대하고, 강력한 질서"에 길을 내준다.[105]

군중과 미치광이, 그리고 예수로 구성되는 베르하렌의 3인조는 엔소르의 예술에 활기를 주는 것과 같은 것이다. 둘 모두에서 대중들의 역사는 광기의 역사와 융합되어 함께 정의로운 사회에 대한 희망을 지속시킨다. 이 3인조는 하나의 목소리로 말하고 동일한 사회적 에너지를 구현한다. 이 3인조가 나타내는 힘은 그들 자신을 통합하고 새로운 우주, 만족할 줄 모르는 유토피아, 또는 엔소르와 그의 친구들이 그것을 지칭하기 위해 사용했던 용어, 즉 공산주의를 도입하려는 인민의 의지다.

---

103 Verhaeren, "Chanson de fou", *Les Campagnes hallucinées* (1893), *Œuvres*, vol.1, p.49.
104 Verhaeren, "L'ame de la ville", *Les Villes tentaculaires*, *Œuvres*, vol.1, pp.111~112.
105 Verhaeren, "Le Forgeron", *Les Villages illusoires* (1894), *Œuvres*, vol.2, p.289.

다시 말해서, 기독교적인 소재는 엔소르의 작품에서 가장 덜 독창적인 요소이다. 그것은 니체가 십자가에 못 박힌 자의 운명과 자신을 동일시한 것처럼 이 시대의 전형적인 것이다. 19세기 말 벨기에에서 그리스도는 노동운동의 도처에 존재했고 복음에 대한 암시들은 엔소르의 예술을 지탱하던 급진적인 문화를 가득 채웠다. 오늘날의 인문학의 세속적인 환경에서는, 이전 시대의 미술품들에서 종교적인 요소들이 발견될 때 그 미술품들을 그것들과 동시대에 존재했던 정치적인 투쟁들 위로 자동적으로 들어 올릴 수 있다고 너무도 쉽게 추정된다.[106] 그러나 엔소르의 경우에 정치와 권력의 원초적인 드라마가 일어나게 만드는 역사적인 상황의 한가운데에 그의 작품들을 위치시키는 것은 바로 종교적인 형상화이다. 어떻게 그리고 누구에 의해 사회가 대변되어야 하는가? 이 드라마에 대한 엔소르의 통찰력 있는 설명에서, 그의 결과는 집단적인 사회가 가진 변형의 능력에 의해 결정된다. 이것은 정치적인 권력의 재분배뿐 아니라 모든 정체성들의 지양을 수반하는 능력으로서, 모든 시민과 신민들을 대중들이나 개인들이 없는 사회적 단계, 아직 어떤 행동이나 아이디어, 존재들에도 이성과 비이성의 규범의 흔적이 생기지 않은 사회의 기원으로 거슬러 올라가게 한다는 의미에서다.

따라서 전 세계를 비추는 빛은 니체가 1889년 새해에 표현했고 또한 엔소르 자신이 가졌다고 여겨지는 선견지명이 있는 광기와 유사하다. "사람들은 그를 멍청이로 간주했다." 이러한 조명의 순간에 드러나는 것은

106 최근의 학문에서 수전 캐닝과 퍼트리샤 버먼은 다시 한번 엔소르의 종교적인 형상화의 더 광범위한 차원들을 논의한 유일한 사람들이다. 그러나 그들은 엔소르의 그리스도 형상과 그와 가장 가까운 작가들, 가령 드몰데와 베르하렌, 피카르, 로덴바흐, 데스트레에게서 나타나는 동일한 테마들 사이의 인상적인 유사성을 통찰하지 못한다. Canning, "Visionary Politics", pp.58~69; Berman, *James Ensor*, pp.71~90을 보라.

「1889년 브뤼셀에 입성하는 그리스도」를 완성시키는 불가사의한 단어, 바로 "la sociale"가 가진 의미이며, 그것은 엔소르의 예술적 활동에서 "la revolution sociale"의 약칭이었다. 이 단어들이 가지는 의미의 시각적인 해석을 제공한 엔소르의 캔버스는 그후 이 의미를 그것 나름의 메시지로 변화시킨다. **사회주의 만세!(VIVE LA SOCIALE!)**

1989

그들은 너무도 사랑했다, 혁명을

그리고 국경에서 막 돌아온 누군가는
더 이상 야만인들은 존재하지 않는다고 말한다.
그렇다면 이제 야만인들이 없는 우리에게 무슨 일이 일어날 것인가?
—콘스탄티노스 페트루 카바피스

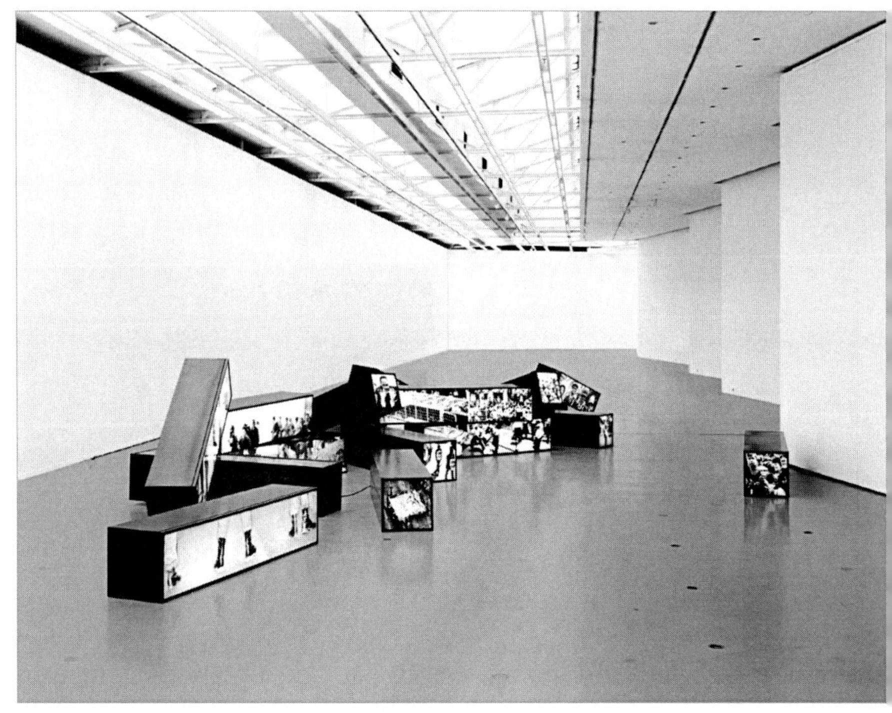

그림 18 (위) 알프레도 자르, 「그들은 너무도 사랑했다, 혁명을」 설치미술품, 1989, 파리 시립근대미술관.
그림 19 (아래 왼쪽) 자르, 「그들은 너무도 사랑했다, 혁명을」 세부 사진 1.
그림 20 (아래 오른쪽)자르, 「그들은 너무도 사랑했다, 혁명을」 세부 사진 2.

22

가장 사랑한 것

그렇다면 우리는 혁명을 목격할 수 있을까? 알프레도 자르(Alfredo Jaar)의 설치미술품인 「그들은 너무도 사랑했다, 혁명을」(그림 18~20)의 주위를 빙빙 도는 갤러리 방문객들의 내면에 어떤 심상이 나타났는지 누가 알겠는가.[1] 사진들 중 일부는 이전에 전시되었고 나머지는 알려지지 않은 것들이다. 이미지들은 이 설치미술품의 표제를 조롱했다. 그것들은 사랑이나 기쁨의 감정들이 아닌 폭력과 격노, 억압과 폭동의 감정들을 유발했다. 그림들은 항의 행진, 전투경찰, 도주 중인 시위자들, 폭력적인 몸짓들, 때려 부수고 있는 경찰봉들을 보여 주었다. 이 설치미술품—전시회 현장을 가로지르며 흩어져 있는 큰 직사각형의 라이트박스들 위에 전시된 사진들—의 제작은 이 낯익은 사건들을 거의 분류되고 포개질 준비가

---

1 알프레도 자르의 설치미술품은 1989년 1월 14일에서 3월 12일까지 베아트리스 파랑(Béatrice Parent)이 큐레이터를 했던 전시회 '이미지 비평'(Images critiques)에서 데니스 애덤스(Dennis Adams), 루이 잠(Louis Jammes), 제프 월(Jeff Wall)의 작품들과 함께 전시되었다. 그 기록은 Musée d'art moderne de la ville de Paris ed., *Adams, Jaar, Jammes, Wall: images critiques*, Paris: Paris-Musée, 1989; Alfredo Jaar, *It Is Difficult: Ten Years*, Barcelona: Actar, 1998, pp.98~107을 보라. 나의 묘사와 해석은 이 예술가들과의 인터뷰와 자르가 내게 마음대로 사용할 수 있도록 한 기록, 그리고 파리 시립근대미술관의 현대미술 전시실인 ARC(Animation/Research/Confrontation)에 있는 기록물을 토대로 한 것이다.

된 다루기 쉬운 것으로 만드는 틀을 제공했다. 동시에 그것들은 불가사의하고 심지어 이해할 수 없었는데, 의미 있는 전체를 창조하기 위해 그것들이 어떻게 포개질 수 있었는지 이해하는 것이 불가능했기 때문이다.

「그들은 너무도 사랑했다, 혁명을」은 1989년 겨울 파리 시립근대미술관의 현대미술 전시실인 ARC에서 전시됐다. 자르가 그의 라이트박스들에 고정시킨 사진들의 대다수는 1968년 5월 프랑스의 수도에서 발생한 사건들을 표현했다. 방문객들은 새로운 혁명, 동유럽에서의 혁명이 바로 목전에 다가왔다는 사실을 전혀 알지 못했을 수도 있다. 1989년의 격변이 한창일 때 자르는 1968년의 반란에서 나온 단편적인 이미지들을 미술계에 내놓았다. 이 미술계는 혁명을 볼 수 있었을까?

우리의 내부는 발전하는 유동체라고 마르셀 프루스트는 쓴다.[2] 대부분의 우리의 감각적인 인상들은 곧 표면 아래로 가라앉고 무의식에 저장된다. 이후 기억이 갈고리를 내려뜨려, 과거로부터 사건을 포착하여 우리의 의식으로 끌어올리면, 우리는 표찰이 고정되었다는 것을 알아차린다. 사건은 그것이 발생할 때 존재하지 않았던 어떤 의미를 띠게 된다.

역사적인 사건들은 일단 그것들이 끝이 났을 때만 의미를 가진다. 이것은 특히 혁명들에 적용된다. 군중들이 모였다가 해산되고, 전차들이 밀려들어 오고, 지도자들은 흥분한 몸짓을 하며, 신문 표제의 크기가 커진다. 그러나 패턴은 존재하지 않는다. 혁명은 생방송이 아니다. 우리가 이해하듯이, 우리는 그것이 정말로 혁명**인지** 아닌지 알 수 없다. 또한 우리가 그것이 정말로 혁명**이었는지** 아닌지 알게 될 때 우리는 더 이상 그것을

---

2 Marcel Proust, *Remembrance of Things Past*, 3 vols., trans. C. K. Scott Moncrieff and Terence Kilmartin, New York: Vintage Books, 1982, vol.2, p.826; Marcel Proust, *A la recherche du temps perdu*, 4 vols., ed. Jean-Yves Tadie, Paris: Gallimard, 1988, vol.3, p.193.

목격할 수 없다.

우리는 그것이 혁명이었는지 아닌지를 어떻게 알까? 그 모든 것들은 그 이후에 일어나는 일에 달려 있다. 혁명은 사회를 대표하는 권력의 문제다—정치적으로 사회를 이끌고, 그 잉여물을 분배하고, 사회의 역사를 쓰며, 사회를 이미지 속에서 보여 주는 것이다. 혁명이 일어나는 동안에는 누가 사회의 대변인의 권력을 쥐고 있는지 불명확하다. 일단 폭풍이 지나가고 나면 권력의 구조들이 발전되고 최근에 끝난 투쟁의 의미가 확립된다.

"언제 혁명이 합법적인가?"라고 아우구스트 스트린드베리는 그의 『최하층에 관한 작은 교리문답』에서 묻는다.[3]

답 "혁명이 성공할 때."
문 "그렇다면 그때 혁명은 어떻게 합법적이 되는가?"
답 "혁명가들이 혁명이 합법이라고 선언하는 법률을 입안한다."
문 "혁명은 권할 만한가?"
답 "혁명이 성공할 가능성에 달려 있다."

그렇다면 엄격히 말해 성공하지 못한 혁명은 존재하지 않는다. 성공하지 못한 혁명은 결코 혁명이 아니며 위반이다. 범죄 행위, 폭발된 광신, 국가 안보에 맞서는 대역죄이다. 고맙게도 야만인들은 타도되었다. 역사책을 쓰는 것은 승리자들의 특권이다. 완패당한 사람들, 또는 적어도 생

3 August Strindberg, *August Strindbergs lilla katekes för underklassen*, Lund: Bakhåll, 2003, p.23.

존한 사람들은 그들의 이상들이 반드시 존속하기 위한 증거들을 내놓거나 젊은이들의 악행에서 멀어지기 위한 의도로 자기비판에 착수한다.

알프레도 자르의 설치미술품에서 혁명의 여름은 복고의 가을과 당시의 순간을 공유해야 한다. 1968년에 대한 역사적인 해석, 그리고 체험으로서의 1968년, 즉 연루된 누구도 당시에는 그 결과를 예측할 수 없었던 연속적인 사건들 사이에 갈등이 생겨난다. 자르의 설치미술품을 이해하려면 우리는 그것을 두 개의 서로 다른 각도에서 검토해야 한다. 우리는 한 눈으로는, 냉정하고 차분하게 과거를 바라보는 역사학자다. 다른 눈으로는, 사건들의 흐름에 휘말리는 목격자다. 우리는 이중으로, 입체경을 이용하여, 변증법적으로 본다. 우리는 혁명을 목격한다.

23

국가의 이면

"혁명은 그것의 산물을 집어삼킨다"라고 인민의 영웅인 조르주 자크 당통(Georges Jacques Danton)은 그가 단두대로 끌려가기 전에 말한다.[4] 그의 소견은 혁명의 사악한 동력을 간파했다는 점에서 기억되고 있다. 사회의 변형은 그러한 에너지를 띠기 때문에 스스로의 탄력으로 굴러간다. 이 에너지는 언제나 아래에서부터 나오는 것으로 그려진다("무한한 심연에서 폭발한다"라고 칼라일은 표현한다). 그것은 대중들이 그들보다 삶에서 더 나은 지위를 가진 모든 이들을 향해 품은 억눌린 격노에서 생겨난다. 그들이 정의의 길을 따를 때 그들은 그들에게 과거의 부정의를 떠올리게 하는 모든 것과 모든 사람들을 없애 궁극적으로 사회에 폐허 외에는 아무것도 남기지 않을 때까지 쉬지 않을 것이다. 혁명은 통제 불가능하다. 최종

4 적어도 이것은 게오르크 뷔히너의 희곡인 「당통의 죽음」에서 당통이 말하는 것이다. Georg Büchner, "Dantons Tod: Ein Drama", ed. Franz J. Görtz, *Werke und Briefe*, Zürich: Diogenes, 1988, p.44. 쥘 미슐레의 프랑스 혁명사에서, 이 구절을 말하는 것은 당통에 대항하는 과정이 어떻게 시작되는지에 대하여 말할 때의 역사학자 자신이다. Jules Michelet, *Histoire de la révolution française*, 2 vols., ed. Gérard Walter, Paris: Gallimard, 1952, vol.2, p.444. 오늘날, 우리는 이 표현을 피에르 베르니오(Pierre-Victurnien Vergniaud, 국민의회의 의원이며 당통이 사형에 처해지던 시기와 같은 때에 처형되었다)가 만들었다는 것을 알고 있다. 이것은 자신의 자식을 잡아먹었던 사투르누스의 이야기를 암시한다.

단계에서 혁명은 그것이 이전에 만들어 냈던 업적과 개혁, 이로운 세력, 지지자들을 파괴한다. 혁명은 그것의 산물을 집어삼킨다.

당통의 이해는 아마 프랑스 혁명에 관해서는 정확했을 것이다. 더 많은 경우 사건은 정반대로 진행된다. 혁명의 산물이 혁명을 집어삼킨다. 이것이 더 평범한 관찰이다. 새로운 세대들은 혁명의 과정이 폭로하고 분기시킨 것들을 소멸시키고, 궁극적으로 혁명은 법률상으로 확립되거나 심지어 판권에 의해 보호되고 시장에서 거래되는 다루기 쉬운 형태들로 쪼개진다. 알프레도 자르의 설치미술품에서 혁명의 다양한 사건들과 지도자들은 박스들 안에 밀어 넣어지는데, 역사학자들이 그것들을 특징짓는 범주들에 꼭 들어맞도록 준비가 된 방부 처리를 한 시체들처럼 혹은 유통될 준비가 된 공장의 생산물처럼 말이다.

비의회적인 행동을 통해 사회를 민주화하려는 1968년의 노력들은 프라하에서 멕시코시티에 이르기까지 전 세계에서 진압됐다. 이 저항들에 관해 주목할 만한 점은 그것이 정치적으로 실패했다는 사실이 아니다. 역사학자들은 역사적인 상황이 혁명적인 폭력의 사용을 통해 권력을 장악하기에 알맞지 않았다는 데에 동의하는 듯하다.[5] 이상한 점은 정치적인 패배가 상당한 문화적·사회적 성취와 결합되었다는 것이다. 이러한 이유로 1968년이라는 해는 눈에 띈다. 혁명의 산물이 혁명을 침식하지만 ― 그것을 경험하고, 그것에 참여하고, 그것을 사랑하면서 ― 말하자면 혁명은 아직 일어나지 않았던 때의 일이다. 이 해는 혁명을 꿈꾸고, 혁

---

5 가령 Geneviève Dreyfus-Armand, *Les années 68: le temps de la contestation*, Brussels: Éditions Complexe, 2000; Fredric Jameson, "Periodizing the 60s", *The Ideologies of Theory, Essays 1971-1986 (II) Syntax of History*, Minneapolis: University of Minnesota Press, 1988, pp.178~208; Kjell Östberg, *1968 när allting var i rörelse. Sextiotalsradikaliseringen och de sociala rörelserna*, Stockholm: Prisma, 2002를 보라.

명을 실행하고, 혁명을 계획했던 사회운동들을 특징으로 하는데, 마치 노동계급이 명령을 내리자마자 나타날 유토피아 세계에 어울리는 인간성을 창조하는 것을 목표로 삼았다는 듯이 말이다. 이런 일은 일어나지 않았다. 그러나 그것이 혁명의 지지자들이 생활과 노동, 생각의 여러 수단을 이용한 실험들을 통해 사람들이 그들 자신을 바라보는 실존적·성적·문화적·세계적인 방식, 그리고 그들 자신이 미술과 영화, 문학과 연극, 음악에서 묘사되는 방식을 오랫동안 결정했던 모든 전통과 관습들을 변형시키는 것을 막지는 못했다.[6] 1968년의 정치적 폭풍이 국가와 자본에 의해 곧 흡수되었다고 하더라도 문화적으로 그들은 의미 있는 민주화에 이르렀고 일부 분야에서는 권력의 이동에 이르렀다.

1965년 독일인 철학자 헤르베르트 마르쿠제는 시민들이 정치에 참여하는 것은 금지하면서 동시에 그들에게 문화적 활동과 의견 형성에 있어서는 무제한의 자유를 허용하는 모순되는 체계를 지칭하는 새로운 용어를 만들었다. 마르쿠제는 그것을 '억압적인 관용'이라고 불렀다. 반체제 인사, 비평가들, 독립적인 사상가들은 그들이 하고 싶은 대로 마음껏 행동하는 지대를 할당받는다.[7] 이 자유 지대들은 생각이 비슷한 사람들을 끌어들이기 때문에 사회의 나머지에서는 비판적인 내용이 빠져나간다.

---

6 1968년의 문화적 중요성에 대해서는 Kristin Ross, *May '68 and Its Afterlives*, Chicago: University of Chicago Press, 2002; Östberg, *1968 när allting var i rörelse. Sextiotalsradikaliseringen och de sociala rörelserna*를 보라.

7 Herbert Marcuse, "Repressive Tolerance", *A Critique of Pure Tolerance*, Boston: Beacon Press, 1968(1st ed. 1965), pp.95~137. 마르쿠제의 억압적인 관용 개념이 싹튼 주요한 텍스트들로는 Herbert Marcuse, *Eros and Civilization: A Philosophical Inquiry Into Freud*, Boston: Beacon Press, 1966(1st ed. 1955), pp.78~105; Herbert Marcuse, *One-Dimensional Man: Studies in the Ideology of Advanced Industrial Society*, Boston: Beacon Press, 1964, pp.1~18이 있다.

그들이 그들의 보호 구역 안에 남아 있는 한 이 비판적인 운동들은 용인된다. 만일 그들이 바깥에서 위험을 무릅쓰고 나선다면 그들은 확실한 방법으로 진압된다. 마르쿠제는 이것이 서양의 민주주의가 설계된 방식이라고 주장했다. 그는 주로 그가 1930년대 이래로 망명 생활을 했던 미국을 염두에 두었다. 이렇게, 발전된 산업국가들의 거주자들은 "편안하고, 순조로우며, 합리적이고, 민주주의적인 부자유"를 즐긴다.[8] 모든 사람들은 그/그녀가 원하는 것을 마음껏 이야기하고 그/그녀가 바라는 방식대로 살 것이고, 동시에 "사회의 진정한 탄압의 엔진들은 전혀 손상되지 않게" 남겨 둘 것이다.[9] 이 민주주의는 "가장 효율적인 지배 체계"인 것으로 보인다고 마르쿠제는 주장했다.[10]

「그들은 너무도 사랑했다, 혁명을」은, 알프레도 자르 자신의 기록에 따르면, 1968년의 **재구성**이다.[11] 그는 과거의 획기적인 사건을 재현하는 것을 목표로 했을 뿐 아니라 그 시대가 그러한 모습을 취하도록 이끌었던 **구성**의 힘을 되살리기를 원했다. 그가 언급하는 구성의 힘은 억압적인 관용과 눈에 띄게 유사하다. 멀리서 볼 때 이 설치미술품은 자연스러운 방식으로 발생한 것으로 보인다. 사진들은 뒤섞이고 조각나고 무작위로 함께 붙여진 것으로 보이고 그 어느 것도 다른 것보다 더 중요해 보이지 않는다. 라이트박스들은 바닥 위에 한 덩어리가 되어 놓여 있다. 방문객의 시선을 요청하는 어떤 전체적인 관점도 존재하지 않는다. 이 설치미술품

---

8 Marcuse, *One-Dimensional Man*, p.1.

9 Marcuse, "Repressive Tolerance", p.133.

10 Marcuse, *One-Dimensional Man*, pp.52~53.

11 파리의 ARC에 있는 그의 설치미술품에 대한 자르의 설명에서, 그는 그의 작품을 "'68' 사건들의 두세 개의 폭력적인 장면들의 '복원'"으로 묘사한다(Musée d'art moderne de la ville de Paris ed., *Adams, Jaar, Jammes, Wall*).

은 무한한 수의 대안적인 해석들과 가능한 조합들을 제공한다.

그러나 가까이 다가가자 곧 우리는 이 자연스러움이 환상이라는 것을 발견한다. 이 설치미술품은 질서 정연한 무질서다. 각각의 라이트박스는 의도적인 순서로 연결되고 각각의 사진 역시 마찬가지다. 우리는 조직적인 혼돈을 목격한다. 이것은 1968년을 반영한 것일까? 그와 함께 이미지들은 저항하며 탁탁 소리를 내고 법과 질서의 권력과 충돌할 때마다 번쩍이면서 정치적 이상주의의 불놀이를 보여 준다. 그러나 에너지는 미리 결정된 범위 안에서, 즉 어깨에 멘 소총들로 경계 지어지고 경찰들의 부츠로 틀에 넣어진 공공장소 내에서 표출된다. 구성에 있어 이 작품은 억압적인 관용의 계획된 혼돈만큼이나 고정되고 엄격한 것이다.

그런데도 전체적인 인상은 허술하다. 알프레도 자르의 삼차원의 몽타주를 묶어 주는 선들은 일직선이고 불안정하며 대부분 기울기가 가파르다. 구조물은 안정적으로 보이지 않는다. 박스들은 마루 위에 견고하게 받쳐져 있지 않다. 1968년의 재건 전체가 실패하고 틀에 끼워진 얼굴들이 산산조각 나도록 박스 하나에 올라가 슬쩍 미는 데는 한 사람이면 충분할 것이다. 계획되어 만들어진 항의 행진과 그 안에 보존된 폭력은 한데 묶여 1989년으로 빠져나갈 것이다.

실제로 자르는 역사의 과정을 그의 박스들 안에 거의 가둔 것처럼 보인다. 만일 그렇다면 그의 구조물은 단순히 1968년의 구체화에 그치지 않는다. 그것은 연장된 역사적 과정 동안에 압축되어 형성된 결정체이다. 1789년에서 1989년까지 주기적인 간격으로 우리는 그들의 사회와 대표를, 그리고 적대적인 세력과 달리 그들을 등지지 않을 최고 권력의 지도자를 구현하고자 하는 사람들의 억누를 수 없는 욕망이 갑자기 분출하는 것을 목격한다. 게오르크 뷔히너의 1835년의 희곡인 「당통의 죽음」에는 혁명적인 작가인 카미유 데물랭이 이상적인 정치적 조직체를 감각적으로 묘사하는 독백이 포함되어 있다. "국가는 인민의 몸에 달라붙은 투명한 드레스여야 한다. 모든 혈관의 팽창, 모든 근육의 팽팽함, 모든 갈망의 한숨은 그것에 인상을 남겨야 한다."[12]

그러나 모든 형태의 정치적 대표제는 때가 되면 경직되고 구속되는 경향이 있기 때문에 반란들은 역사의 고동처럼 자연스럽게 서로의 뒤를 이을 것이다. 68세대는 레온 트로츠키를 읽었고 영구혁명을 이야기했다.

---

12 Büchner, "Dantons Tod: Ein Drama", p.26.

24

비어 있는 왕위

동유럽에서 일어난 1989년의 혁명들은 1871년의 파리코뮌과 한 가지 공통점이 있다. 역사적 긴장감과 사건들의 드라마를 정확히 포착하는 시각적인 재현물들이 존재하지 않는다는 점이다.[13] 물론 셀 수 없이 많은 텔레비전 이미지들과 보도사진들이 존재하지만 이 기록들 중 어떤 것도 혁명의 중심부에 근접하지 못한다. 이것을 같은 해 베이징의 톈안먼 광장에서 일어난 봉기와 비교해 보라! 여기서 우리는 모든 것을 말해 주는 것으로 보이는 일련의 이미지들을 갖고 있다. 길게 늘어선 탱크의 길을 막아선 단 한 명의 학생. 그러나 동유럽의 경우에는 "이것이 1989년의 혁명이었다"라고 말하는 영속적인 상징이 존재하지 않는다.

국가와 인민을 나타내는 기만적인, 그리고 종종 호전적인 재현들의 파괴는 파리코뮌의 짧은 역사 내내 중심 사상으로 작동한다. 이 이미지들

---

13 이것은 예술가들이 파리코뮌을 시각적으로 재현하기 위해 노력하지 않았다고 주장하는 것은 아니다. 그러나 그들의 재현물 중 어떤 것도 예술 기구들에 의해 주요한 작품 목록으로 인정되지 않았고, 어떤 것도 이 역사적인 사건의 상징적인 이미지로서의 지위를 정복하지 못했다. Bertrand Tillier, *La Commune de Paris, révolution sans images?: politique et représentations dans la France républicaine(1871-1914)*, Seyssel: Champ Vallon, 2004를 보라.

의 근절은 나폴레옹 제국을 미화한 기념물인 방돔 광장의 기둥을 파괴하는 것으로 막을 내렸다. 이 기둥의 파괴를 통해 파리의 인민은 사회가 어떻게 상징화되어야 하는지를 결정하는 국가의 권리를 무효화했다.

코뮌은 형상화의 영역에서 이러한 우상 파괴라는 아이콘을 제외하고는, 아이콘이 부재하다는 점에서만 주목할 만하다. 어떤 화가도 그것의 정치적인 본질과 사회적인 파토스를 적나라하게 간파할 수 없었다. 민주주의를 어떻게 무리로서 시각화할까? 코뮌은 호감을 주지 못하고, 변변치 않고, 바글거리며, 무익했다. 그것은 단어의 본래의 의미로 천박한 것이었다. 그것은 인민에 속했기 때문이다. 그러나 이러한 천박함은 목가시와 전원시와 같이 고대 이래로 화가와 작가들이 특별한 미학적 장르로 분류해 왔던 건장하고 목가적인 대중성과는 다른 풍조의 것이었다. 코뮌의 대중성은 도시적이고 현대적이었고, 그에 따라 모든 미학적인 관례에 도전했다. 당시의 화가들이 코뮌의 본질을 정확히 포착하는 데 있어 직면한 어려움은 현대의 예술가들이 멕시코시티, 라고스, 캘커타, 상하이와 같은 도시들의 하층계급의 삶을 미학적으로 구현하기 위해 애쓸 때 마주치는 어려움에 견줄 수 있을 것이다. 그들의 작업은 비참함과 빈곤이라는 정형화된 생각들에 의해 영향을 받게 될 실제적인 위험이 존재하는데, 그것은 제3세계의 대중매체의 재현들에서 매우 일반적이다. 이와 마찬가지로, 코뮌에 대한 동시대의 묘사들에서는 파리코뮌 지지자들과 국민군의 일원들을 기꺼이 더 낮은 종의 유인원 같은 야만인으로 묘사한 캐리커처들이 가장 중요한 특징을 이룬다. 이처럼 악마로 묘사하는 이미지들은 당시 유럽 전역에 널리 유통되었다. 그러나 그렇지 않았더라면 코뮌은 미술사의 태피스트리에서 아예 존재하지 않을 것이다. 1871년의 혁명은 틀에 넣어질 수 없는 것이었다.

1989년의 혁명들은 초상에 더 저항적이었다. 혁명의 추종자들은 혁명적이었던 다두(多頭)의 존재를 청동의 기념물이나 상징들로 묘사하는데 전혀 관심이 없었다. 오히려 핵심은 정반대되는 것이었다. 사람들은 다중으로서, 무한의 수로서 행동했다. 공공장소에서의 군중의 존재는 바로 스스로를 인민의 얼굴과 목소리로 묘사해 왔던 공산국가의 특권의 박탈을 암시했다. 동독의 지도자들은 항상 '인민'(das Volk)을 이야기해 왔지만, 시위자들은 이 존재, 바로 인민을 국가의 거주자들만큼이나 많은 수의 조각들로 날려 버렸다. "Wir sind das Volk"라고 그들은 노래했다. 우리가 인민이다! 1989년, 복수의 주권은 단수를 물리쳤다.[14]

조각상들과 기념물들은 허물어졌고, 당의 상징들은 도려내졌으며, 장례식의 장작더미는 버려진 이미지들로 쌓아 올려졌다. 겸손함을 지녔기에 혁명의 지도자들은 숭배의 대상이 되기에 적합하지 않았다. 왕좌에 오른 그들의 시대에조차, 그러한 지위를 달성하기를 열망했던 사람들—바츨라프 하벨과 레흐 바웬사—은 그들의 인간적인 취약함을 계속 지녔고 약간 모순적인 태도를 취했기 때문에 그들을 인민의 의인화된 의지로 가장하기는 어려웠다.

루마니아에서 발생한 차우셰스쿠에 맞서는 봉기의 한 국면에서 시위자들은 가운데에 구멍이 난 깃발을 흔들었다. 그들은 국가의 구조에서 당을 뿌리 뽑으려는 그들의 욕망을 보여 주기 위해 공산당의 상징인 붉은 별을 제거했다. 이 깃발들에 난 구멍은, 매우 급진적이어서 어떤 유형의 대표제도 받아들이지 않을 것으로 보이는 자유와 평등에 대한 요구를 상

14 Dirk Philipsen, *We were the People: Voice from East Germany's Revolutionary Autumn of 1989*, Durham: Duke University Press, 1993을 보라.

징화했다.[15]

1989년 깃발에서 상징을 잘라낸 손은 1848년 튀일리 궁에서 왕좌를 내다 버린 손과 같은 것이었다. 갑자기 권좌가 사라졌다. 이러한 부재는 아마 1989년의 혁명 동안의 민주주의의 상태를 가장 효과적으로 보여 주는 상징일 것이다. 그것은 사람들이 왕을 제거할 수 있는 그들의 권리를 행사했고 일반의지를 다룰 권리를 돌려받기를 요구했다는 사실을 보여 준다. 구멍은 통치자의 자리가 비어 있다는 사실을 의미할 뿐 아니라 인민에게 새로운 기회가 생겼다는 사실을 의미한다.

민주주의는 상징들 없이 해나가야 한다고, 1797년에서 1801년까지 미국의 대통령이었던 존 애덤스는 썼다.[16] 이것은 민주주의가 본질적으로 하나의 그림으로, 하나의 표상으로, 또는 하나의 의식으로서 재현될 수 없기 때문이다. 그림과 같은 상징적인 표상은 항상 넓은 범위의 시민들 가운데서 제한된 수의 인물들이나 상류층들을 강조해야 하는데, 그것은 대다수가 틀의 바깥에 남겨지면서 배제된다는 사실을 의미한다. 이것은 곧 우리에게 군주제의 상징주의를 상기시킨다고 애덤스는 경고했다. 왕과 황제는 뒤쪽의 신민들을 배경으로 하여 중심적인 위치를 차지한다. 애덤스가 이해한 것처럼, 이 신생의 독립된 아메리카 공화국은 군주제의 통치를 찬미하는 도상이 아닌 다른 정치적인 도상을 발명해야 했다.

존 애덤스는 오늘날의 의미에서의 민주주의자가 아니었다. 그는 모든 사람에게 평등한 정치적인 대의권을 제공하는 것이 옳지 않다고 믿었

---

15 Slavoj Zizek, *For They Know Not What They Do: Enjoyment as a Political Factor*, London: Verso, 1991, pp.267~270을 보라.

16 Michael Novak, *Choosing Our King: Powerful Symbols in Presidential Politics*, New York: MacMillan, 1974, p.21을 보라.

다. 그러나 신생의 독립된 공화국을 시각적으로 적절하게 재현하는 일의 어려움을 토로한 그의 주장은 민주주의에도 적용될 수 있다. 민주주의를 이미지로 그리는 것은, 즉 민주주의의 상징을 만드는 것은 그것을 배반하는 일이다.

다비드, 엔소르, 자르는 대중의 권력을 그저 단순화하기보다는 그것의 초상을 풍요롭게 만든 소수의 예술가들에 속한다. 인민의 지배를 묘사하려고 시도했던 다른 사람들은 조밀한 집단, 추상적인 상징, 깃발, 평범한 인물들, 알레고리, 과거의 핵심적인 사건들의 재현에 의존했다. 발상들은 많았지만 대부분은 동일한 문제에 맞닥뜨렸다. 어떻게 다수를 하나로 만들까? 초창기 미국의 건국자들과 정치철학자들은 이러한 딜레마를 의식하고 있었고 어떤 단일한 상징도 이 국가의 다양성을 대변할 수 없다는 점을 알고 있었다. 그러나 그들은 유럽 국가들이 그들의 왕과 황제들의 청동상을 세웠던 것처럼 조지 워싱턴을 주각(柱脚) 위에 올리는 것 외에 더 나은 해결책을 발견하지 못했다. 빠른 속도로, 미국 역시 공화국의 인민의 본질과 통일성을 정확하게 포착하려고 애쓰는 인장과 조각상, 상징들, 기념물, 건물들을 만들어 냈다.

전체주의 국가들은 이와 유사한 이미지들의 풍성한 목록을 만들어 냈다. 그러한 시각적인 프로파간다에서 인민의 지도자는 국민의 무대인 후경에 대해 전경으로서 나타난다. 그들은 일반적으로 동일한 제복을 걸치고 그들의 시선은 동일한 동경의 대상을 향한다. 지도자와 지배받는 자, 독재자와 신민들은 하나의 통합된 전체를 구성한다. 그들 사이에는 어떤 갈등도, 심지어 어떤 차이도 존재하지 않는다. 다수는 하나가 된다. 실제로 몇몇의 사진들은 지도자의 얼굴을 보여 주는 더 넓은 모자이크 안에서 인민의 육체들이 점이나 선들로 채색되는 방식으로 형성되는데, 마치 지도자와 그의 신민들이 동일한 신성한 존재를 구성한다는 것을 보여주듯이 말이다. 미술사학자인 호르스트 브레데캄프는 이러한 전체주의적 형상화를 토머스 홉스가 최고의 군주를 칭했던 용어인 17세기의 리바이어던의 삽화들과 연결시켰다.[17] 리바이어던의 몸은 그의 신민들의 몸으로 구성된다.

카미유 데물랭이 현대에 살았다면 이상적인 민주주의 상태를 얇은 나일론으로 된 보디 스타킹에 견주었을 것이다. 그는 국가의 구조가 인민의 몸의 모든 곡선과 돌출부에 맞추어 조정되어야 한다고 믿었다. 그에 비해, 홉스는 인민이 통치자의 강철 갑옷의 윤곽들을 따르기 위해서 잘게 잘라지고 다듬어질 수 있는 고기 조각처럼 부드러운 구성 물질이 되는 전제주의적인 대표제를 선호했다. 이 폭군의 윤곽들은 인민을 둘러싸는 선을 나타내고 이 선은 정치적인 공동체의 경계들과 일치한다. 한편 이 경계들은 하나의 틀과 일치하는데, 우리는 그것 없이는 사회와 민주주의를 뚜렷한 실체로 상상조차 할 수 없다. 민주주의가 표현되자마자 그것이 틀에 끼워져야 하는 것과 마찬가지다(그것이 의회의 형태로 표현되든 또는 캔버스 위에 오일로 표현되든 상관없이 말이다). 그러나 민주주의의 틀을 만드는 것은 정치적인 공동체의 한계들을 규정하는 것이며, 이것은 또한 인류를 나누고 분할하는 것이다. 그래서 사회를 대변한다는 것 —정치적으로 또는 시각적으로—은 모두 사회가 통합된 구성물로서 나타날 때, 또는 심지어 아마 사회가 처음으로 존재하게 될 때조차 수행되어야 하는 인물 선별의 흔적을 포함한다.

---

17 Horst Bredekamp, *Thomas Hobbes visuelle Strategien: der Leviathan, Urbild des modernen Staates: Werkillustrationen und Portraits*, Berlin: Akademie, 1999, pp.56~57.

25

정치적 폭력

그녀의 책 『혁명론』의 서문에서 한나 아렌트는 정치의 기원에 관한 편치 않은 질문을 제기한다. 정치는 말들과 논쟁에서 기원할까? 아니면 폭력과, 권력을 위한 적나라한 투쟁에서 기원할까?[18]

애초에 하느님의 말씀이 있었다고 복음 전도자 성 요한은 쓰고 있다. 그에 따라 인간이 어떻게 그의 세계 안의 사물들에 이름을 붙이고 동료들과 함께 추론함으로써 세계에 질서를 부여했는지에 관한 생각을 불러일으킨다. 정치는 사람들이 공통의 관심사가 되는 쟁점들에 대해 결정을 내리기 위해 모임이나 협의회에 모이는 순간 시작된다.

애초에 폭력이 있었다고 다른 신화들은 주장할 것이다. 카인은 아벨을 때려 죽이고, 로물루스는 레무스를 살해했으며, 프로이트의 태고의 무리에 속한 형제들은 그들의 아버지를 죽였다. 인간들이 세운 어떤 유형의 공동체이든 간에 그들은 항상 살인과 대학살의 현장으로 그들의 기원을 거슬러 올라갈 수 있었다.

한나 아렌트는 정치철학의 본질적인 문제, 즉 인간의 '자연상태'에

---

18 Hannah Arendt, *On Revolution*, London: Penguin, 1990(1st ed., 1963), pp.19~20.

서 사회적·정치적 질서로의 불가사의한 이행으로 돌아갔다. 그러한 문제들은 1989년의 혁명들에 뒤이어 나타나는 새로운 긴급한 현안의 성격을 띤다. 근대 정치철학의 창시자들은 전에 없이 연구자들과 해설자들의 관심을 잡아끌었다. 마키아벨리가 복귀했고, 17세기의 혼돈의 시기 동안 영속적인 사회구조의 실마리를 찾으려고 애썼던 토머스 홉스와 바뤼흐 스피노자도 함께였다. 또한 프랑스 혁명의 결과들과 인민주권의 암시들을 숙고했던 버크에서 콩도르세, 토크빌, 맑스, 에릭 예이예르(Erik Gustaf Geijer)에 이르는 초기의 민주주의 이론가들도 다시 논의되기 시작했다.

또한 많은 사람들이 폭력과 정치 사이의 관계를 논의한 근대의 사상가들을 숙고했다. 한나 아렌트, 발터 벤야민, 미셸 푸코와 같은 저명한 인물들과, 그에 더하여 친구와 적 사이의 경계가 정치의 한 상수라고 믿었던 레닌과 그보다 더 논란이 많은 칼 슈미트와 같이 최근 몇십 년간 배척되어 온 다른 사람들을 숙고했다.

그들의 차이에도 불구하고 이 사상가들을 통합해 주는 것은 통상의 의미에서의 '정치'와 대비되는, 우리가 '정치적인 것'이라고 부를 수 있는 것에 대한 그들의 열정적인 관심이다. 정치는 총리의 관심사다. 정치는 의회와 정부, 신문 사설과 함께 꾸준히 진행된다.

다른 한편, '정치적인 것'은 사회 자체의 최초의 발전에 관한 언급이다. 사람들이 세계의 나머지 지역에 대해 경계선들을 만듦으로써 어떻게 화합하는가. 그후 이 공동체가 어떻게 그것의 한가운데에 경계를 그리고, 그 결과 한 명 또는 그 이상의 사람들(왕, 협의회 또는 의회)이 어떻게 모두의 대표자로서 지지되는가. 그리고 이 경계들이 어떻게 최종적으로 헌법 안에서 굳어지고 공통의 동의나 탄압을 통해 유지되는가.[19] '정치적인 것'은 역사상 중대한 국면들, 국가가 만들어지거나 붕괴하는 혁명적인 순간들에 모습을 드러낸다. 점점 더 많은 사람들이 엄밀한 의미의 정치적인 것에 관심을 갖는다는 사실은 이제 사회문제가 지난 수년간 인식되었던 것보다 더 중요하고 어려운 것으로 이해되고 있다는 점을 암시한다.

사회문제? 그렇다, 사람들이 결합하여 공동체를 형성할 때 어떤 일이 일어나는지의 문제다. 그들을 단결시키는 힘은 무엇일까? 어떻게 사회가 가능해질까?

사회를 언급할 때 우리는 보통 민족국가, 즉 1648년 베스트팔렌 조약 이후에 유럽에서 나타난 사회 형태의 의미로 말한다. 19세기의 부르주아 혁명들과 제1차 세계대전의 뒤를 이어 이것은 유럽에서 지배적인 사회 구조가 되었다. 전후 시기의 탈식민화 운동들은 이러한 모델을 전 세계에 소개했다. 많은 사회과학자들은 1989년 이후, 우리가 정치적·사회적·문화적·경제적인 현실이 더 이상 주로 국민이나 국가에 의해 좌우되지 않는 시대의 문턱에 있다고 믿는다.[20] 전 세계적인 경제적·기술적 변화들은 정치적으로 최고의 권력을 갖고 문화적으로 동질적인, 그리고 그 안의 거주자들이 공통의 역사를 공유하고 외부 세력의 개입 없이 그들의 미래에 대한 의견을 분명히 밝히는 민족국가라는 가정을 뒤엎는다. 지난 몇십 년간 이 민족국가는 상반된 정치 활동들로 어지러웠고, 자신의 운명에 대한

---

19 '정치'와 '정치적인 것' 사이의 구분은 'le politique'와 'la politique' 사이의 관계에 대한 프랑스의 정치이론 내부에서의 논의를 토대로 한다. 가령 Alain Badiou, *Peut-on penser la politique?*, Paris: Seuil, 1985; Claude Lefort, "La question de la démocratie", *Le Retrait du politique: travaux du Centre de recherches philosophiques sur le politique*, Paris: Galilée, 1983, pp.71~88을 보라.

20 이러한 논쟁에 대한 간단한 설명으로는 Ulrich Beck, *Perspektiven der Weltgesellschaft*, Frankfurt: Suhrkamp, 1998의 기고문들을 보라. 더 종합적인 분석으로는 Manuel Castells, *The Information Age: Economy, Society, and Culture*, 3 vols., Oxford: Blackwell, 1996~1998, vol.2, pp.243~353; vol.3, pp.206~354를 보라.

통제력을 잃어버렸다고 느껴 서둘러 자신의 인종이나 종교의 혈통에 따라 스스로를 개조하는 혼란스러워 하는 인구들로 들끓는 상태가 되었다.

'국가', '민족', '계급'이라는 범주화들, 한때 역사학자들과 사회과학자들이 선호하는 현실의 묘사들에서 가장 중요한 특징이었던 것은 그 결과 분석적인 도구로서의 가치를 부분적으로 상실했다. '사회'는 추상적이고 이해하기 힘든 현상으로 보인다. 외부적으로 그것은 강력한 세계적인 세력에 의해 서로 다른 방향으로 끌려간다. 내부적으로 그것은 사람들이 스스로를 새로운 네트워크로 조직할 때 해산된다.

그렇다면 사회가 더 이상 민족국가의 구조들과 관련되지 않을 때 이 '사회'는 무엇을 의미할까? 그러한 질문들은 이미 인문학, 사회과학, 그리고 문화적인 논쟁을 변형시켰다. 이러한 변화는 오늘날의 지적인 의제가 양 대전 사이 동안 마지막으로 번성했던 몇 개의 담론들에 공명한다는 점에서 특히 주목할 만하다. 당시에 그것들은 각각 '지정학'과 '대중심리학'으로 불렸다. 과거 지정학의 범주에서 논의되던 문제들의 일부는 오늘날 세계화를 논하는 표제하에 다시 나타났다.[21] 지정학에 관한 과거의 논쟁과 세계화에 관한 현재의 논쟁 사이에 중요한 차이들이 존재함에도 불구하고, 둘 다 모두 세계사와 세계체제의 거시적 역학을 파악하기 위한 노력에 다다른다. 세계화의 경우에, 이러한 노력은 오래된 사회공동체들을 해산시키고 국가들의 독립성을 뿌리 뽑는 경제적이고 문화적인 과정들에 대한 특별한 관심으로 나타난다.

---

21 Fredric Jameson, "Notes on Globalization as a Philosophical Issue", eds. Fredric Jameson and Masao Miyoshi, *The Cultures of Globalization*, Durham: Duke University Press, 1998, pp.54~77; Ulrich Beck, *Was ist Globalisierung?: Irrtümer des Globalismus, Antworten auf Globalisierung*, Frankfurt: Suhrkamp, 1997; Zygmunt Bauman, *Globalization: The Human Consequences*, New York: Columbia University Press, 1998.

다른 한편 대중심리학에 대한 관심은 이러한 소멸의 사회적·심리적 결과들을 연구하는 사람들을 특징짓는다. 사람들은 정치적 권위와 사회적 구조가 그들 주변에서 붕괴하고 있는 동안 어떻게 일정한 유형의 사회적 공동체를 유지할 수 있을까?

여기에서, 관심은 사람들 사이의 상호작용의 미시적 역학이다. 무시되었던 일련의 범주들은 이러한 맥락에서 새롭게 활기를 띠었다. 이것들 중 하나는 '격정들'(the passions)이며 이것은 17세기와 18세기의 철학자들 사이에서 활발히 논쟁되던 주제였다. 이 격정들—또는 감정적이고 충동적인 본능들—은 사회의 기본적인 문제에 대한 해답을 찾으려는 사회이론가들에게 가설적인 해답을 제공한다. 왜, 그리고 어떻게 사람들은 집단으로 통합하는가? 그러한 이론들의 예로는 프랑스 철학자들인 질 들뢰즈와 펠릭스 가타리가 있으며, 그들은 욕망을 모든 사회적 활동의 배후에 있는 원동력으로 이해한다. 또한 미국인 철학자 마사 누스바움이 있는데 그녀는 사랑을 정치적 범주로 만든다. '공동체주의자들', 그들은 사회가 충성과 가족의 의무로 이어진 유대에 의해 결합된다고 믿는다. 그리고 일련의 종교적인 근본주의와 종족 민족주의 연구가 있다. 독일인 철학자 페터 슬로터다이크와 같은 다른 사상가들은 모더니티를 '대중들'에 의한 위계질서와 차이의 침식의 결과로서 설명한다는 점에서 대중심리학자들인 가브리엘 타르드와 귀스타브 르봉에 분명하게 동조한다.[22]

---

22 Gilles Deleuze and Félix Guattari, *Anti-Oedipus: Capitalism and Schizophrenia*, trans. Robert Hurley, Mark Seem and Helen R. Lane, Minneapolis: University of Minnesota Press, 1983; Martha C. Nussbaum, *Love's Knowledge: Essays on Philosophy and Literature*, New York: University Press, 1990; Terence Irwin and Martha C. Nussbaum eds., *Virtue, Love, and Form: Essays in Memory of Gregory Vlastos*, Edmonton: Academic Printing and Publishing, 1994. 공동체주의의 가치와 열망들에 대해서는 Amitai Etzioni ed., *The Essential*

이러한 이론가들 사이의 차이가 무엇이든 이들 모두는 사람들이, 각각의 개인이 그것으로부터 자신의 운명을 형성할 수 있는 계급, 국민, 인민, 민족성, 공동체와 같은 집단적인 조직으로 결속하도록 만드는 심리적인 메커니즘을 발견하려고 노력한다. 프랑스의 사회심리학자인 세르주 모스코비치는 심지어 "격정들이 우리 개개인에게서 생길 때, 우리 안에서부터 사회가 솟아난다"라고 주장한다. 그는 계속해서 말한다.

> 매우 현실적이고 가시적이며 그 안에서 우리가 살고 있는 그러한 제도들로 구성되는 사회하에서, (첫번째 사회학자들은) 우리의 삶을 관류하는 격정들로 이뤄진 사회를 얼핏 보았고 그것을 탐구하려 노력했다. 이 격정들이 정치와 종교와 같은 위대한 발명들에 자극제로서 작용하고, 또한 일반적으로 그것들이 문화 개혁의 징후라는 사실을 그 누가 의심할 수 있을까? …… 우리의 서로 간의 원시적 유대는 이해관계와 생각의 혼합보다도 이 격정들의 움직임이다. 이것이 사람들이 그러한 현상에 참여하도록 유발하는 것이고 그것은 결국 집단성이라고 불리는 미스터리로 남는다.[23]

Communitarian Reader, Lanham: Rowman and Littlefield, 1998; Francis Fukuyama, *Trust: Social Virtues and the Creation of Prosperity*, New York: Free Press, 1995를 보라. 종족 민족주의의 열망들에 대해서는 Zizek, *For They Know Not What They Do*, 1991; Stanley J. Tambiah, *Leveling Crowds: Ethnonationalist Conflicts and Collective Violence in South Asia*, Berkeley: University of California Press, 1996; Martin Riesebrodt, *Pious Passion: The Emergence of Modern Fundamentalism in the United States and Iran*, trans. Don Reneau, Berkeley: University of California Press, 1993을 보라. 슬로터다이크의 작품은 『대중의 경멸』이라는 표제가 붙어 있다. Peter Sloterdijk, *Die Verachtung der Massen: Versuch über Kulturkämpfe in der modernen Gesellschaft*, Frankfurt: Suhrkamp, 2000.

23 Serge Moscovici, *The Invention of Society: Psychological Explanations for Social Phenomena*, trans. W. D. Halls, Cambridge: Polity Press, 1993, pp.20~21. 원래는 다음의 표제로 출간되었다. *La machine à faire des dieux: sociologie et psychologie*, Paris: Librairie Arthème Fayard, 1988.

모스코비치의 주장은 그것이 사회에 관한 일련의 지배적인 이론들에 의문을 제기한다는 점에서 급진적이다. 그가 상황을 이해하는 것처럼, 사회는 개인들의 이해관계의 균형을 잡아 주는 '사회계약'(자유주의적 관점), 더 높은 권력(보수주의, 군주주의, 종교)에 의해 만들어지는 법이나 인간에 의한 공공의 물질적 생산(맑스주의), 인간의 의사소통 능력(구조주의)에 따라 결정되지 않는다. 아니다, 사회는 격정들과 감정적인 욕구들의 바닥이 보이지 않는 늪을 기반으로 한다. 인간에 관한 모든 사안에서, 개인을 다른 사람들에게로 향하게 하는 이러한 파괴할 수 없는 심리사회적인 요소, 바로 격정들이 존재한다.

그러나 모스코비치는 또 다른 의미에서도 급진적이다. 우리가 만일 사회가 법과 사회계약, 공동 생산, 또는 공유된 문화를 기반으로 한다고 믿는다면, 우리는 사회에 이론적인 설명을 적용하고 적합한 헌법을 찾아낼 수 있다. 그러나 만일 법과 노동, 개인들, 언어, 문화, 이 모든 현상들이 그저 "우리의 삶을 관류하는 격정들"로 구성되는 더 근본적인 사회적 현실이 구체화된 것들이라면 그때는 어떻게 이러한 현실을 정의 내릴까? 이 격정들은 어떻게 정치적인 형태나 목소리를 띨 수 있을까? 그것들을 어떻게 정치적 조직이나 제도들로 나타낼까?

19세기의 대중심리학자들은 그 대답을 알았다. 이 격정들이 정치적인 영향력을 발휘하도록 하면 파국을 초래할 것이다. 우리는 대중들의 허식을 단련시킬 수 있는 강력한 지도자를 필요로 한다. 격정들은 사회의 원재료이고, 그것을 일정한 건설적인 목적에 이르게 하기 위해서는 가공되고, 보강되고, 정제되어야 한다고 그들은 생각했다. 대중들은 그들의 격정에 의해 지배되기 때문에 자신을 분별 있는 방식으로 표현할 수가 없다. 대중들은 말을 할 수가 없다. 그들은 소리칠 뿐이다. 그들의 수호자와 대표자로서 행동하는 개인들은 이러한 외침을 합리적인 연설로 변형시켜야 한다. 요제프 괴벨스는 이 내용에 대해 의심을 품지 않았다. "지도자들과 대중들, 그것은 화가와 페인트보다 복잡하지 않다. 대중을 인민의 형태로, 인민을 국가의 형태로 만드는 것은 언제나 진정한 정치의 주된 목적이었다."[24]

괴벨스라는 이름은 또한 대중심리학 이론의 궁극적인 결과들을 암시한다. 대중들에 대한 르봉의 관점은 파시즘 지도자들에게 안성맞춤이었다. 그래서 제2차 세계대전에서 파시즘의 패배는 또한 교조적인 대중심리학의 종말을 나타냈다. 1945년 이후에 서양에서 나타난 복지국가들은 대중들의 미친 행동과 노동계급의 열등한 본능에 대한 이론들에 종지부를 찍은 것으로 보였다.

대중심리학의 강적은 궁극적으로 민주주의였다. 르봉과 다른 대중심리학자들의 이론들의 배경에는 당시 대부분의 부르주아지를 지배했던 동일한 충동들이 존재한다. 농민들과 짓밟힌 노동자들을 피하여, 부르주아지는 그들의 천한 말씨, 거친 태도, 톡 쏘는 냄새와 적당히 거리를 두었다. 교육받은 부르주아지는 투표권이 자신들의 재산을 그들의 거칠고 딱딱한 손 안에 들어가게 만들 수 있다는 생각에 거의 까무러칠 정도였다. 르봉의 업적은 쉽게 이해할 수 있는 논거들을 이용해 이 계급의 본능을 강화한 것이었다. 그는 대중들이 항상 상식의 약화를 의미했고 그러므로

---

24 Josef Goebbels, *Michael: ein deutsches Schicksal in Tagebuchblättern*, Munich, 1929, p.21. 그리고 Klaus Theweleit, *Male Fantasies vol.2. Male Bodies: Psychoanalyzing White Terror*, trans. Stephan Conway, Erica Carter and Chris Turner, Minneapolis: University of Minnesota Press, 1989, p.94에서 재인용했으며 이는 원래 다음의 표제로 출간되었다. *Männerphantasien vol.2. Männerkörper: zur Psychoanalyse des Weissen Terrors*, Frankfurt: Roter Stern, 1978, p.111.

질서 정연한 국가의 적이었다고 설명했다. 명백한 결론은 다수의 사람들이 정치 과정의 바깥에 남겨져야 한다는 것이다.

대중심리학이 민주주의의 문제들에 대해 제공한 해결책이 더 이상 쉽게 옹호될 수 없긴 하지만, 이 질문은 여전히 긴급한 것이다. 사람들을 사회 안에서 결합시키는 사회적인 격정들은 어떻게 정치적 제도들의 형태 안에서 나타날 수 있을까? 1989년 동유럽에서의 벨벳혁명들은 민주적인 돌파구를 나타냈다. 그러나 그때 이래로 또한 민주주의가 어떻게 기능해야 하는지를 둘러싼 심각한 불확실성이 존재했고, 미래에 영향을 미치는 힘은 민주적으로 선출된 의회로부터 민주적 통제를 벗어난 세력들이 지배하는 분산된 국제적 영역으로 옮겨졌다. 오래된 사회의 형태들은 산산조각이 나고, 오랫동안 경제와 사회질서를 결정해 왔던 경계들은 사라졌으며, 어디에 새로운 경계들이 세워져야 하는지가 논란의 대상이 된다.

이것이 사회과학자들이 정치이론의 창립 문헌으로 되돌아간 이유다. 그들은 누가 국민, 문명, 일반 대중, 시민, 인민, 세계, 국제적 공동체, 또는 그 이름하에 정치권력이 행사되는 집단을 칭하기 위해 우리가 선택한 이름이 무엇이든, 누가 거기에 속하고 또 누가 그것을 대변하는지를 결정하는 경계들의 기원을 밝히기를 희망했다. 여러 유형의 헌법에 관한 쟁점들이 변호사, 정치학자, 정치인들의 의제를 지배하고 있을 때 정치적인 것의 본질을 둘러싼 이러한 이론들이 나타났다는 것은 우연의 일치가 아니다. 유럽은 헌법을 갖게 된다. 동유럽과 남반구의 몇몇 국가들은 최근에 그들의 사회의 조직 구조를 결정할 새로운 헌법들을 만들어 냈다.

이 이론적인 논의들의 중심에는 세 가지 문제가 존재한다. 첫번째, 근대사회에서 궁극적인 권력, 즉 주권은 어디에 속하는가이다. 적어도 약간의 합의는 존재한다. 권력은 더 이상 인민에 의해 거의 행사되지 않으며,

이것은 민주주의가 이 논쟁에서 정확하게 배제되지는 않더라도 분명 방치된다는 것을 의미한다. 이것은 두번째 문제에 이른다. 어떤 유형의 대중운동과 제도들을 통해 인민은 사회를 지배하는 권력을 되찾을 수 있을까? 그러나 이 질문에 답하기 위해서는 우리는 먼저 세번째 문제를 다뤄야 한다. '인민'은 무엇인가? 민주주의를 촉진하기를 원하는 사람은 (누가 다르게 주장하겠는가?) 인민, 즉 권력의 원천과 사회의 몸통을 형성하는 민중(demos)을 식별해야 한다. 대다수의 사람들은, 가령 '스웨덴 인민'을 마음속에 그려 볼 수 있다. 그러나 스웨덴의 발전이 이제는 인민의 의지보다는 국제적인 세력에 의해 더 영향을 받게 된 이후로 스웨덴의 인민은 더 이상 최고의 권력을 가진 민주주의적 조직을 구성하지 않는다. 이 국제 세력을 굴복시키는 일은 공통 의지를 가진 일정한 유형의 '유럽의 인민', 그리고 때가 되면 아마 '지구상의 인민'을 필요로 할 것이다. 그러나 그와 같은 것은 존재하지 않는다. 현대의 사회이론가들이 직면한 도전 중 하나는 근대의 초국가적인 민주주의의 기반을 구축할 수 있는 정치적인 주제들—운동, 이해관계, 욕망, 그리고 격정들—을 확인하는 것이다.

이것은 현기증이 날 듯한 과제다. 있었다고 해도 거의 극소수의 정치사상가들만이 경계나 배제를 기반으로 하지 않는 사회를 고안할 수 있었다. 좋은 사회에 대한 관념에서는, 우리와 함께 속하지 않는 사람으로부터 우리를 보호하는 장벽이 늘상 존재한다. 또한 흔히 외부인들은 집 안의 사람들에게 좋은 삶을 제공하기 위해 나무를 모으고 들판을 경작하고 포도를 압착하면서 열심히 일해야 했다는 점이 분명해진다.

그러나 자유를 숙고했던 프랑스 혁명의 철학자들은 그들의 시대에 이와 유사하게 현기증이 날 듯한 과제를 해결하지 않았는가? 극복할 수 없는 경계들에 의해 구분되는, 계급과 엘리트로 구성된 프랑스는 의회 과정을 통해 스스로를 대변하는 동등한 시민들의 프랑스로 변형되었다.

이론적으로 이것은 발생한 일이고, 그것은 자크 루이 다비드의 「테니스 코트의 서약」 안에서 발생했다. 그러나 혁명에 대한 알프레도 자르의 설치미술품에서 상황은 다르게 나타난다. 여기서 경찰과 군대는 시위자들과 투쟁한다. 둘 다 민주주의를 언급함으로써 그들의 폭력을 정당화한다. 자르는 민주주의가 필연적으로 빚져야 하는 것으로 보이는 폭력에 관한 한나 아렌트의 불편한 문제들을 우리에게 상기시킨다. 폭력을 통해 또는 폭력의 위협을 통해 그 자신의 시민과 외부인들 사이의 경계를 수립하지 않고서 민주주의를 달성한 국가를 하나라도 말해 보라고 그녀는 요구한다. 또한 다른 한편, 폭력이나 폭력의 위협으로 억지로 시민 계층이 된 외부인들 없이 민주주의가 실현된 국가가 있으면 말해 보라.

26

도금된 못들로

언젠가 알프레도 자르는 자신은 결코 예술가가 되기를 원한 적이 없고, 건축가나 영화감독이 되기를 원했다고 고백했다.[25] 그는 보통의 의미에서의 시각예술품이 아닌 방과 환경들을 구성한다. 사진적 이미지가 항상 그의 작품에서 강렬한 요소인 것은 맞지만, 그는 그것을 원재료로서 사용하고 그후에 손질을 가한다. 자르는 그의 이미지들을 자르고 편집하여 대지에 붙이며 또한 더 극적으로 보이게 만들어 관람자가 영화적인 방식으로 전시를 경험하는 것을 가능하게 한다. 일단 마무리되면, 설치미술품은 오직 사진 원본을 완곡하게 암시할 뿐이다.

1990년대 중반에 자르는 르완다에서의 잔혹 행위들을 묘사하는 일련의 프로젝트들을 수행했다. 1994년 8월, 즉 20세기 최악의 집단학살이 일어나고서 몇 달 후에 그곳에 도착한 그는 훼손된 시체들과 완전히 파괴된 마을들, 초만원의 난민 수용소들을 담은 수천 장의 사진을 찍었다. 그는 또한 몇몇의 생존자들을 인터뷰했다. 이 자료로 자르는 르완다에서의

25 Debra Bricker Balken, *Alfredo Jaar: Lament of the Images*, Cambridge, Mass.: List Visual Arts Center, Massachusetts Institute of Technology, 1999, p.32를 보라.

그림 21 자르, 「실제 사진들」 설치미술품, 1995, 뉴욕 를롱갤러리.

집단학살을 다룬 스무 번 이상의 전시를 열었다.

초기의 전시는 갤러리의 바닥 위에 여러 가지 대형으로 차곡차곡 쌓은 372개의 검정색 기록 보관 상자들로 구성되었다(그림 21). 각각의 상자는 르완다에서 찍은 사진을 포함했다. 상자들은 방문자가 그것을 열어 사진을 보는 것을 막게끔 배치되었고, 방문자는 각각의 박스 위에 놓인 짧은 캡션이나 묘사에 아쉬운 대로 만족해야 했다. 이것들 중 하나에는 다음처럼 적혀 있다.

> 르완다 키갈리에서 남쪽으로 40킬로미터 떨어진 은야마타의 은타라마 교회, 1994년 8월 29일 월요일.
> 이 사진은 흩어져 있는 넘쳐 나는 시체들에 둘러싸인 채 대낮에 교회의 출입구에 낮게 웅크리고 있는 50세의 벤저민 무시시를 보여 준다. 피난처를 찾아 여기로 온 수백 명의 투치족 남자들, 여자들, 어린아이들은 주일

미사가 열리는 동안 학살되었다.

벤저민은 사진기를 똑바로 들여다본다. 마치 사진기가 본 것을 기록이라도 하려는 듯하다. 그는 시체들에 둘러싸여 있는 자신을 찍어 달라고 요청했다. 그는 잔혹 행위들이 실제로 있었고 그가 그 결과를 목격했다는 사실을 우간다의 캄팔라에 있는 그의 친구들에게 보여 주고 싶어 했다.[26]

전시는 '실제 사진들'이라 불리지만, 단 한 장의 사진도 전시되지 않았다. 또 뒤이은 어떤 전시들에서도 자르는 폭력과 그 결과들을 담은 그의 사진 자료의 어떤 부분도 보여 주지 않았다. 이것이 현실을 포착하는 이미지의 힘에 대한 자르의 불신을 보여 주는 증거이다. 그는 다큐멘터리 사진이 수년간 관람자의 이해력을 방해하는 정형화된 생각들에 의해 왜곡되어 왔다고 주장한다. 르완다에서 나오는 모든 뉴스 영화들은 청중이 암살자들의 격정과 생존자들의 트라우마를 살피는 것을 방해한다. 「실제 사진들」에서 자르는 사진들을 숨기기로 결정했지만 또한 무엇이 숨겨져 있는지 분명히 말하고 있는데 이것은 모두 무엇이 시야에서 감춰졌는지에 대한 관람자의 호기심을 자극하기 위한 것이다. 그는 "미디어와 그들의 이미지가 우리를 현재의 환상으로 채운다면, 그것은 훗날 우리에게 결핍감을 남길 것이다. 그와 정반대되는 것을 시도해 보면 어떨까? 즉, 아마도 존재를 도발할 수도 있는 부재를 제공하는 것이다."[27]

르완다에 관한 그의 또 다른 프로젝트들에서 자르는 우리가 그것을

---

26 Alfredo Jaar, *Let There Be Light: The Rwanda Project, 1994-1998*, Barcelona: Actar, 1998에서 재인용.

27 Ruben Gallo, "Representations of Violence, Violence of Representation", *Trans*, vol.1/2, nos.3/4, 1997, p.59에서 재인용.

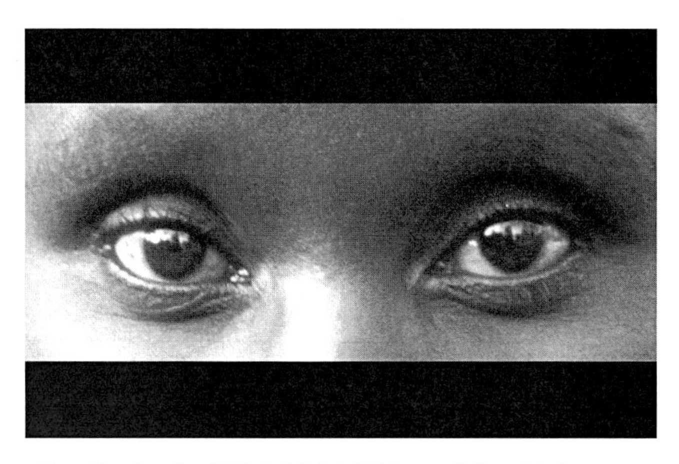

그림 22 알프레도 자르, 「구테테 에메리타의 두 눈」, 1996, 후드 미술관.

통해 집단학살을 상상할 수 있는 대리의 눈을 보여 주었다. 이 설치미술품에서, 자르는 대량 학살과 시체, 생존자들을 담은 어떤 사진도 보여 주지 않는다. 전시된 것은 두 개의 눈 ― 이 설치미술품은 「구테테 에메리타의 두 눈」이라고 불린다 ― 과 그 눈이 본 것에 대한 짧은 내러티브다.

> 1994년의 5개월이 넘는 기간에 걸쳐 100만 명 이상의 르완다인들이, 주로 투치족 소수집단의 구성원들이 조직적으로 학살되었고 국제 공동체는 이 집단학살을 못 본 체했다. 살인은 대체로 르완다 군대가 무장시키고 훈련시킨 후투족 민병대에 의해 자행됐다. 이 집단학살의 결과로 수백만 명의 투치족과 후투족은 자이르, 부룬디, 탄자니아, 우간다로 피난했다. 많은 사람들이 여전히 난민 수용소에 남아서, 그들이 집으로 돌아가자마자 재개될 폭력을 두려워하고 있다. 어느 일요일 아침 엔타라마의 교회에서 400명의 투치족 여성과 어린이들은 후투족 암살단에 의해 학살되었다. 서른 살의 구테테 에메리타는 대량 학살이 시작되었을 때 그녀의

가족과 함께 미사에 참석하고 있었다. 그녀의 눈앞에서 마체테로 살해당한 사람은 남편인 40살의 티토 카히나무라와 두 아들인 10살의 무호자와 7살의 마티리가리였다. 구테테는 12살의 딸 마리 루이즈 우누마라룽가와 함께 가까스로 탈출했다. 그들은 3주 동안 인근의 늪 속에서 숨어 있었고 밤에만 식량을 찾아 나왔다. 구테테는 달리 갈 곳이 없었기 때문에 숲 속에 있는 교회로 돌아왔다. 그녀가 자신의 잃어버린 가족에 대해 이야기할 때 그녀는 아프리카의 태양 아래서 부식되고 있는 땅 위의 시체들을 가리킨다. 나는 그녀의 눈을 기억한다. 구테테 에메리타의 눈을.[28]

자르는 구테테 에메리타의 눈을 담은 이미지를 셀 수 없이 많은 사진 슬라이드로 복제했고, 어두워진 갤러리 홀의 중앙에 놓인 밝고 큰 탁자 위에 쌓아 올렸다(그림 23, 24). 살해당한 100만 명의 무고한 사람들뿐 아니라 그것이 일어나는 것을 목격했고 아마도 죽을 때까지 이 환영이 뇌리에서 떠나지 않을 수백만 명의 목격자들을 상징하는 구테테 에메리타의 눈을 담은 동일한 이미지의 수백만 장의 복제본이다. 이 눈들이 사진으로 기록되는 순간에 집단학살을 기록하기 위해 흘러 들어간 서양의 사진작가 쪽으로 이 눈들이 향했던 것처럼, 이제는 서양의 미술관 방문자들에게로 향해졌다.

다른 말로 하면 구테테 에메리타의 눈은 두 방향을 바라보고 있다. 그 눈은 목격자의 눈으로 본 학살에 대한 시각을 보여 주며 우리가 그녀가 본 것을 상상하도록 돕는다. 그 눈은 또한 서양인들, 즉 그들의 눈을 감았다가 나중에 사진기를 들고 도착한 국제 공동체를 바라본다. 구테테 에

---

28 Jaar, *Let There Be Light*.

그림 23 자르, 「구테테 에메리타의 두 눈」.

그림 24 자르, 「구테테 에메리타의 두 눈」.

메리타는 사진기가 본 것을 기록하기라도 하려는 듯 렌즈를 똑바로 쳐다보고 있고, 이런 식으로 그녀의 눈은 르완다와 현대의 아프리카 전반에서 벌어지는 집단학살을 바라보는 관찰자 자신의 보기(seeing) 수단의 거울 이미지가 된다. 탁자 위의 거대한 슬라이드 더미는 이런 방식의 보기의 결과가 된다. 모두가 동일한 것을 보여 주는 많은 동질적인 이미지들이다. 이런 식으로, 자르는 에르네스트 메소니에가 1848년 6월의 반란 이후에 노동계급의 익명성을 묘사했던 것처럼 르완다 인민의 진정한 익명성을 강조한다. 이것은 인민 자신과는 아무런 관련이 없는 익명성이다. 이 익명성은 자연스러운 것이 아니라 인공적인 것이다. 그것은 강요된 균일성과 동질성으로 북서쪽에서의 응시에 의해 생겨난 것이다.

자르는 1970년대에 칠레에서 처음 일을 시작했지만 그의 세대의 다른 많은 라틴아메리카의 지식인들처럼 추방을 당해 뉴욕에 정착했다.[29] 지난 몇십 년에 걸쳐 그는 서서히 그 자신의 뚜렷한 자기 성찰의 미학을 완성해 갔다. 자르는 관람자들의 주의를 대상으로부터 벗어나게 하고 그 대신 사진기 뒤에 있는 남녀는 물론 사진기의 각도와 대상의 선별에 영향을 미치는 매스미디어와 예술 협회들의 관행들과 같은 문화적·정치적 배경에 초점을 맞추도록 했다. 사진의 재료와 이데올로기적인 광학을 이해하는 것은 왜 어떤 대상들에 초점이 맞고 다른 것들은 흐릿하거나 부재하는지를 아는 일이다. 자르의 작품은 현실의 주변화된 측면들을 기록하고 보여 주는 일과 관련되기보다는 사회적인 소외의 메커니즘을 명백하게 나타내는 일과 관련된다. 그는 어둠 속에서 어떻게 뭔가가 남겨지는지를

---

29 자르의 작품에 대한 유용한 소개들로는 Jan-Erik Lundström, "Alfredo Jaar och De andra", *Alfredo Jaar*, Stockholm: Moderna Museet, 1994; Jaar, *It Is Difficult*에 실린 퍼트리샤 필립스의 글이 있다.

그림 25 자르, 「이미지들의 애도」 전시 모습, 제11회 카셀 도큐멘타, 2002.

설명하기를 원한다.

아마도 이러한 미학의 최고의 예시는 2002년 카셀의 도큐멘타[30]에서 전시된 설치미술품인 「이미지들의 애도」이다.[31] 자르의 접근법은 그가 「실제 사진들」에서 이용한 것과 유사했다. 이미지의 부재를 강조함으로써 자르는 빠져 있는 바로 그 이미지들을 생각나게 한다. 「이미지들의 애도」는 또한 미학적으로 경험한 건축학의 감각을 반영한다. 방문자들은 벽 위의 세 개의 캡션을 제외하고는 완전히 비어 있는 방으로 들어간다. 거기서 방문자는 칠흑같이 어두운 회랑을 따라 쭉 걷다가 어느 방 안으로 들어간다. 곧 벽에 투사된 밝은 흰 빛에 의해 잠시 눈앞이 보이지 않게 된

30 독일의 도시 카셀에서 열리는 세계 최대 규모의 현대미술 전시회로 5년에 한 번씩 개최된다. 2002년 제11회 카셀 도큐멘타는 '세계 속에서의 평화'라는 슬로건 아래, 세계 각국에서 벌어지는 전쟁과 테러의 참상, 평화의 호소를 주제로 한 작품들이 전시되었다. ―옮긴이

31 자르의 「이미지들의 애도」에 대해서는 Jan-Erik Lundström, "Alfredo Jaar: Bilders klagan", *Paletten*, vol.63, nos.249~250, 2002, pp.12~18.

다(그림 25). 세 개의 캡션은 맥락을 설명해 준다. 첫번째 것은 1990년 넬슨 만델라가 28년 동안 투옥되었던 로벤 섬에서 석방된 일과 관련된다. 그의 해방을 묘사하는 어떤 언론 사진도 그가 감격하여 눈물을 흘리는 모습을 보여 주지 않는데, 심지어 그가 친구들과 가족을 만날 때나 그의 동료 남아공인과 세계의 찬사를 받을 때조차도 그렇다. 그들은 그가 로벤 섬의 석회석 광산에서 강제 노동을 하는 동안 햇빛과 하얀 가루에 노출되어 눈물샘이 파괴되었다고 말한다.

두번째 캡션은 마이크로소프트 사의 소유주인 빌 게이츠가 어떻게 총 1,700만 개의 이미지에 이르는 베트만 사(Bettman)와 UPI 통신사의 사진 아카이브를 사들였고 미래의 상업적인 이용을 위해 어떻게 그것들을 오래된 석회석 광산에 묻어 두었는지를 묘사한다.

마지막 캡션은 전쟁의 이미지들을 다룬다. "공습이 시작되기 바로 전에 미국 국방부는 아프가니스탄과 그 이웃한 국가들의 모든 이용할 수 있는 위성 이미지들에 대한 독점권을 획득했다." 자르는 펜타곤이 어떻게 스페이스이미징 사와 협상하여 이코노스 위성에 의해 찍힌 사진들 모두를 획득하였는지를 설명한다.[32] 이 구입에 대해서는 군사적으로 타당한 어떤 이유도 존재하지 않았다. 펜타곤 자체의 위성 사진이 상업적인 위성들보다 훨씬 선명하다. 거래는 결국 이미지를 지배하는 권력의 문제였다.

> 이 협정은 또한 이 작전에 대한 효과적인 화이트아웃[33]을 만들어 내어, 서양의 매체가 폭격의 결과를 보지 못하게 막고 독립된 검증이나 정부의 주

---

32 Alfredo Jaar, "Lament of Images", Documenta 11, Kassel, 2002(exhibition catalog).
33 심한 눈보라와 눈의 난반사로 주변이 온통 하얗게 보이는 현상. —옮긴이

장들에 대한 논박을 제거하였다. 미국과 유럽의 통신사들은 기록 보관소의 이미지들을 그들의 보도에 덧붙이기 위해 이용하는 쪽으로 축소되었다. 스페이스이미징 사의 CEO는 "그들은 이용 가능한 모든 이미지들을 사들이고 있다"라고 말했다. 볼 수 있는 어떤 것도 남아 있지 않다.[34]

전시실에서 방문자는 빛에 의해 잠시 눈앞이 보이지 않는다. 화이트 아웃이다. 자르는 우리가 전 세계라는 피라미드의 꼭대기에서의 삶을 맛볼 기회를 주고 싶은 걸까? 울 수도 없고 볼 수도 없는, 그렇지만 지구의 심연에서는 현실의 애도, 또는 그보다는 생매장되어 증언하지 못하게 된 것을 애도하는 이미지들이 보인다. 「이미지들의 애도」는 자르가 거의 영화를 만들 것에 가까웠다. 순수한 하얀색 빛으로 이뤄진 영화. 만일 이 영화가 권력의 눈을 상징한다면 이 눈은 파괴시킬 수 있는 시선을 갖고 있다. 이 빛은 매우 강렬하여 그것은 그 광선에 비춰진 모든 사람, 모든 국가를 태워 없앤다. "볼 수 있는 어떤 것도 남아 있지 않다."

자르는 종종 그의 설치미술품들의 표제를 영화의 역사에서 가져온다. 그의 프로젝트들 중 세 개 ―「페르소나」(Persona), 「침묵」(The Silence), 「외침과 속삭임」(Cries and Whispers) ― 는 잉마르 베리만(Ingmar Bergman)에게 경의를 표하였다. 「욕망」(Blow-up), 「오마주」(Homage), 「그들에 대해 알고 있는 두세 가지 것들」(Two or Three Things I Imagine About Them)과 같은 다른 설치미술품들은 미켈란젤로 안토니오니(Michelangelo Antonioni)와 장뤼크 고다르(Jean-Luc Godard)가 자르에게 영감을 제공했다는 사실을 보여 준다.

---

34 Jaar, "Lament of the Images".

「그들은 너무도 사랑했다, 혁명을」은 또한 영화의 구조를 갖고 있다. 라이트박스들은 원재료로서 관람자의 내면에서 이미지가 완전한 형태로 나타날 때까지 상세히 검토된다. 혁명에 관한 이 설치미술품에는 어떤 중심적인 관점도 존재하지 않는다. 관람자가 어떤 각도를 취하든 이미지들의 일부는 감춰지거나 뒤집어져 있다. 전체 작품에 초점을 맞추려면 관람자는 방을 이리저리 돌아다니며 이미지들 사이를 걸어 다녀야 한다. 라이트박스들을 빙빙 도는 방문자는 스틸 사진들을 모두 합쳐 영화 시퀀스로 편집하는 영화 제작자와 동일한 과제를 수행한다. 라이트박스들 중 하나에 전시되는 부츠는 조금 떨어져 있는 박스에서 보이는 경찰의 헬멧과 관련되고, 그것들이 맞닥뜨리는 시위자들은 세번째 박스에서 나타난다. 자르는 1968년의 폭동들을 하나의 구조물 세트로서 우리에게 제공한다. 각각의 관람자는 이 그림 박스들을 자신만의 필름 시퀀스로 짜 맞추는데, 그렇게 함으로써 마찬가지로 유효한 다른 대안들을 배제한다.

자르가 베르만에게 빚지고 있다는 것은 그의 클로즈업의 사용, 즉 그가 표정, 눈, 인간의 몸의 다른 부분들을 확대하고 틀에 넣는 방식들에서 입증된다. 다른 요소들은 안토니오니의 「욕망」에서의 실험을 연상시킨다. 이 영화에서는 어떤 사진의 한 부분이 확대되는데 사진입자에서 뭔가가, 꼭 유령 같은 사물(얼굴, 시체, 리볼버)이 생겨나 관람자가 결국에는 그것이 그곳에 있을 수도 있고 없을 수도 있다는 결론을 내려야 할 때까지 계속해서 확대된다. 현실과 환상 사이의 차이를 없애거나 숨김으로써 자르는 보통 사진이 갖고 있다고 생각되는 다큐멘터리적인 특성이 이미지의 규모, 그리고 이미지가 잘려지고 확장되고 틀에 넣어지는 방식을 둘러싼 구체적인 관습들에 의해 유발되는 '현실 효과'(reality effect)라는 점을 보여 준다. 세상이 다른 방식으로, 다른 규모로 틀에 넣어진다면 그것은

그림 26 자르, 「1+1+1」 전시회 모습, 제8회 카셀 도큐멘타, 1987.

비현실적인 것으로 보일 것이다.

그의 1987년의 전시 「1+1+1」의 경우, 자르는 통신사에서 주문한 세 개의 이미지에서 그의 작품을 고안했다. 세 이미지 모두 동일한 상투적인 문구를 특징으로 한다. 제3세계 어딘가의 진흙길 위에 서 있는 해진 누더기를 입은 더러운 아이들(그림 26).[35] 자르는 그림들을 반으로 자르고 아래쪽의 반을 확대하여 갤러리 벽에 거꾸로 걸었다. 그후 각각의 이등분한 이미지들 앞의 마루 위에 넓고, 도금을 한, 고풍스러운 틀을 놓았다. 첫번째 틀은 빈 것이었다. 두번째 틀은 추가적인 틀들로 가득 찼는데, 그것들은 가장 큰 틀 안의 전체 영역을 덮어 버리고 이미지가 존재할 수 있는 어떤 여지도 남기지 않는다. 세번째 틀은 거리의 아이들의 아주 더러운 발을 부분적으로 비추는 거울을 포함했다. 보라, 여기서 예술품은 바닥에 던져져 있지만 우리는 벽 위에서 현실을 발견한다. 프랑스인 비평가 츠베

35 자르의 「1+1+1」에 대해서는 Jaar, *It Is Difficult*를 보라.

탕 토도로프는 이 설치미술품에 대해 열변을 토했다.[36]

그러나 자르의 목표는 예술과 현실 사이의 관계를 근본적으로 뒤엎는 것뿐 아니라 둘 모두에 대한 우리의 지각을 일깨우는 것이었다. 현실에 대한 우리의 지각은 대체로 현실이 어떻게 시각적으로 묘사되는가에 달려 있는데, 예술에 대한 우리의 지각이 대체로 현실의 어떤 부분이 시각적인 재현의 가치가 있는 것으로 여겨지는가에 달려 있는 것과 마찬가지이다. 두 사례 모두에서 결정적인 요인은 틀이다. 다르게 설명하면, 자르는 예술이라는 이름으로 통하는 관습뿐 아니라 현실이라는 이름으로 통하는 합의에 이의를 제기했다. 둘 다 동일한 종류의 관점의 법칙에 종속되며, 이 법칙은 현실에 대한 매체의 보도에서와 마찬가지로 미학의 분야에서 거의 동일한 방식으로 작용한다. 매스미디어는 종종 제3세계의 고통을 고리타분한 상투적인 문구로 격하시키고, 예술의 관습들은 종종 제3세계를 미학적인 구상의 가치가 있는 일련의 주제와 소재들에서 배제시킨다. 자신은 예술계의 제약들을 결코 이해하지 못했다고 자르는 언젠가 한 인터뷰에서 말했다. "18세기의 풍경화에 나오는 나무와 같은 소재가 르완다에서의 집단학살보다 더 큰 연구와 자원의 가치를 갖는 것으로 이해되는 것은 어떤 이유에서일까?"[37]

난폭하게 잘린 사진들을 도금을 한 틀들의 공허함과 결합함으로써 자르의 설치미술품은 우리에게 불협화음을 보여 준다. 한편으로는 매우 넓은 세계의 저편에서의 모든 삶과 현실이, 그리고 다른 한편으로는 진정

---

36 Tzvetan Todorov, *Alfredo Jaar: 1+1+1*, Documenta 8, Kassel, June 12-September 20, 1987, p.14(exhibition catalog).

37 Alfredo Jaar, "The Mise-en-Scène Is Fundamental: A Conversation with Wolfgang Brükle and Rachel Mader", *Camera Austria: International*, no.86, Graz, Austria: Camera Austria, 2004, p.47.

그림 27 자르, 「아침의 황금」, 베니스 비엔날레, 1986, 샌디에이고 현대미술관.

한 세계를 바라보는 우리의 창문의 역할을 하는 아주 작은 틀에 넣어진 정사각형이 존재한다. 실질적으로 말해서, 관람자는 현실이 어떻게 이미지들의 바깥의 가장자리에 마찰하고 쓰적거리는지를 보고 또 듣는다. 그것은 재현되는—그에 따라 세계 자체를 대표하는 것이 되는—세계의 일부와 대표되지 못하는 세계의 일부 사이의 불협화음이다. 그것은 이미지들의 애도로서, 편집의 과정에서 훼손되고 잘려지고 제거된 모든 것들을 환기시킨다.

자르의 작품에서 전형적으로 나타나는 것은 받아들이기 어려운 수준으로 그의 이미지들을 잘라 내고 배열하는 것인데, 이미지들이 부분적으로 시야에서 감춰지거나 잔물결이 이는 물의 표면이나 왜곡된 거울을 통해서만 보일 수 있도록 하기 위해서이다. 또는 우리가 이미 본 것처럼 그는 이미지를 완전히 없애고 잃어버린 존재에 대한 암시로서 캡션만을 남겨 둔다. 1986년부터 시작된 그의 첫번째 주요한 설치미술품인 「아침의 황금」에서부터 자르는 초점을 틀에 맞춘다.[38] 갤러리 바닥에 쇠못으로 가득 찬 커다란 정사각형을 놓았다(그림 27). 이 정사각형의 중앙에는 더 작은 정사각형, 도금을 한 틀이 있다. 이 틀 바깥의 쇠못들은 분무기로 도장한 칠흑같이 어두운 색이고, 틀 안의 쇠못들은 도금한 것이다. 갤러리의 암흑 속에서 이 쇠못들은 금으로 된 보물처럼 반짝였다. 갤러리를 둘러싸는 벽들의 여기저기에 이 예술가는 문이나 덧문들이 있는 것으로 보이는 라이트박스들을 설치하였다. 덧문이 열려 있는 라이트박스들은 브라질의 세라 펠라다의 거대한 노천굴 광산에 있는 광부들의 클로즈업을 보여주고 있는데, 그곳의 수만 명의 광부들은 구덩이의 바닥에서 금을 함유한 점토를 파내기 위해 오르내리고 있다(그림 28). 덧문을 닫음으로써 관람자는 더 이상 광부들의 얼굴과 마주칠 필요가 없다. 그러나 그들의 노동의 성과는 여전히 바닥에 놓여 있다. 중앙에는 도금된 못들이 칠흑같이 어두운 못들에 의해 둘러싸여 있긴 하지만, 크고 묵직하며 우아하게 조각된 틀에 의해 보호받고 있다. 황금으로 된 틀은 이 못들의 우주에서 질서를 유지시키는 것으로 보이고, 황금빛 금속의 순수성을 위태롭게 할 어떤 혼합이나 융합도 발생하지 못하게 한다.

자르의 예술에서 흔히 그렇듯이, 정치적인 함의는 분명하다. 그러나 상징주의는 매우 명백하고 그 이상의 해석을 필요로 하지 않는다는 바로 그 이유에서, 관람자의 주의는 형태와 재료의 넋을 잃게 만드는 구성으로 이끌린다. 암흑의 직사각형에 대비되는 황금 세트의 직사각형(그림 29)은 부자와 빈자 사이의 전 세계적인 충돌을 재현한 것이다. 그러나 그것은

38 자르의 「아침의 황금」에 대해서는 Madeleine Grynsztejn, "Alfredo Jaar", *Alfredo Jaar*, La Jolla: La Jolla Museum of Contemporary Art, 1990과 Jaar, *It Is Difficult*에 실린 필립스의 글이 있다.

그림 28 자르,「아침의 황금」세부 사진, 1986.

그림 29 자르,「아침의 황금」세부 사진, 1986.

또한 말레비치의 검정색과 흰색의 정사각형을 암시하는 우주의 조화의 표현이다.

세 개의 다른 설치미술품들에서 자르는 틀의 위치가 바뀔 때 어떻게 모티프가 변형되는지를 탐구한다. 의미심장하게도 전시회들은 「외침과 속삭임」, 「코요테」(Coyote), 「불균형」(Out of Balance)이라는 표제가 붙는다. 이 모든 것들은 갤러리 벽들 위의 예기치 않은 위치들에 자리 잡은 직사각형의 밝은 판유리들로 구성되는데, 눈높이가 아니라 바닥에 가까운 곳, 구석에 박혀 있거나 천장 바로 아래의 아주 높은 곳에 있어서 그것들을 보기가 거의 불가능하도록 만든다. 판유리들은 고르고 부드러운 빛을 내뿜고, 문자 그대로 틀에 걸려 있거나 그것에 의해 잘려지는 인간의 형상들—브라질의 광부들이나 미국의 불법 멕시코 이민자들—의 작게 오려진 부분을 제외하고는 비어 있고 휑하다. 판유리들 모두는 틀의 바깥 어딘가에 그것들의 중심을 갖고 있다. 이 초상화들은 다른 모든 초상화들과 다르다. 틀은 소재들을 결합하여 관람자에게 보여 주기보다는 그것들을 갈라놓는다. 형상과 틀 사이의 관계는 포함의 관계가 아니라 배제의 관계다. 즉 형상들은 틀 안이 아닌 틀 바깥에 넣어진다.

자르의 예술에서 우리는 틀 안에 넣어진 모티프가 아닌 모티프 안에 넣어진 틀을 본다. 즉 틀 안에 끼워진 세상의 한 부분이 아니라 세상을 부분들로 나누는 틀을 본다. 때때로 틀은 시야를 완전히 차단하고 이미지 전체를 가린다. 그 결과는, 「실제 사진들」에서처럼 계획된 차단이거나 「이미지들의 애도」에서처럼 눈을 뜰 수 없을 정도의 화이트아웃이다.

알프레도 자르의 전시회들에서 갤러리 내부는 크롬 도금된 금속과 황백색의 플라스틱 색조를 띠고 있으며, 검정색과 회색으로 칠해져 있다. 조명은 드문드문하고 유일한 광원은 종종 작품들 그 자체, 즉 라이트박스들에 설치된 사진들이다. 이 어슴푸레한 기운이 감도는 곳을 돌아다니면서 방문자는 숨겨진 이미지들에 초점을 맞추고 감춰진 모티프들을 재구성하거나 분해된 내용들을 다시 모으려고 노력한다. 자르는 포르노그래피와 연관되는 욕망에 가까운 욕망을 불러일으킨다. 베일을 벗기려는 욕망이다. 그러나 이러한 욕망은 몸의 은밀한 부분이나 성적인 행동으로 향해 있지 않다. 그것은 어둠 속에 감춰져 있는 사회의 지역들을 보려는 욕망이다. 그것은 또한 금지된 행동들에 대해 더 많이 알고자 하는 정치적인 욕망이다. 바로 반란, 체제 바깥에서의 자발적인 정치적 행동, 시민 불복종, 그리고 혁명이다. 요약하면, 자르는 사회의 틀들을 초월하려는 욕망을 환기시키고, 그는 이러한 욕망을 바로 관람자의 눈길을 화가의 틀들 자체로 향하게 함으로써 환기시킨다. 우리는 그것을 사실주의자의 욕망, 사실에 대한 욕망이라고 불러야 할까? 만일 그렇다면 그것은 또한 정치적 욕망, 민주주의를 향한 욕망일 것이다. 민주주의, 좀더 정확히 말해 민주주의를 달성하기 위한 조건이 세계에 대한 이미지, 세계에 대한 그림, 정치적인 공동체를 통합시키는 우리의 틀을 초월하는 데 있다는 사실을 그가 보여 주고 있기 때문이다.

자크 데리다가 일찍이 그의 『회화에서의 진리』에서 탐구했듯이 틀은 그 자체로는 무의미하다.[39] 틀의 유일한 기능은 의미를 안정시키고 현상들과 지각들을 의미가 주어진 것과 주어지지 않은 것으로 나누는 것이다. 틀은, 스스로 우리의 시계에 나타나고 우리에게 말하고 또 묘사되는 세계의 일부분을 그들 자신의 이해할 수 없는 다양성으로 남아 있는 무언의,

---

39 데리다의 에세이는 예술 기구와 개별적인 예술품의 틀이 미의 의미와 일반적 여론 모두를 고정시키는 방식을 다룬 후기구조주의의 고전이다. Jacques Derrida, *La Verité en peinture*, Paris: Flammarion, 1978, pp.19~168.

조용한, 멀리 떨어진, 익명인, 세계의 일부분으로부터 분리시킨다. 이 틀은 의미 있는 것과 의미 없는 것 사이의 경계를 세운다.

예술의 관습을 둘러싸는 틀로 실험하고 세계를 다큐멘터리 사진의 틀에 넣으면서 자르는 곧 사회의 경계들과 관련하여 곤경에 처했는데, 그는 예술이나 매스미디어에서도, 심지어 우리의 정치적·경제적 제도들에서도 어떤 의미도 갖지 못하는 인간의 일부를 얼핏 볼 수 있었다. 그러나 우리는 그의 작품을 정반대편에서, 즉 기록하고 탐구하는 주체의 측면이 아니라 묘사된 대상의 측면에서 접근해도 좋을 것이다. 그러면 자르가 정치적·경제적 체계를 결합시키는 틀들을 탐구하고 또 체계에 의해 주변화되고 내부의 사람들에게 제공하는 혜택들에서 소외되는 사람들에게 목소리와 대표권을 주려고 노력하는 과정에서, 그가 곧 예술의 경계들에 대해 곤경에 빠지고 다큐멘터리 이미지를 지배하는 (미학적) 재현의 한계에 이의를 제기하는 것을 보게 된다. 이렇게, 자르의 작품에 대한 어떤 엄밀한 미학적인 또는 형식적인 이해도 곧 우리로 하여금 우리의 정치적·사회적 공동체의 한계들에 대한 심각한 정치적 문제들에 직면하도록 만들 것 같다. 다른 한편, 어떤 정치적인 해석도 바로 미학과 예술이라는 개념의 경계들에 대해 심각한 문제를 제기할 것이다.[40] 정치적인 문제와 미학은 한 가지 공통점을 갖는다. 우리는 심지어 그것들이 동일한 문제를 표현하는 두 가지 방식이 아닌지 질문할 수도 있다. 우리는 어떻게 인간을

---

40 그의 작품의 이러한 특징을 논의하면서 알프레도 자르는 미학적 관심사를 윤리적 관심사보다 앞에 두거나 또는 그 반대로 하는 것의 불가능성에 대한 고다르의 진술을 여러 차례 언급하였다. 가령 Anne-Marie Ninacs, "Le regard responsable: une correspondance avec Alfredo Jaar", ed. Pierre Blache, Marie-José Jean and Anne-Marie Ninacs, *Le souci du document: le mois de la photo à Montreal 1999*, Montreal: Vox, Centre de diffusion de la photographie; Laval, Québec: Editions les 400 coups, 1999, pp.53~62를 보라.

재현할까? 틀은 세계가 시각적으로 재현되는 방식들뿐 아니라 인간이 정치적으로 대표되는 방식들의 한계를 규정한다. 틀의 바깥에 있는 것은 대표되지 못하는 것이고 그에 따라 우리에게 무의미한 것으로 나타난다.

27

인간과 짐승의

1989년의 격동의 시기 이래로 줄곧 우리 시대의 모든 주요한 문제들은 경계들을 중심으로 전개된 것처럼 보였다. 이 경계들은 영토적일지도 모른다. 팔레스타인 사람들에 맞서는 이스라엘의 보안장벽, 멕시코 사람들을 들어오지 못하게 하는 미국의 울타리, 난민들과 대치하는 유럽연합의 국경 지역들. 또 정치학자들과 안보 전문가들이 상정한, 문명들과 종교들 사이의 경계들이 존재한다. 거기에 경제학자들이 논의하는 화폐 동맹과 관세 동맹의 경계들, 투자 장벽들이 있다. 그리고 사회과학자와 인문학자들이 연구하는 문화적·민족적·성적 경계들이 존재한다.

또한 가장 뜨거운 사회적 논쟁들 중 일부—주세(酒稅), 이민, 밀매, 문화적 종족주의, 농업 보조금, 이주 노동자, 자금 흐름, 테러리즘, 히잡의 금지, 인종 차별, 무기 거래, 탈옥—는 궁극적으로 어딘가 너무 조밀하거나 너무 느슨한 경계가 존재한다는 사실에 의해 유발된다. 경계들은 문자 그대로 확대되고 있다. 곧 그것들은 도처에 존재할 것이다.

경계란 무엇인가? 경계들의 존재는 결국 정체성이 존재하기에 생겨나는 것이라고 에티엔 발리바르는 그의 책인 『대중들의 공포』에서 암시한다.[41] 토지, 생명체, 사회, 가치를 분리하는 사람은 사물의 순위에 따라 그것에 정체성을 부여하고 위치를 규정한다.

첫번째로 그어질 경계, 언제나 그어지고 있고 현재 그 어느 때보다 더 확고하게 그어지고 있는 경계는 유사한 것과 서로 다른 것, 우리와 그들, 인간과 짐승 사이의 단순한 구별에서 생겨난다. 이 경계들은 때때로 분명하게 알아볼 수 있다. 표시를 한 울타리로서 말이다. "무단출입 금지, 들어오지 마시오." 그러나 더 자주 그것들은 눈에 보이지 않는다. 당신이 무단으로 출입하기 전까지는 그것들을 알아채지 못한다. 누군가 돌진하여, "정지"를 외치고, 칼을 뽑는다. 당신은 체포되고, 억류되고, 내쫓기며, 최악의 경우에는 살해된다. 경계는 폭력의 현장이라고 발리바르는 말한다.[42] 이곳은 정치인들이 그들의 손을 더럽히는 곳이다.

또한 그것이 전부가 아니라고 그는 계속해서 말한다. 경계들은 경멸과 잔인함을 유발한다. 이라크에서의 미국 병사들의 행동이나 유럽 당국들의 난민 추방은 윤리적인 안전장치가 경계를 유지하는 임무를 맡은 사람들에 의해 얼마나 쉽게 무시될 수 있는지를 증명한다.

그의 에세이 중 하나에서 발리바르는 프랑스의 정신분석가 앙드레 그린(André Green)을 인용한다. "당신은 시민이 되거나 아니면 국적이 없을 수 있지만 당신이 어떻게 경계가 될 수 있을지를 상상하는 것은 쉽지 않다."[43]

경계가 된다는 것?

그렇다, 당신의 삶을 울타리의 바깥에서 보내는 것이다. 당신은 결코

---

41 Etienne Balibar, *La crainte des masses: politique et philosophie avant et après Marx*, Paris: Galilée, 1997, p.372.

42 *Ibid.*, pp.397~418; Etienne Balibar, *We, the People of Europe?: Reflections on Transnational Citizenship*, trans. James Swenson, Princeton, N. J.: Princeton University Press, 2004.

43 Balibar, "Les frontières de l'Europe", *La crainte des masses*, pp.382~384.

안으로 들어가도록 허용되지 않고 또한 당신은 되돌아갈 수 없다. 당신은 틀에 걸렸다.

발리바르는 우리 시대의 최악의 충돌들의 대다수가, 경계에 있는 사람들의 수가 두드러지게 증가하고 있다는 사실에 의해 유발된다고 믿는다. 서양의 소수민족 집단들은 이러한 상황에서 여성운동과 더불어, 또한 장기적으로는 개발도상국 인구의 큰 집단들과 더불어 자기의 천분을 깨닫는다. 그들은 모든 인류의 보편적인 이상으로서 높여지는 자유, 평등, 복지, 자기 향상을 위한 행동 방침을 정한다. 그러나 그 길은 차단된다. 먼저 가시철조망과 국경 수비대에 의해, 다음에는 더 교묘한 분류의 수단과 차별의 기구에 의해 그렇다. 모든 사람들은 그 길을 가는 도중에 길 어딘가에 끼어 있다.

국경을 사수하기 위한 전투는 정체성을 지키려는 전투다. 또한 정체성을 지키려는 투쟁은 궁극적으로 특권들로 더 정확하게는 영향력과 성공에 첫번째로 접근할 수 있는 권리들로 귀착되는데, 그것들은 역사적인 이유들로 인해 특정한 신분의 사람들에게, 가령 백인인 스웨덴 사람에게 할당된다. 특정한 성별, 특정한 피부색, 특정한 배경의 사람들이 공유된 정체성을 지니는 일, 즉 그들이 서로를 동일시하고 종종 사회에서 비슷한 지위를 차지하게 되는 것을 의미하는 이러한 일은 어떻게 발생하게 되는 것인지 발리바르는 묻는다. 발리바르는 이 질문을 그의 멘토인 철학자 루이 알튀세르에게서 이어받았다. 알튀세르는 개인들이 함께 묶여 사회에서 '거대한 우리'(big Us)가 될 때 발생하는 일을 설명하기 위해 맑스주의와 라캉의 정신분석을 결합하였다.

그들을 묶어 주는 것은 이데올로기라고 알튀세르는 믿었다.[44] 그것은 성별과 나이, 피부색, 배경에 따라 모든 개인이 서로 다른 상징, 권위, 이상들과 스스로를 동일시하도록 조장한다. 이렇게 하여, 이데올로기는 정체성 — 관리자, 주부, 동성애자, 스웨덴 사람 등등으로서의 — 을 부여하는데, 놀랍게도 개인은 이러한 정체성을 제약으로서가 아니라 그와 반대로 그/그녀의 존재의 본질의 실현으로서 이해한다.

그러나 우리는 정체성에 관하여 말해서는 안 된다고 발리바르는 말한다.[45] 우리는 공동체의 일원들이 언제나 고개를 끄덕이며 서로를 인정하고 낯선 사람들에게는 의심스러운 눈길을 보내는 동일시의 과정에 관해 말해야 한다. 그/그녀는 여러 가지의 정체성을 가질 것이다.

이 모든 것들은 충분히 명백해 보인다. 우리는 사람들이 실제의, 그리고 가상적인 경계들을 가로지르며 움직이고 여러 가지 정체성에 관여할 수 있다는 사실을 당연하게 여겨왔다. 그러나 아마 얼마 남지 않았을 것이다. 지배적인 이데올로기 기구들 — 매스미디어, 교회, 정당, 광고 회사, 안보기관들 — 은 개인이 획일성을 지닌다고 간주하며 그/그녀가 자신의 정체성 — 백인, 유대인, 아랍인, 십대의 소녀, 나치스, 동성애자, 스웨덴 사람, 공산주의자, 난민 — 에 부합할 것을 요구한다. 그래서 세계는 서로 다른 구역들로 나누어지고, 각각의 사람들은 이 구역들 중 하나 안에 넣어진다. 이 구역들을 함께 묶는 유일한 모르타르는 그들이 가진 공동의 혐오다. 이러한 패턴이 나타나는 것은 도시의 청년 문화 속에서만이 아니다. 그것은 세계 정치의 특징이고 주요한 통신사들이 외교 문제에 관해 전하는 보도다. 현실에 대한 미디어의 묘사들은 그 시청자들의 정체성을,

---

44 Louis Althusser, "Ideology and Ideological State Apparatuses(Notes Towards and Investigation)", *Lenin and Philosophy and Other Essays*, trans. Ben Brewster, New York: Monthly Review Press, 1971, pp.127~186.

45 Balibar, *La crainte des masses*, pp.363~364.

그리고 '우리'와 '그들' 사이의 경계를 공식화하는 경향이 있고, 이렇게 하여 현실에 대한 미디어의 이미지들을 한정하는 틀은 정치공동체가 그 자신의 틀을 만드는 방식을 강화하는 경향이 있다.

우리의 이미지 속에서 얼굴 없는 사람으로 남을 운명에 처한 사람들은 보통 우리의 정치제도 안에서 목소리를 갖지 못한 사람들이다. 당연히 이것은 뻔한 소리지만 그럼에도 그것은 충격적인 말인데, 예술과 미디어의 제도들이 많은 사람들이 인정하고 싶어 하는 것보다 정치적·경제적 체제와 더 밀접하게 일치한다는 사실을 암시하기 때문이다. 이것은, 특히 예술과 저널리즘이 정치와 경제를 지배하는 권력으로부터 자율성과 독립성을 만끽하고 있다고 주장하는, 또는 그것을 당연시하는 사람들에게는 더 낙담을 안겨 주는 발언이다. 예술과 미디어에서 공개되는 세계의 그러한 일부는 틀에 끼워지며, 그와 똑같은 틀이 우리의 정치적인 제도들이 대변할 수 있는 인간성의 일부 또한 한정한다. 게다가 이 문화적·정치적 틀들은 장벽이 된다. 그 장벽 너머에, 타자들이 기다리고 있다.

28

무법자들

19세기의 프랑스인 부르주아지가 경멸적으로 골목길을 살펴보고서 대중들에 관해 말했을 때—'la foule', 'les voyous', 'la canaille', 'la populace', 'la multitude', 'la masse'—그는 아마도 훗날의 사회학자들이 네 개의 범주들로 구분할 사람들을 언급하고 있었을 것이다. 범주들이 겹쳐지는 경향이 있기는 하지만 말이다. 첫째, 범죄적이고 위험한 하층계급의 부류가 있었다. 둘째, 거주 증명서가 없는 부랑자와 노숙자 인구들이 존재했는데, 대개 그들이 일을 찾아서 최근에 수도로 도착했기 때문이다. 세번째 집단은 굶주림은 아니더라도 궁핍과 빈곤을 겪고 있는 가난한 사람들, 학교 교육을 받거나 문자 해독 능력을 갖지 못한 문맹의 사람들로서, 빅토르 위고가 '비참한 자들'로 언급한 사람들이다. 네번째 집단은 조직화된 공장 노동자와 장인들이었는데, 그들이 파업에 들어가 투표권과 사회 정의를 위해 가두행진을 했을 때 그들이 보여 준 호전성으로 유명하다.

그 시대의 공적인 논쟁에서 이 집단들은 '대중들'로 함께 묶였고, 사회의 한가운데 존재하는 위험과 음탕함의 원천으로 희화되고 두려움의 대상이 되었다. 오늘날의 미디어는 이전만큼 투박하지 않다. 우리들 대부분이 정보를 얻기 위해 의존하는 뉴스 보도들에서는 '대중들'이 존재하지 않으며, 적어도 19세기와 20세기 초반의 교육받은 계급들이 사용한 의미로는 그렇다. 그러나 네 개의 범주들은 남아 있으며, 각각은 그것들의 고유한 의복 양식과 속성들과 연관된다.

위험하고 범죄적인 이들로 여겨 19세기가 두려워했던 최하층계급의 일부는 우리 시대에 국제적인 범죄와 마약의 조직폭력단뿐 아니라 섹스와 무기, 난민의 밀매상들에 해당하며 당연히 다른 누구보다도 '테러리스트들'에 해당한다. 19세기에 그들의 무책임한 풍습 때문에, 또는 당국에 알리지 않고 도시에 정착했기 때문에 색출되어 추방당한 부랑자와 노숙자들은 우리 시대에 제3세계에서의 난민들의 흐름에 해당한다. 이전에 비참한 자들로 불렸던 사람들인 우리의 세번째 범주는 아프리카의 에이즈로 고통받는 가난한 사람들, 동남아시아에서 뉴올리언스까지 홍수와 허리케인으로 고통받는 사람들, 중국의 섬들의 노동력 착취 현장의 재봉사들, 브라질의(또는 웨스트버지니아 주의) 광부들, 세계 자본주의의 프롤레타리아트에 속하는 수많은 사람들에 해당한다. 네번째로 마지막 범주인 투표권과 사회적 권리들을 위해 싸웠던 초기 노동운동의 일원들은 대안적인 세계화를 위해 일하는 아래에서부터 발생한, 집단들인 근래의 여러 대안적 세계주의자들(altermondialistes)에 해당한다. 제1인터내셔널에서 협력했던 초기의 노동운동들처럼 오늘날의 운동의 대다수는 포르투알레그레나 다른 곳에서 개최되는 연례 회의들에 참여하며 세계사회포럼(World Social Forum)에서 협력한다.

각각의 범주는 서양의 뉴스 보도와 정치적 논쟁에서 각각의 자리를 갖고 있다. 각각의 자리와 함께, 각각의 집단이 그려지는 방식을 결정하는 특정한 수사법과 미리 결정되어지는 이야기가 형성된다. 흔히 과거의 환영이라고 믿어지는 위험한 대중들은 여전히 4중의 징후로 우리와 함께 한다. 현재의 세계 질서는 이전에 19세기 유럽의 부르주아 문화에 의해 보호되고 구현된 동일한 배제의 체계를 다시 만들어 내는 듯하다.

그러나 현대의 세계 질서에 비난을 퍼붓기 전에 우리는 인구 중의 이러한 부류들을 배제하지 않았던 사회가 여태껏 존재한 적이 있었는지 물어야 한다. 범죄자들, 부랑자들과 난민들, 가난한 사람들과 문맹들, 정치적 투사들. 이 네 범주들은 먼 옛날부터 도시의 대문 바깥으로 추방된, 세월이 흘러도 변하지 않는 4인조, 즉 노상강도, 낯선 사람, 거지, 폭도에 해당하는 것처럼 보인다. 이러한 인물들을 폴리스의 구성원에 속하는 것으로 간주하고 싶어 할 사회를 상상하기는 어렵다.

그러나 보편적인 민주주의의 가능성이란 바로 그러한 사회의 가능성이 아니었던가? '평등'과 '박애'와 같은 단어들이 어떤 다른 의미를 전달할 수 있을까? 이 네 집단들이 정치에서 배제되는 한 민주주의는 기껏해야 가능성으로, 최악의 경우에는 거짓말로 남을 것이다.

알프레도 자르의 작품은 이 야만적인 네 집단을 다룬다. 그는 여행을 하며 그들을 방문하고, 그들의 생활양식을 연구하고, 그들의 목소리를 기록하였고, 이어서 그들의 지정학적 위치에 상응하는 자리를 예술품의 구조 안에 마련했다. 틀의 바로 바깥에, 우리의 지각 능력의 한계점 바로 너머에, 유럽 요새(Festung Europa)와 아주 가까이에, 가장 어두운 숲으로 깊숙이 들어가 도시의 밝은 빛에서 멀리 떨어진 곳에.

이제 노상강도들로 이뤄진 첫번째 범주는 그의 작품에서 그다지 강렬하게 나타나지는 않지만, 그들은 인신매매단과 중개인, '테러리스트'로서 나타난다. 그에 반해서 자르의 주된 제재는 낯선 사람이다. 미국의 국경을 둘러싸고 분쟁을 벌이는 라틴아메리카에서 온 불법 난민, 홍콩 바깥의 수용소에 억류된 베트남의 보트피플, 독일의 터키 이주 노동자들, 런던 공장들의 방글라데시 여성들 등등. 그의 전시회들 중 몇몇은 또한 르완다 집단학살의 희생자들, 라고스의 젊은이, 브라질의 광부들과 같은 비참한 자들을 다룬다. 네번째 범주인 호전적인 사람들은 1989년의 설치미술품「그들은 너무도 사랑했다, 혁명을」에서 자신의 자리를 발견한다. 군중 속의 얼굴들에서 우리는 마틴 루터 킹, 장 폴 사르트르, 시몬 드 보부아르, 체 게바라, 그 외의 많은 사람들을 본다.

내가 이미 강조한 것처럼 자르의 예술에서 우리는 틀 내부에 위치한 제재라기보다는 제재 내부에 위치한 틀을 목격한다. 나는 이 제재가 대개 인간이라는 점을 덧붙여야 한다. 자르가 이 사람들을 다루는 방식을 특징짓는 것은 그들을 눈에 보이지 않는 사람들로 만드는 정치적이고 문화적인 관습들을 그가 폭로할 뿐 아니라 그들의 얼굴에 초점을 맞춘다는 점이다. 논평가들은 때때로 그를 워커 에번스와 도로시 랭과 같은 전형적인 다큐멘터리 사진작가들에 견주었다.[46] 사진의 형식이라는 관점에서는 그는 그들과 정반대된다. 그럼에도 불구하고 그의 이미지들은 그들의 사진의 적나라한 사실주의를 특징짓는 인본주의적인 파토스를 물씬 풍긴다. 어깨에 아이를 둘러업고서 리오그란데 강을 건너는 여인. 금이 풍부한 흙이 담긴 자루를 등에 매고서 흔들리는 사다리를 올라가는 세라 펠라다의 땀 흘리며 일하는 광부. 콩고의 난민 수용소에서 서로 끌어안고 있는 두 명의 소년들. 홍콩의 항구에서 보트의 갑판에 기대고 있는 노인이 있고, 그 보트의 짐칸에서 우리는 젊은 여인의 붉게 칠한 입술과 겁먹은 눈을

46 Margaret Sundell, "Alfredo Jaar", *Artforum International*, vol.41, no.5, New York: Artforum International Magazine, January 2003.

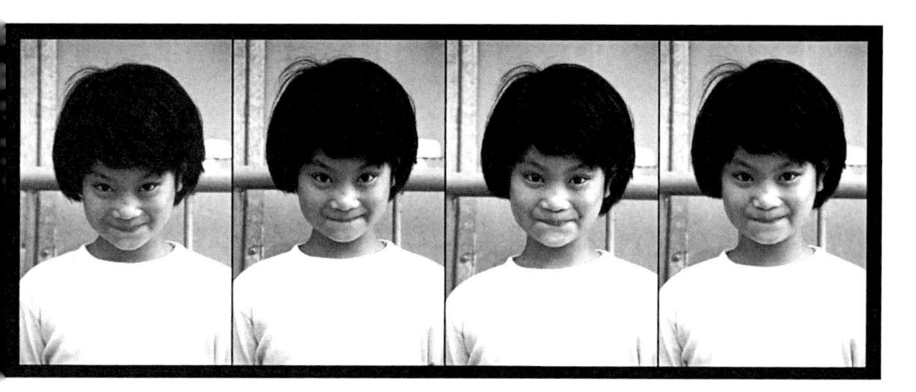

그림 30 자르, 「네 번의 응우옌」, 1994, 스톡홀름 현대미술관.

포착한다. "이 대중들을 구성하는 모든 단위가 놀라운 인간이라는 사실이 얼마나 위대한 생각인가"라고 토머스 칼라일은 소리쳤다.

자르가 억류자들이 겪는 상황을 기록하기 위해 1991년 홍콩의 필라 포인트에 있는 난민 수용소에 도착했을 때 그는 부모를 잃어버린 것으로 보이는 한 소녀와 마주쳤다. 이 소녀는 말을 한 마디도 하지 않았다. 그러나 소녀는 자르가 수용소를 두루 돌아다니며 사람들을 인터뷰하고 그들의 사진을 찍는 일들을 할 때 그를 그림자처럼 따라다니며 이 칠레 태생이자 뉴욕 출신의 백인 남자에게 달라붙어 있었다. 그가 소녀에 대해 알아낸 유일한 것은 응우옌 티 투이라는 그녀의 이름뿐이었다. 어느 순간 그녀는 자신의 사진을 찍는 것을 허락했다. 자르는 재빨리 네 장면을 찍었다. 연속된 이미지들은 소녀의 인생에서 20초의 순간을 기록한다. 이 이미지들로 자르는 설치미술품, 비디오, 그리고 『백 번의 응우옌』(*A Hundred Times Nguyen*)이라는 책을 만들어 냈는데, 여기서 동일한 네 개의 이미지들이 서로 다른 배열로 반복되어 응우옌 티 투이의 삶의 짧은 순간은 스물다섯 개의 변형물이 된다.[47] 이 작품은 자르의 작품 목록에서 특별한 위치를 차지한다(그림 30). 이 경우에 그는 카메라를 소박하게 사용하는데, 마치 그것이 모든 역경에도 불구하고 한 조각의 현실을 포착하여 보존할 수 있을 것처럼 말이다. 우리 시대의 정치적인 수사법과 그 어느 때보다 엄격한 이민법은 난민들의 이름을 지우고 무한한 수의 사람들을 동질적인 대중으로 격하시키는 경향이 있다. 『백 번의 응우옌』에서 자르는 한 명의 인간을 100배로 증가시키는 것으로 대응하는데, 마치 이 고아가 된 난민 소녀의 눈 속에서 반짝이는 헤아릴 수 없는 모든 가능성들을 강조하기라도 하는 것처럼 말이다.

---

47 이것은 또한 스톡홀름 현대미술관이 2000년에 출간한 책의 제목이기도 하다. 또한 Jaar, *It Is Difficult*에 실린 필립스의 글을 보라.

29
자기 면역

난민을 우리 사회의 지표로 채택하자고 이탈리아 철학자 조르조 아감벤은 제안한다.[48] 난민을 바싹 뒤쫓으면—에이즈, 가뭄, 홍수, 새로운 전쟁들과 같은 재앙을 지나, 유럽연합의 감시 기구를 거쳐, 계속해서 서양 매체의 인종주의적인 프로파간다를 지나, 공항의 취조실로, 푸에르테벤투라 섬과 상가트, 그 외의 밀입국자 수용소들로—우리는 우리가 두려워했던 것보다 더 못한 미래를 어렴풋이 알게 된다.

아감벤의 사회이론은 왜 서양의 민주주의자들이 국경을 통제하고 인민을 다루는 데 있어 갈수록 더 무자비해지고 있는지를 설명하려고 시도한다. 민주주의와 전체주의는 정반대되는 것이 아니라 미끄러져 움직이는 눈금들 위의 두 위치다. 아감벤은 당연히 우리가 체제들 사이의 엄청난 역사적 차이들을 무시할 수는 없다고 강조한다. 그러나 그들 사이의 가장 두드러지는 유사점들을 무시해서도 안 된다. 민주주의와 전체주의

48 조르조 아감벤이 오늘날의 세계 질서에서 난민을 하나의 이정표로서 언급한 것에 대해서는, 가령 Giorgio Agamben, "Beyond Human Rights", *Means Without End: Notes on Politics*, trans. Vincenzo Binetti and Cesare Casarino, Minneapolis: University of Minnesota Press, 2000, pp.15~25; Agamben, *Homo Sacer*, pp.126~135를 보라.

모두 국가의 권력을 중앙집권화된 것으로, 또한 원론적으로 절대적인 것으로 이해한다. 또는 더 기술적으로 설명하면 두 체제들 모두 주권의 본질에 대한 동일한 관념을 공유한다.[49]

이 유사성은 역사를 통틀어 모든 형태의 정부들이, 민주국가와 독재국가들을 막론하고, 통치자에게 최후의 수단이 되는 특별한 도구를 부여했다는 점에서 주목할 만하다. 바로 비상사태다. 바로 이 주제를 다룬 그의 책에서 아감벤은 스웨덴의 정치학자인 헤르베르트 팅스텐(Herbert Tingsten)을 인용하는데, 그는 비상사태가 민주주의의 말살을 수반한다고 썼다. 비상사태는 헌법 이론가들에게는 역설적인 것이다. 그것은 통치자에게 법의 바깥에서 행동할 수 있는 법적인 권리를 부여한다. 통치자가 존재한다는 것은 정의상 법을 무시할 수 있는 절대적인 권력이 존재하는 것을 필요로 한다.[50]

아감벤은 팅스텐의 분석이 9·11에 뒤이어 많은 정부들이 국가 안보에 대한 위협과 싸우기 위해 그들의 시민의 헌법적인 권리들을 일시적으로 중지했을 때 입증되었다고 믿는다.[51] 아감벤은 또한 나치가 유대인과 다른 소수집단들을 몰살시킨 것이 국가의 안보를 보호하기 위해 비상사태를 허용하는 법률 조항을 이용하여 공식적으로 정당화된 것이라는 점

---

49 Agamben, *Homo Sacer*; *Means Without End*; *Language and Death: The Place of Negativity*, trans. Karen E. Pinkus and Michael Hardt, Minneapolis: University of Minnesota Press, 1991; *The Coming Community*, trans. Michael Hardt, Minneapolis: University of Minnesota Press, 1993; *Potentialities: Collected Essays in Philosophy*, trans. Daniel Heller-Roazen, Stanford, Calif.: Stanford University Press, 1999; *Remnants of Auschwitz: The Witness and the Archive*, trans. Daniel Heller-Roazen, New York: Zone Books, 1999.

50 Giorgio Agamben, *State of Exception*, trans. Kevin Attell, Chicago: University of Chicago Press, 2005, pp.3~22.

51 *Ibid.*, pp.21~22.

을 우리에게 상기시킨다.

왜 민주주의는 민주주의를 말살하고 시민들에게서 그들의 권리를 빼앗을 수 있는 권위의 형태 없이는 그럭저럭 견뎌 낼 수 없었을까? 이것은 아감벤의 가장 중요한 질문으로서, 그에게 가장 주요한 두 영감의 원천, 즉 한나 아렌트와 미셸 푸코에게서 부분적으로 물려받은 것이다. 그는 우리의 정치사의 실타래를 풀고 근대의 국가 구조들에서 여전히 발견되는 폭력과 야만의 원시적인 중심부를 폭로하기 위해 이 질문을 이용한다.

아감벤은 우선 아리스토텔레스와 그의 자연적 삶과 정치적 삶 사이의 구분, 이 철학자가 조에(zoē, 생식과 노동과 관련되는 자연적 삶)와 비오스(bios, 인간의 사회적 삶)라고 부른 것 사이의 구분에서 자신의 질문에 대한 답을 발견하는 일에 착수했다. 맨 처음부터 정치의 영역은 여성과 하인의 영역, 생식과 노동의 영역과 구별되었다. 대부분의 사람들은 얼굴이 없고, 무력했고, 낮은 생활수준에서 몸부림치며 또 언제까지나 거기에 머물렀다. 그들은 힘 있는 사람들의 변덕에 따라 괴롭힘을 당하지만 또한 그들의 보호하에 안전했다. 시민권을, 그리고 이름과 지위, 신분을 얻기 위한 입장권은 사회적 삶의 사다리에서 위쪽을 향해 한 걸음 내딛는 것이었다.

민주주의의 출현은 대다수의 힘없는 사람들이 이렇게 한 걸음 내딛는 것을 의미했다. 그들은 심지어 주권 그 자체, 인민의 권력과 연관되기까지 했다. 그러나 이러한 권력은 또한 일상의 삶을 벗어나는 영역에서 나왔다. 다수는 권력에 접근할 수 있었지만, 교육과 재산의 힘으로 전체 인민과 그들의 국가의 이익을 위해서 행동한다고 여겨지는 대표자들을 통해서만 가능했다.

19세기와 20세기에, 푸코를 따라, 아감벤이 삶정치(biopolitics)라고 부르는 현상이 발생했다. 정치의 목적은 인민의 몸의 관리와 훈육, 착취가 되었다. 보수주의자들에게 이 대중들의 몸은 억제되어야 하는 위험한 덩어리가 되었다. 사회주의자들에게 그것은 계몽과 교육을 통해 향상되어야 하는 계급이었다. 기업가들에게 그것은 그들의 공장에서 사용될 노동력이었다. 의사들에게 그것은 강화되고 개선되어야 하는 유기체였다. 장군들에게 그것은 대대적으로 불러 모아 군인으로 훈련시킬 수 있는 병력이었다. 어떤 경우이든 인구는 모든 사람들이 등급이 매겨지고 고정된 배역을 맡게 되는 정치적인 계획의 과정에 종속되며, 그곳에서 적합하지 않은 사람들은 병자, 범죄자, 권리를 박탈당한 자, 외국인으로서 거부당했다. 아리스토텔레스가 확인한 패턴, 즉 통치권과 자연의 무기력한 삶 사이의 양극화가 다시 나타난다.

아감벤은 이러한 충돌이 바로 인민의 개념에 반영되어 있다고 믿는다.[52] 대문자 'P'를 지닌 인민이 존재한다. 우리는 모두 이러한 인민, 즉 구성하는 권력이고 사회의 주권자이며 민주주의적 이상이자 그 첫번째 원칙이다. 이것의 한 예는 세계에서 가장 강력한 국가를 세운 진술의 배경에 있는 권력으로 확인되는 주체다. "우리, 미합중국의 인민은 ……"

그다음 소문자 'p'를 지닌 인민이 존재한다. 인민의 이상에 부응하지 못하기 때문에 인민의 이름으로 이야기하는 것이 허용되지 않는 빈자, 노동계급, 여성, 아이들, 농민, 중장년층, 실업자, 그리고 얼굴 없는 대중들.

에이브러햄 링컨이 1683년 "인민의, 인민에 의한, 인민을 위한 정부"를 요구했을 때 이 대통령은 그가 언급한 인민이 하나이고, 동일하며, 통

---

52 아감벤의 인민 개념에 대한 분석은 Agamben, *Homo sacer*, pp.176~180; Agamben, *Means Without End*, pp.28~34를 보라.

합되고, 최고의 권력을 지닌 정치적 주체라는 점을 당연하게 여겼다. 그러나 아감벤의 해석에서 링컨이 사용한 것과 같은 '인민'이라는 용어의 의미는 심각하게 앞뒤가 맞지 않는 것으로 나타난다. 링컨이 '인민의'라는 구절에서 언급하고 있는 인민은 그가 '인민을 위한'에서 의미한 사람들과 일치하지 않았다. 정부를 수립하게 되어 있는 인민은 대문자 'P'를 지녔고 교육받은 사람들과 부유한 사람들로 구성되었으며, 정부가 지배하게 되는 인민은 소문자 'p'를 지녔고 다른 사람들, 즉 대중들로 구성되었다.

'인민'이라는 개념의 모호함은 바로 정치학의 기원들에 뿌리를 두고 있다. 한때 통합되었던 사회적 통일체를, 인민의 한 집단이 모든 사람의 이름으로 이야기하려는 야망을 갖고서 분열시킨다. 인민을 **대표하는** 소수와 인민을 **구성하는** 다수 사이의 이러한 분립은 어떤 정치적인 구조에서도 항상 기본적으로 불가피한 일로 이해되어 왔다. 그리고 여전히 그렇게 이해되고 있다. 인민의 개념은 정치 지형의 서로 다른 두 부분을 하나로 언급함으로써, 서양의 정치사를 가로지르는 본래의 충돌을 압축하고 또 감춘다. 비오스와 조에 사이의, 정치적 삶과 자연적 삶 사이의, 사회를 대변하는 사람들과 목소리를 갖지 못한 사람들—그리고 목소리를 갖지 않아야 하는 사람들, 그렇지 않으면 사회가 국가를 만들어 낼 수 없기 때문에—사이의 격차. 아감벤은 민주주의가 **항상** 그 자체와 충돌한다고 믿는다. 인민을 정당, 프로젝트, 국가, 문화, 정체성의 주변에 통합하려는 어떤 시도도 또 다른 사람들, 즉 이런저런 이유에서 적합하지 않고 그에 따라 경계 바깥으로 추방되거나 경계 안의 수용소에 억류되는 주변화된 사람들을 만들어 낸다.

이것을 표현하는 더 간단한 방식이 존재한다. 즉, 민주주의는 틀에 넣어져야 하고 포함되어야 한다는 것이다. 자크 데리다는 민주주의가 "자기 면역적"이라고 쓰는데, 즉 민주주의가 항상 스스로와 부딪혀 스스로를 보호하지 않을 수 없다는 말이다.[53] 데리다는 1992년 알제리에서의 민주적인 선거들을 분석한다. 1차 투표 이후에 종교적인 정당들이 정부를 구성하는 위치에 있게 될 것으로 보였고, 만일 그렇게 된다면 그들은 민주주의를 폐지했을 것으로 보였다. 이러한 상황에 직면하여 당시의 정부는 당선을 취소하기로 결정했다. 민주주의는 스스로를 구하기 위해 스스로를 위반했다. 민주주의는 자살했고 그렇게 함으로써 처형을 피했다.[54]

이것이 가장 원초적인 형태의, 유혈의, 민주주의의 '자기 면역'이다. 데리다는 이와 유사한 프랑스의 미래상을 내놓는다. 극우파인 국민전선은 그러한 대중적 지지를 끌어모을 수 있기에 권력을 잡은 다음 그 권력을 이용하여 민주주의를 억제할 수 있다. 그러한 경우에 비상사태를 선언하고, 인민의 의지를 묵살하고, 그 정당이 권력에 오르는 것을 막는 일이 옳은 것이 아닐까?[55] 그러한 조치는 비민주적일 테지만, 그럼에도 여전히 민주적이다. 이것은 1848년의 모순이지만, 그것과 정반대된다. 노동자들은 민주주의 자체를 구하기 위해 민주적으로 선출된 정부에 대적했다.

그러한 시나리오들은 많은 사상가와 정치가들로 하여금 민의가 길들여지고 다듬어져야만 할 것이라고 간주하도록 자극했다. 모든 민주주의 사회에서는, 주권의 소유자로 자리 잡는 사람들의 주변에 경계가 그어져야 한다. 그러나 이러한 경계는 어떻게 그려질까? 처음에는 자유로운 남성들만이 투표권을 갖고, 흑인은 백인에 의해 그리고 여성은 남성에 의해

---

53 Jacques Derrida, *Voyous: deux essais sur la raison*, Paris: Galilée, 2003, pp.51~66.
54 *Ibid.*, pp.57~58.
55 *Ibid.*, pp.53~54.

대변된다는 점이 받아들여졌다. 또한 심지어 오늘날에도 일정한 사람들이 바깥에 남겨질 것이라는 사실이 여전히 자연스러운 것으로 보인다. 외국인들, 발전도상국의 대부분의 인구, 18세 이하의 사람들이 그들이다. 데리다는 또한 아직 태어나지 않은 아이들, 동물, 식물을 포함한다. 그의 요점은 아직 태어나지 않은 아이, 동물, 식물이 투표권을 가져야 한다는 것이 아니다. 그는 단지 민주주의의 경계들이 자의적이라는 사실을 강조하고 싶을 뿐이다. 어떤 이론도 특정한 존재가 다른 사람들을 대신하여 결정을 내리는 것이 '자연스러운' 것이라는 점을 입증할 수 없다.[56]

그럼 왜 민주주의는 스스로를 이런 방식으로 제한해야 할까? 데리다는 민주주의의 가장 오래된 이상인 박애에 대한 분석으로 답한다.[57] 민주주의의 첫번째 두 슬로건, 즉 자유와 평등은 논쟁의 여지가 없는 것으로 보인다. 자유는 모든 개인의 생득권이다. 평등은 우리 모두가 동등하게 자유롭다는 직관에서 생겨난다. 그러나 박애는 어떤가? 이 단어의 포함은 지금까지는 민주주의가 오직 형제들과 동등한 사람들 사이에, 동일한 성별과 동일한 가족에 속하는 사람들 사이에, 오늘날에는 동일한 국가 정체성을 공유하는 사람들 사이에서만 존재해 왔다는 사실을 증명한다. 아직까지는 외국인, 난민, 외부자를 시민과 동등한 입장에 놓는 민주주의는 존재한 적이 없었다. 대중들의 힘은 우리가 외국인을 만나는 즉시 경계들에서 멈춘다. 그들이 내부에서 태어난 형제들과 동일한 조건으로 민주주의에 참여하는 것을 막기 위해 민주주의는 스스로를 면역되게 만든다. 이런 식으로 이해될 때, 고대 아테네의 아고라에서 뉴욕의 UN 건물에 이르

56 *Ibid.*, p.82.
57 *Ibid.*, pp.85~93.

는 여정은 우리가 대체로 이야기하고 싶어 하는 것보다 더 슬픈 일련의 이야기다. 대중들의 힘은 사회의 더 나쁜, 또는 일탈적인 집단이 권리를 박탈당한다는 조건으로만 나타날 수 있었다.

사회가 민족국가에 일치하는 동안은 그러한 경계들을 정당화시키는 것이 쉬웠다. 특정한 집단에 속하지 않는 사람들은 그들 자신의 대중들의 힘을 포함하는 체계를 가진 또 다른 집단에 속하는 것으로 여겨졌다. 그러나 오늘날의 세계화된 사회에서 그러한 경계들을 정당화시키는 것은 불가능하다. 오늘날, 정치는 전 세계의 인구를 포함하는 민중의 요구를 들어주어야 한다. 지금부터는 유일하게 진정한 민주주의는 경계가 없는 민주주의뿐이다.

30
성인들

수년간 조르조 아감벤은 그의 연작인 『호모 사케르』—'신성한 인간'—에 공을 들여 왔다. 이 용어는 초기 로마법에서 빌려 온 것으로, 거기서 호모 사케르는 공동체에서 쫓겨난 심각한 범죄를 저지른 범죄자이다. 범죄자는 신들의 기분에 따라 버려지며, 이런 이유로 '신성한'이라는 속성이 부여된다. 사회는 그를 처벌하거나 제물로 바치지 않을 텐데, 그에 대한 형벌은 그를 추방하면서 마무리되기 때문이다. 그러나 사회는 그를 살해하는 사람을 처벌할 수도 없었는데, 그가 법의 보호를 누리지 못하기 때문이다. 대부분의 초기의 법률체계는 호모 사케르에 상응하는 법외 추방자를 두고 있다.[58]

아감벤의 호모 사케르는 우리가 이미 제임스 엔소르의 그림 「1889년 브뤼셀에 입성하는 그리스도」에서 마주쳤던 유형의 늑대인간이다. 인류학자인 망누스 피셰셰는, 더 이상 법으로 보호받지 못하는 범죄자는 늑대로 보아야 하고 숲 속에 사는 늑대의 삶으로 추방되어야 한다고 규정한 고대 스칸디나비아어로 된 법률과 호모 사케르 사이의 관계를 조사했

58 Agamben, *Homo Sacer*, pp.71~86.

다.[59] 엔소르의 그림은 도시로 돌아가 메시아의 귀환을 환호하며 맞이하는 이 창조물들을 보여 준다. 곰-인간, 유인원-인간, 코뿔소-인간, 그리고 다른 키메라들이 그리스도의 주변에 모여 있다. 아감벤은 그들 모두를 호미네스 사크리(homines sacri)로, 원시시대에서의 부활로 이해할 것이다. 그들은 법외 추방자들, 즉 사회가 만들어질 수 있도록 도시에서 강제 추방된 사람들이다. 아감벤의 이론은 또한 왜 엔소르와 벨기에의 노동운동이 기꺼이 그리스도를 세계적인 혁명의 화신으로 여겼는지 해명했다. 십자가에 못 박힌 사람은 호모 사케르를 상징한다. 그의 귀환은 새로운 사회질서를 예언한다.

호모 사케르는 다른 사람들이 자신들의 공통의 정체성을 갖고 있다고 여겨 사회를 만들기 위해 내쫓은 사람들을 상징한다. 호모 사케르는 영원히 추방된 사람이다. 토착민, 유대인, 난민, 여성, 괴물, 미치광이다. 근대의 민족주의 시대에 많은 국가들이 인민, 언어, 문화, 영토, 민족이 일치해야 한다는 생각에 이끌릴 때 이러한 분류의 과정이 가속화되었다. 가장 폭력적인 사례는 나치당의 독일인데, 그것을 아감벤은 그의 책 『아우슈비츠에서 남은 것』에서 분석한다. 독일 인민을 통합하려는 시도들은 박해받고 살해되는 수백만 명의 늑대-인민 — 유대인, 집시, 동성애자, 공산주의자, 장애인들 등등 — 을 야기했다.

근대국가들과 나치당 독일 사이의 차이는 오직 정도의 문제라고 아감벤은 말한다. 그에게 있어 강제수용소는 근대국가의 삶정치의 정수이다.[60] 이렇게 민주주의의 기치 아래 인간을 통합하려는 미국의 시도들은

---

59 Magnus Fiskesjö, "Barbarerna, de fredlösa och homo sacer", *Res publica*, nos.62/63, 2004, pp.107~125.

60 Agamben, *Homo Sacer*, pp.166~188. 이것은 또한 여러 권으로 된 『호모 사케르』의 세번째와

민주주의에 대한 위협으로 간주되는 사람들의 추방을 초래한다. 또한 이 사람들은 수용소에 수감된다. 이와 유사하게, 유럽 사람들을 통합하고자 하는 유럽연합의 욕망은 일정한 사람들의 범주화를 야기하는데, 이것은 덴마크, 영국, 독일 등등의 제의에 의해 범주에 속하지 않는 사람들을 우크라이나나 북아프리카의 수용소로 추방하는 모습으로 나타날 수 있던 과정이다.

인권의 실행만큼 민주주의의 실패가 그토록 명백하게 드러난 곳은 없었다고 아감벤은 믿고 있다.[61] 이 권리들은 순전히 인간을 출신, 시민권, 계급, 성, 민족성, 지능과 상관없이 인간으로서 보호하기 위해 만들어졌다. 그러나 우리가 만약 지금 인간성의 정수로 축소된, 집단의 회원이라는 어떤 흔적도 없는 사람을 대한다면 이 권리들을 시행하는 것은 거의 불가능해진다. 어떤 정치권력도 그를 보호하는 데 전혀 관심이 없을 테지만, 그를 사라지게 만들 정치권력은 많을 것이다. 실제로 인권은 오직 시민인 사람들에게만 적용된다.[62]

정치가 영구적인 국경 통제와 인간의 범주화 과정이 되면서 인권조차 안전하지 않다. 많은 국가들의 공권력은 법적인 보상 없이 은행계좌를 동결시키고 사람들을 체포하거나 그들에게서 시민권을 빼앗을 수 있다. 이러한 위험이 더 많이 존재할수록 더 많은 사람들이 법외 추방자의 위치

마지막 부분이 왜 아우슈비츠 문제를, 그리고 강제수용소 안에서 삶이 살아지고 끝날 때 삶을 목격하고 경험할 수 있는 가능성의 문제를 주로 다루는지를 설명한다(Agamben, *Remnants of Auschwitz*를 보라).

61 Agamben, *Homo Sacer*, pp.126~135; Agamben, *Means Without End*, pp.14~25.

62 또한 Etienne Balibar, "What Is a Politics of the Rights of Man?", *Masses, Classes, Ideas: Studies on Politics and Philosophy Before and After Marx*, trans. James Swenson, New York: Routledge, 1994, pp.205~225를 보라.

에 있게 된다. 아감벤에 따르면, 대부분의 사람들은 곧 호미네스 사크리가 되어 비상사태의 자의성을 갖고 행동하는 권력자의 희생물이 될 것이다.[63]

그러나 이제 권력 앞에서 목소리를 갖지 못하는 사람들이 너무 많이 존재한다는 바로 그 이유 때문에, 그들은 만일 자신들이 다음처럼 살도록 허용될 때 어떻게 사회가 수립될 수 있는지에 관한 생각을 조성할 것이다. 즉 그들 자신과 서로로서, 그들 자신의 능력과 재능으로서, 그리고 그들 자신의 권위로서 남겨질 때.

아감벤은 2,000년이 넘는 기간 동안 우리가 민주주의를 잘못 이해해 왔다고 말하고 있는 것으로 보인다. 민주주의는 인민이 권력을 대표자들에게 위임한 뒤에 대표자들이 위로부터 권력을 행사하는 과정이 아니다. 그보다는, 그것은 아래로부터 나오는 권력을 촉발시키는 것이며 바로 삶의 과정 자체, 자연적 삶과 동일하다. 이 권력을 정부와 통치자들이 행사하는 권력과 구별하기 위해 아감벤은 "잠재력"이라는 단어를 사용한다.[64] 이것은 협력하고, 그들의 재능을 발전시키고, 또한 이런 식으로 그들의 한계를 극복하여 다른 모습을 보여 주는, 인민의 지칠 줄 모르는 힘이다.

아감벤은 어떤 것들이 때때로 자율성과 자치로 언급되는지를 조명한다. 그것은 권력이 위임되지 않고 각각의 모든 사람들에 의해 행사되는 민주주의다. 그는 또한 참여 민주주의의 개념을 다듬는다. 다른 사람들에 의한 대변이 아닌 개인의 참여를 기반으로 하는 민주주의, 파리코뮌이 진압되기 전에 민주주의를 수행하기 시작했던 것과 거의 유사한 방식이다.

---

63 Agamben, *Means Without End*, p.131.
64 Agamben, "On Potentiality", *Potentialities*, pp.177~184; 또한 Agamben, *The Coming Community*, pp.42~43, 104를 보라.

아감벤의 이론의 지평 바로 너머에서 새로운 전 세계적인 민주주의 개념의 가능성이 손짓한다. 그는 그것을 "도래하는 공동체"라고 부른다.[65] 이러한 유형의 거버넌스는 그에게는 유일한 진정한 형태의 거버넌스로서 사람들이 위로부터의 권력에 맞서는 투쟁에서 단결하여 연합할 때마다 예고되는데, 그들은 스스로 권력을 쥐는 것이 아니라 권력을 파괴하고 이런 방식으로 궁극적으로 스스로 권력을 행사하는 것이다.

이것은 1989년의 혁명들이 국내의 또는 서유럽의 새로운 권위들에 의해 진로가 중단되고 생명력이 소모되기 전에 시작되었던 방식이다. 이것은 특히 1989년 베이징의 톈안먼 광장에서의 반란에 관한 설명으로서 옳다고 아감벤은 믿는다.[66] 정말로 인상적인 것은 시위자들의 요구가 매우 모호했다는 점이라고 아감벤은 주장한다. 그들은 전통적인 방식으로, 즉 혁명적인 계획과 대변인들을 통해 스스로를 대변하지 않았다. 그들을 단결시킨 것은 이데올로기나 조직이 아니었다. 그들은 심지어 일정한 배경이나 정체성을 공유한다는 점에서 통합되었던 것도 아니다. 그들의 조직화된 행동의 토대는 좀더 자연스러운 것이었다. 그들은 인민이었고, 인민으로서 그들은 오고갈 수 있는 권리, 서로에게 말할 수 있는 권리, 그들이 원하는 대로 사회주의화할 수 있는 권리를 요구했다. 이것은 아마도 권위에 대항할 수 있는 가장 위험한 위협일 것이라고 아감벤은 말한다. 사람들은 한데 모여 분명한 목적 없이, 공동의 목표나 공유된 미래상 없이 공동체를 설립한다. 그들은 사회질서를 공격함으로써가 아니라 그것을 소극적으로 무시하고 공동체의 경계들을 넘어섬으로써 사회질서와

---

65 *Ibid.*, 특히 pp.84~86; Agamben, *Means Without End*, pp.108~117, 140~141.

66 톈안먼 광장에 대한 아감벤의 생각은 Agamben, *The Coming Community*, pp.84~86; Agamben, *Means Without End*, pp.85~88을 보라.

단절한다.

그러한 시도들은 보통 동일한 방식으로 끝이 난다고 아감벤은 쓴다.[67] 탱크가 밀려들어 오고, 경찰이 최루탄을 발사하면, 인민은 그들의 정복자에게 굴복하게 된다.

---

67 Agamben, *The Coming Community*, p.86; Agamben, *Means Without End*, p.88.

31

불만들

1788년 프랑스에는 기근과 사회적 불안이 존재했고 국가 재정은 엄청난 적자에 시달렸다. 세금을 인상하고 법률을 바꾸고 왕의 신민들을 달래야 했다. 그의 정책에 대한 지지를 얻기 위해 루이 16세는 대화를 요청하며 세 신분, 즉 귀족, 성직자, 제3신분인 부르주아지를 호출했다. 이러한 '의회'는 오직 예외적인 상황, 즉 왕이 절대적인 권력으로 통치하는 상황에서만 열렸고 그 이전에 가장 마지막에 열린 것은 1614년이었다.

1789년 5월 베르사유에 도착한 대표자들은 신민들이 그들의 고충을 상세히 설명하고 개혁을 요구한 적어도 4만 개 이상의 불만 목록(cahiers de doléances)을 가지고 왔다. 그것은 파리에서의 빵의 부족이나 공유지에서 가축을 방목할 권리, 전면적인 법률 개혁 등이었을 것이다.[68]

프랑스 혁명에 대한 가장 간단한 해석은 절대군주제가 이러한 불평으로 대변되는 고통과 분노의 무게를 이기지 못하고 붕괴했다는 것이다. 그들의 바로 그 수가 군주제와 귀족·교회의 특권을 제한하는 새로운 헌

---

68 이 일체의 불만 목록들의 다수는 그후에 여러 다양한 맥락과 구성 방식으로 출간되었다. 이용 가능한 모음집으로는 Pierre Goubert and Michel Denis, *1789, les français ont la parole: cahiers de doléances des états généraux*, Paris: Gallimard; Juliard, 1973이 있다.

법에 대한 제3신분의 요구들에 힘을 실어 주었다. 급진적인 부르주아지의 대변인인 에마뉘엘 조제프 시에예스는 이러한 불평들이 왕과 성직자, 귀족이 국가의 수호자로서의 그들의 의무를 다하지 못했다는 사실을 입증했다고 주장했다. 그들은 그들 자신, 즉 단지 20만 명만을 대표했지만, 정치적인 권력을 갖지 못한 제3신분은 나머지 2,500만 명의 프랑스인을 대표했다.[69]

우리가 살고 있는 세계는 1789년의 프랑스와 크게 다를까? 이것은 철학자인 마이클 하트와 안토니오 네그리가 그들의 2004년의 저작 『다중』에서 제기한 질문이다.[70] 1990년대 이래로 영향력 있는 국제기구들—국제연합, G8, 유럽연합, 세계은행, 세계무역기구—이 개최한 정치적인 정상회담에서 세계의 다양한 공동체의 공식적·비공식적 대표자들은 보츠와나의 의약품 부족과 노르셰핑에서의 회사의 파산 비율에서부터 금융거래에 어떻게 세금이 부과되고 세계 정치가 민주적이 될 수 있는지에 관한 아이디어에 이르는 모든 것에 관한 수백, 수천 개의 보고서와 증언, 요구를 발표했다. 우리 시대의 불만 목록을 수집하는 사람들은 루이 16세가 그의 시대에 그랬던 것과 마찬가지로 당국이 이 문제들을 처리할 수 없을까봐 두려워한다. 세계은행, 세계무역기구, 국제통화기금, G8, 유럽연합, UN 안전보장이사회는 모두 인류 가운데서 극단적으로 특권을 가진 소수를 대변한다. 그렇다면 누가 다수를 대변할 것인가?

하트와 네그리는 그들의 저작에 제임스 매디슨, 토머스 제퍼슨, 에마뉘엘 조제프 시에예스와 같은 18세기의 자유주의 사상가들에게서 따온

69 Sieyès, *Qu'est-ce que le tiers état?*, pp.25~55.
70 Michael Hardt and Antonio Negri, *Multitude: War and Democracy in the Age of Empire*, New York: The Penguin Press, 2004, pp.268~273.

인용구들을 간간이 섞으며, 그들 자신을 사회적 변형, 민주주의의 돌파구의 극단에 있는 것으로 이해한다.

근대 시기는 민주주의의 계속 진행 중인 이야기의 짧은 장에 불과하며 미래는 여러 방향으로 진행될 것이라고 하트와 네그리는 믿고 있다. 그들보다 앞선 조르조 아감벤, 자크 데리다, 에티엔 발리바르, 피에르 로장발롱과 마찬가지로, 그들은 우리 시대의 대의 민주주의를 모든 사회들에 있어 최적의 모델로 여기는, 마치 역사가 이미 명을 다한 것처럼 간주하는 정치학자와 사상가, 사회 논평가들에게 반대한다. 하트, 네그리 등은 정반대의 관점을 설명한다. 민주주의는 합리적인 방식으로 발전하는 것이 아니라 사회운동의 원동력을 통해 발전한다. 민주주의는 결코 완성품이 아니라 진행 중인 작업이다. 민주주의는 원칙들에서 자동적으로 파생될 수 없고 그들이 살고 있는 사회에 영향을 미치려는 사람들의 욕망에서 나온다. 또는 로장발롱이 표현하듯이 "민주주의는 역사가 없으며, 민주주의는 역사 그 자체이다".[71]

민족국가들을 토대로 하는 우리의 대의 민주주의 국가들을 정치적 발전의 오랫동안 지속된 주기들의 관점에서 본다면, 그것들은 민주주의의 역사적인 움직임에 있어 짧은 국면으로 나타난다. 이 국면은 끝에 다다르기 시작했다. 민주주의는 민족국가의 제도들을 넘어서서 수명을 연장하든지, 아니면 어떤 민주적인 정당성도 갖지 못한 초국가적인 권력의 행사로 대체될 것이다. 현재 정치적 변화가 진행 중이라는 한 가지 징후는 민주주의 이론의 많은 근본적인 개념들이 모호해졌다는 점이다. 우리

71 Pierre Rosanvallon, *Pour une histoire conceptuelle du politique: leçon inaugurale au collège de France faite le jeudi 28 mars 2002*, Paris: Seuil, 2003, p.17.

의 정치 언어는 오용을 야기한다.

거듭 말하지만, 시민권은 일정한 민족 집단들의 상속된 특권이다.

일반의지는 이제 서양 국가들의 의지를 가리키는 암호 용어이다.

민주주의는 그것을 통해 우리가 제국에 대한 우리의 예속을 인정하는 투표 절차로 변질되었다.

우리는 점점 더 치안 활동과 군사 점령을 민주주의의 옹호를 위한 목적에서 받아들일 수 있는 정치적 조치로 인정하고 있다.

우리는 논란의 여지가 덜한 이름으로 가장하여 전 세계적인 아파르트헤이트를 도입했다.

아마도 상황은 그렇게까지 나쁘지는 않을 것이다. 그러나 우리가 이 주장들을 일축할 수 없다는 사실이 그것들이 얼마나 적절한 것인지를 보여 주는 단순하고도 직접적인 증거다. 한편 이것은 오늘날 서양에서 민주주의를 시행하기 위해 세워진 기구들의 대부분이 전 세계적인 맥락에서 더 모호한 기능을 한다는 것을 의미한다.

이 쟁점들의 배경에서 우리는 세계화의 손길, 즉 세계의 사회들을 더 가깝게 결합하고 그들 사이의 차이들을 밝힌 손길을 감지하기 때문이다. 무력한 자와 강력한 자는 서로 손이 닿는 곳에 있으며 그 마찰은 점차 커지고 있다. 수십만 개의 불만 목록들은 매해 우리의 정치기구들의 결점을 증명하며 어떻게 이러한 기구들이 부당하고 비민주적인 세계 질서를 지탱하고 있는지를 입증한다. 그리고 항상 그들의 대단한 특권들에도 불구하고 서양의 강대국들은 인류에게 민주주의에 관한 강연자로서의 그들의 역할을 고수한다.

세계화를 둘러싼 논쟁에서 하나의 핵심적인 개념은 오랫동안 '글로벌 거버넌스'였다. 세계의 거버넌스의 미래적 형태를 설명하려고 시도했던 사람들은 아마도 시장의 보이지 않는 손, 또는 미국의 계몽된 보편주의, 또는 UN의 다자간 협력, 교토 의정서와 국제인권재판소를 선택했을 것이다. 특히 UN 안전보장이사회는 미래의 세계 정부의 잠재적인 기원으로 이해되어 왔다. 이 모든 시나리오들은 시민에게서 더 멀리 떨어진 곳에 집중되는 권력을 포함한다. 세계적인 규모의 민주주의를 상상하는 일의 어려움은 극복할 수 없는 것으로 보일 것이다. 세계 정부가 어떤 형태를 취하는지와 상관없이 그것이 모든 사람과 국가들 위로 올라가는 권위의 원천을 포함할 것이고, 또한 이 새로운 최고의 권력자가 매우 강력해져서 불가피하게 민주주의를 저버릴 것이라는 결론을 피하기가 어렵다. 데리다는 우리 시대의 초강대국들이 — 그리고 특히 안전보장이사회의 상임 이사국들이 — 이미 틈만 나면 어떻게 인류의 보편적인 이익을 언급하는지를 보여 준다. 그러나 표면을 긁어내면 우리는 이 '보편적인 이익'이 기이하게도 초강대국들 자신의 이익과 충분히 동일하다는 사실을 발견한다.

우리 시대의 가장 흥미로운 사상가들은 미래의 글로벌 거버넌스의 구조를 다른 곳에서 찾는다. 그들은 어떻게 권력이 구조화되어야 하는지 또는 미래의 최고의 조직이 어떻게 지명되어야 하는지에 관한 논의를 통해 정치적인 진리를 밝혀내려고 시도하지 않는다. 대신에, 그들은 빅토르 위고의 간곡한 권고 — "인민의 심장을 들여다 보라, 그러면 진리를 발견할 것이다" — 를 받아들이고 정치의 존재론, 즉 정치의 궁극적인 본질에 관한 학식의 중심부를 구성한다. 바로 집단적인 삶의 본질이다. 그들은 아감벤이 '자연적 삶'이라고 칭한 수준, 즉 영도 사회를 향하여 민주주의의 미스터리를 파고들어 간다.

그들의 이탈리아인 동료인 파올로 비르노와 마찬가지로 하트와 네그리는 이러한 맥락에서 '다중'을 언급하는데, 이것은 17세기의 사상가 스피노자에게로 거슬러 올라갈 수 있는 철학적인 개념이다.[72] 그는 다중을 사회의 기본적인 요소로 보았다. 즉, 인간의 열정과 욕구는 공동체 안에서 사는 인민으로 귀결된다. 이로부터, 스피노자는 직접민주제에 관한 신념을 주장했다. 모든 사람을 통한 모든 사람의 거버넌스, 정치가 단지 같이 사는 과정인 사회를 말이다.[73]

하트와 네그리는 '인민'이 고리타분한 개념이라고 판결한다. 인민이 존재하자마자 지도자가 존재하고, 또한 거기에 속하지 않는 사람들을 차단하기 위해 그어지는 경계가 존재한다. 다른 한편 다중은 열려 있고, 가지각색이며, 무한하다. 다중은 무리고 네트워크이며, 공동체들의 공동체다. 요약하면, 다중은 잡다하게 섞인 인간성의 본질이며, 하트와 네그리가 '공통적인' 것이라고 부르는 것, 즉 언어, 의사소통, 유전자, 이미지, 감정, 사회가 발생할 때 함께 어우러져야 하는 다른 모든 것들을 만들어 내는 무수히 많은 주체다.[74]

그러나 현재 위험에 빠진 것은 이 공통적인 것이다. 오늘날의 경제의 배후에 있는 추진력은 이전에는 공통의 재산으로 여겨졌던 무형의 가치관들과 같은 형태들의 생산과 보호막이다. 바로 의사소통, 경험, 상상력, 생활양식, 관계, 돌봄, 배려, 서비스다. 경제적 생산은 '사회적 생산'으로 변형된다고 하트와 네그리는 믿는다. 이것은, 한편으로 공통적인 것이 정

---

72 Hardt and Negri, *Multitude*, pp.97~227; Paolo Virno, *A Grammar of the Multitude: For an Analysis of Contemporary Forms of Life*, trans. Isabella Bertoletti, James Cascaito and Andrea Casson, Los Angeles: Semiotext(e), 2004.

73 스피노자의 다중 개념에 대해서는 Etienne Balibar, *Spinoza et la politique*, Paris: Presses universitaires de France, 1985를 보라.

74 Hardt and Negri, *Multitude*, pp.196~219.

제되고 세계적인 규모로 확대되는 것을 의미하며, 다른 한편으로 그것이 민영화되고 특허를 얻게 된다는 것을 의미하는데, 그렇지 않으면 그것으로부터 어떤 형태의 재정적인 이익을 얻는 것이 불가능해질 것이기 때문이다. 또한 공통적인 것이 민영화되고 사회의 기능이 마비될 때, 생산의 발전은 억제되고 생명체로서의 민주주의는 소멸된다. 인민은 협력하기를 멈춘다.

반다나 시바(Vandana Shiva), 아룬다티 로이(Arundhati Roy), 나오미 클라인(Naomi Klein)과 같은 사회 평론가들은 남아 있는 공통적인 것을 우리 시대의 결정적인 사안들이라고 확인했다. 근대 경제에서, 성패가 달려 있는 것은 의사소통 체계, 유전자, 물, 공기, 언어, 이미지, 감정, 그리고 상상력을 지배하는 힘이다. 이러한 논쟁에 하트와 네그리가 기여한 것은 그들이 공통적인 것을 방어하는 정치적인 주체를 확인한다는 점이다. 공통적인 것을 방어하기 위해 인민이 봉기하는 곳이라면 어디에서든지, 시애틀, 제노바, 프라하, 예테보리, 포르투알레그레나 부에노스아이레스든지, 아니면 이라크 전쟁에 반대하는 2003년 2월 15일의 전 세계적인 시위들에서든지, 그들은 다중의 보이지 않는 손을 발견한다. 이것들은 중앙집권화된 권력이 없는 상호 연결된 집단들의 수평적인 네트워크로 존속되는 새로운 유형의 민주주의 안에서의 실험들로 이해될 수 있다. 내일의 사회적 변형은 과거의 정치적인 위기들과 다를 것이라고 하트와 네그리는 믿는다. 앞으로 나와 권력을 쥐는 어떤 사회계급, 인민, 또는 정당도 존재하지 않을 것이다. 대신에, 권력 —하트와 네그리가 세계 질서를 통제한다고 믿는 국가, 회사, 기구, 군대들의 네트워크의 제국—이 텅 빈 껍데기처럼 붕괴되어 썩어 없어지도록 권력을 포기하는 무수한 집단들이 존재할 것이다. 이것이 미래의 거대한 반란일까? 지배 체제를 버리는 수

십억 명의 사람들?

무엇보다도 다중은 육체의 움직임 속에서 모습을 드러낸다고 하트와 네그리는 믿고 있으며, 다중은 난민의 흐름과 대규모 이주 속에서, 준법 투쟁과 파업 속에서, 그들을 자유로운 주체들로서 거주하며 생산하도록 허용하지 않는 사회구조로부터의 도피 속에서 모습을 드러낸다. 경제적·정치적 상황이 강요와 압박으로 변형될 때 사람들은 반란을 일으키는 경향이 있다. 그러나 그들은 가두시위에 나서기 전에 일반적으로 우선은 다른 모든 선택들을 시도해 본다. 그들은 계속해서 어딘가 더 괜찮은 다른 곳을 찾아 나선다. 한 세기 전에 수백만 명의 하층계급의 사람들이 미국으로 이주했을 때 유럽은 얼마나 많은 반란과 혁명들을 모면했을까?

스웨덴에서 오랜 기간 투옥한 정치적 활동가인 아미르 헤이다리(Amir Heidari)는 오늘날의 서양으로의 이주는 주로 생명과 신체의 안전을 찾아 나선 것이 아니라고 주장한다. 그보다는, 이 움직임은 의당 정치적인 행동으로 이해되어야 한다. 헤이다리는 그 자신이 '난민 밀수업자'이다. 그는 3만 7,000명의 사람들이 스웨덴에 들어오도록 도왔고, 또한 같은 수만큼을 다른 유럽 국가들로 들여보냈다고 주장한다. 그는 재정적인 이익을 위해서가 아니라 저항의 행동으로서 이 일을 한다. "난민들은 무기를 지니지 않은 새로운 군사력이다. 그들은 만들어진 세계 질서에 의존하지도 또 그 존재를 믿지도 않는다. 또한 그들은 어디에 경계가 그어졌는지 의식하지도 않는다"라고 그는 말한다.[75]

헤이다리는 이주자들의 네트워크 안에서의 집단 지성과 그들 일원

---

75 아미르 헤이다리에 대해서는 스웨덴 학술지인 『아레나』(*Arena*)의 주목할 만한 인터뷰를 보라. Karolina Ramqvist and Per Wirtén, "Är han Sveriges fiende?", *Arena*, no.6, Stockholm, 2005, pp.12~17.

의 자기희생적인 태도에 관해 말한다. 그들의 유럽으로 향하는 길에 관한 그의 설명은 민주주의의 특징에 관한 유럽사에서의 고전적인 논쟁들 중 하나에서 아주 쉽게 도출될 수 있었다. 헤이다리가 우리 시대의 난민들에 대해 말하듯이, 고대 아테네에서 1989년 혁명들에 이르는 시기까지 자유를 논한 철학자들은 데모스, 즉 인민을 말하였다. 그리고 하트와 네그리 또한 우리 세계의 공간을 통한 다중의 보이지 않는 움직임에 관해 말했다. 다중은 난민으로서 국경을 건너거나 여러 정치적 공동체들 사이를 오가고 이런 식으로 이동 중인 다중은 미래의 초국가적인 사회의 기반을 다진다. 헤이다리가 우리 시대의 이주를 묘사할 때 그는 세계에 대한 우리의 시각의 틀 바깥에서 발생하는 민주적인 반란을 묘사한다. 이것은 사회의 근본적인 생명력이다. "그것은 자연에서 장애물을 빙 돌아서 새로운 길들을 찾는 물과 같다. 하나의 흐름을 둑으로 막으면 사람들은 또 다른 흐름을 찾을 것이다. 흐름을 둑으로 막을 수 있다고 믿는 것은 정말 바보 같은 일이다. 둑을 세울 때 벌어지는 유일한 상황은 스스로를 가두는 것이다. 이주자들은 뚫고 지나갈 수 있는 길을 항상 찾을 것이다."[76]

이 이주자들과 전 세계의 반체제 인사, 노동자, 가난한 자들이 어떤 유형의 정치를 수행하고 어떤 유형의 정치조직을 함께 만들어 내는지 상상하기는 어렵다. 하트와 네그리가 다중에 대해 말할 때 자주 초점을 바꾸기 때문에 정치적 함의는 희미하게 남아 있다. 때때로, 그들의 정의는 자명하고 진부해 보인다. 우리는 모두 다중이다! 그리고 때때로 그것은 유토피아적으로 보인다. 다중은 미래의 전 세계적인 민주주의가 될 것이다! 이 단어는 인민만큼이나 그 의미를 정확히 포착하기가 어렵다. 아니,

---

76 *Ibid.*, p.17.

더 어렵다.

다중이 존재할까? 인민이 존재할까? 집단적 행동이라는 관념은 좌파의 상상의 산물일까? 자유주의적인 상상은 출구를 제공한다. 그것은 사회를 오직 개인들의 측면에서만 이야기한다.

아감벤, 데리다, 발리바르, 로장발롱 그리고 하트와 네그리가 촉진시키는 발상은 근대의 정치사상에서 가장 많은 논란을 일으키는 것이다. 이 발상은 현실의 남녀가 일정한 상황하에서는 통합된 정치적 주체, 인민 또는 다중으로 결합하고 융합할 수 있다는 것, 이러한 주체가 정치적 원칙과 민주주의를 구현한다는 것, 그리고 이러한 민주주의가 혁명이라 불리는 한정된 역사적 사건들로 나타난다는 것이다.

정치적 보수주의의 전통을 따르는 사상가들은 일반적으로 이 발상을 거부해 왔다. 에드먼드 버크처럼, 그들은 집단행동을 인민의 단기적인 이익과 본능의 표현으로 이해한다. 전통적인 자유주의의 계보에서도 많은 사람들이 이 발상을 멀리했고, 이것은 민주주의의 근본이 개인들이 스스로의 이익을 사회계약 안에서 조정하는 능력이라는 점을 근거로 한다.

그러나 데모스가 때때로 권력을 얻기 위해 분투한다는 사실을 부정한다면 사회가 다시 만들어질 때 발생하는 극적인 사건들, 아마도 가장 최근에는 2004년 우크라이나에서 발생한 극적인 사건들을 어떻게 설명할 수 있을까? 좋다, 자유주의자들이 인정하는 것처럼 민의는 존재하지만 그것은 사회 안에 있는 것도 거리와 광장에 있는 것도 아니며 오직 개인들의 의지의 총합으로서만 존재한다. 그것은 여론 조사원에 의해 표현된 평균이다. 민의는 평균적인 인간(l'homme moyen)이다.

이것은 쉽게 옹호될 수 있는 입장으로 보일 텐데, 특히 역사상 최악의 범죄들이, 역사의 진행에 대한 입장을 사전에 분명히 밝히고 그 길을 막아서는 모든 것들을 궤멸시킬 권리를 스스로에게 부여한 집단적 주체—인민, 계급, 민족—를 언급하는 것을 통해 정당화되어 왔다는 사실을 기억한다면 더욱 그럴 것이다. 다른 한편으로, 집단의 이데올로기들이 그러한 운명적인 결과들을 초래해 왔다는 사실은 어떤 다른 사실보다도 집단의 존재를 둘러싼 다양한 이론을 진지하게 검토해 볼 타당한 이유가 된다. 토크빌과 헤겔과 같은 가장 중요한 사상가들은 인민, 다수가 일정한 환경하에서 일정한 정치적 원칙을 구현하는 통일된 움직임으로 융합될 수 있는 가능성을 부정할 때 역사는 이해할 수 없는 것이 된다고 초기에 언급했다. 사실상, 근대의 사회과학과 역사적인 서술은 대중의 권력의 갑작스러운 등장을 이해하기 위한 목적에서 처음 생겨났다. 최초의 사회학자들—오귀스트 콩트, 에밀 뒤르켕, 페르디난트 퇴니스, 게오르크 짐멜—은 모두 정치이론가들이 '사회'를 발견하여 그것을 맨 처음으로 과학적인 연구의 범주로 상정하도록 자극했던 것이 바로 실재하는 인민의 존재, 즉 오랫동안 계속해서 보이지 않았지만 이제 영토적·문화적·사회적·직업적 경계들을 가로질러 움직이고 있는 남녀들이었다는 사실을 인식했다.

집단이 갖고 있는 정치적인 비밀과 인류의 혁명적 유산을 검토해야 하는 또 다른 이유가 존재한다. 만일 과거에 사람들이 베이징의 톈안먼 광장에서, 1989년 라이프치히의 니콜라이 교회의 바깥에서, 또는 1999년 시애틀에서 그들이 했던 대로 행동하지 않았다면 오늘날 대부분의 사람들이 충성을 맹세하고 있는 자유민주주의적 전통은 결코 발생하지 않았을 것이다. 개인들의 의지의 집합은 아무리 상세히 열거되었다 해도, 개인의 이익들의 총체는 아무리 정성 들여 완성되었다고 해도, 왜 보통의 사람들이 때때로 수천 명을 이루어 거리로 나와 그들의 누그러지지 않을 요구—우리에게 지배자의 머리를 달라!—를 말하는지 결코 설명할 수 없다.

32

야만인들의 앙금

역사는 정복자들에 의해 쓰인다. 정복된 사람들은 그들의 정치적인 잘못들을 증언하거나 속죄한다. 다니엘 콩 방디(Daniel Cohn-Bendit)는 1968년 3월 22일 파리의 낭테르 대학의 행정 건물을 점거했던 142명의 학생들 중 하나였다. 그들의 행동의 직접적인 원인은 반제국주의 운동에 적극적으로 참여한 여섯 명의 학생을 경찰이 체포한 것이었다. 그들의 항의가 프랑스의 상태를 극심하게 흔들어 놓는 전국적인 반란으로 불타오를 것이라고 의심한 사람은 아무도 없었다. 콩 방디는 좌파들이 일으키는 반란의 가장 뛰어난 대변자 중 한 명이 되었다. 1968년 5월 20일 내무부는 공공질서를 이유로 그를 추방했다.

이 투사는 점차로 아주 세련된 정치인으로 변신했다. 콩 방디는 현재 유럽의회의 존경받는 의원이며, 독일의 녹색당을 대표한다. 이러한 탈바꿈을 하는 동안 어느 정도 그는 과거를 청산하기 위해 시간을 따로 냈다. 1985년과 1986년에 그는 1968년 반란들의 선봉에서 그와 나란히 섰던 사람들 일부를 찾아 세계를 여행하며 프랑크푸르트, 리우데자네이루, 파리, 뉴욕, 필라델피아, 로마, 암스테르담, 바르샤바, 프랑스의 바스크 지방, 러셀하임, 그리고 다른 많은 장소들을 방문했다. "나는 나의 '정치적인 가족'을 방문하고 싶었다"라고 그는 썼다.

콩 방디는 그 극적인 시간들 이후에 그의 동지들에게 어떤 일이 일어났는지 기록하고 그들이 스스로 무엇을 달성했다고 생각하는지를 알아내려고 애썼다. 그들은 혼신을 다해 새로운 사회를 만들어 내려고 애썼다. 그들이 신념을 굽히고 이전에 거부했던 사회에 복종하도록 강요되었을 때 그들은 어떤 대가를 치렀고, 무엇을 포기해야 했으며, 무엇을 배웠을까?

콩 방디의 노력의 결과는 텔레비전 시리즈이자 책인 『우리는 너무도 사랑했다, 혁명을』(*Nous l'avons tant aimée, la révolution*)이었고, 그것은 상세한 목격담과 마음속에서 행해진 자기비판으로 채워졌다. 분명해지는 것은, 전적으로 콩 방디의 대화자가 가진 정체성에 따라 결정되는 1968년에 대한 완전히 모순된 그림 ―격렬한, 초라한, 체념한, 녹초가 된, 진지한, 낙관적인, 향수를 불러일으키는, 경멸적인, 충실한, 호전적인 ―이다. 20년이 안 되는 시간 동안, 과거 부르주아 사회와 투쟁하는 학생 지도자와 정치적 활동가들로서 유사한 상황에 있었던 사람들은 이제 세상의 넓은 범위로 퍼져 나갔다. 일부는 평화주의자가 되었다. 다른 이들은 무력 투쟁을 선택했다. 일부는 공장에 남았다. 다른 이들은 자본주의적인 기업가가 되었다. 일부는 장관이 되었다. 다른 이들은 무기징역을 선고받았다. 일부는 크게 달라지지 않았다. 다른 이들은 인생이 달라졌다. 한 가지가 그들을 결속시킨다. 바로 상실이다.

"이 모든 사람들이 갖고 있던 환상적이고 유토피아적인 이상주의를 부활시키고 싶었다"라고 알프레도 자르는 그의 설치미술품 「그들은 너무도 사랑했다, 혁명을」에 대해 말했다.[77] 이 제목은 콩 방디의 책에서 직접 가져온 것이다. 이 설치미술품에 사용된 두세 개의 이미지들도 마찬가지이다. 거의 같은 시기에 자르는 흑인 시민권 운동의 항의 행진 사진들을 사용하여 뉴욕의 브루클린 미술관에 전시할 이와 유사한 작품을 만들어 냈다. 미국에 전시할 설치미술품을 만들기 위해 자르는 미국에서의 인종 투쟁을 다룬 유명한 작품인 제임스 볼드윈(James Baldwin)의 『다음에는 불을』(*The Fire Next Time*)의 제목을 빌려 왔다.

사용된 재료들을 단순히 바라보면, 이 설치미술품들은 12개 정도의 보도사진들과 약 20개의 커다란 라이트박스들로만 이뤄져 있다. 이 작품이 만들어 내는 인상은 전적으로 이 사진들의 분열과 구성 속에서 존재한다. 자르는 세계를 나타내는 이미지를 분해하고, 그것을 우리가 다시 한 번 재조립할 수 있도록 조각들의 더미로서 우리에게 돌려준다. 그의 설치미술품에서 의미를 전달하는 요소들은 소재들이 아니라 조각들을 갈라놓는 틈, 빈 공간, 이음매들이다. 이 점에서 「그들은 너무도 사랑했다, 혁명을」은 자르의 다른 설치미술품들과 유사하다. 방문자는 부자와 가난한 자, 토착민과 외국인, 시위자와 경찰 사이에 존재하는 경계들의 세계에 직면한다. 그것은 중요한 사람들과 무의미한 사람들 사이의, 포함되는 사람들과 배제되는 사람들 사이의 경계들이다. 또한 예술의 범위, 세계에 대한 우리의 이미지들, 우리의 공감 능력의 경계다. 게다가 혁명에 관한 이 설치미술품은 이 경계들에 의해 유발되는 폭력, 즉 분노, 격노, 폭동, 탄압에 주의를 돌리게 한다. 폭동 진압 경찰, 미친 듯이 돌진하는 시위대들, 폭력적인 몸짓, 계속해서 요란한 소리를 내며 부서지는 경찰봉들. 자르의 다른 설치미술품들에서 간접적으로 암시되는 폭력이 여기서 전부 보이도록 폭발한다. 「그들은 너무도 사랑했다, 혁명을」은 그 시대에서 솟아올

---

77 알프레도 자르가 저자와 직접 가진 2005년 1월 11일의 인터뷰.

라 모든 시대의 모든 반란을 보여 주는 알레고리적인 설명이 된다.

1989년 파리의 ARC에 있는 자르의 작품을 보며 궁극적으로 방문자들의 마음속에 나타난 것은 바로 이 이미지였을까? 그 안에서 1968년이 우리 시대의 전형적인 반란을 상징하게 되는 바로 이 이미지일까?

만일 그렇다면, 그것은 1968년에 대한 다소 진부한 묘사다. 그러나 우리의 인식을 뒤집으면 해석은 더욱더 흥미로워진다. 자르는 1968년을 그러한 방식으로 보여 주기 때문에 우리의 시대는 반란의 시대로서 이해된다. 「그들은 너무도 사랑했다, 혁명을」은 근대사회를 가장 효과적으로 보여 주는 특징이 분할과 충돌이라는 사실을 제시하는 것 같다. 사회는 항상 나눠지고 다시 더 작게 나눠진다.

콩 방디의 1968년의 혁명가들과의 인터뷰들은 인상적인 두 테마를 갖고 있다. 그중 하나는 그들이 민주주의와 혁명 사이의 관계를 바라보는 관점과 관련된다. 1968년 우리는 민주주의를 부르주아지의 거짓말이라고 말하며 묵살했다고 콩 방디는 말한다. "오늘날 우리는 민주주의가, 앞으로 나아가는 유일하게 가능한 방법인 것처럼 보이기 때문에 그것을 다시 공식화하려고 애쓰고 있다"라고 그는 계속해서 말한다.[78]

1968년의 혁명가들이 달성한 업적은 그들 스스로가 믿고 있는 것보다 더 중요한 것으로 보인다. 1968년 콩 방디에게 민주주의에 맞서는 혁명으로 보였던 것은 20년이 지난 뒤에 민주주의를 지키기 위한 혁명이었다는 사실이 입증된다. 부르주아의 민주주의를 붕괴시키려는 혁명적인 노력은 실패했지만, 그 패배는 민주주의의 성공적인 확장으로 이어졌

78 Dany[Daniel] Cohn-Bendit, *Nous l'avons tant aimée, la révolution*, Points Actuels, Paris: Bernard Barrault, 1986, p.90.

다. 이전에는 정치적으로 대변되지 못하던 인구의 일부분과 쟁점들은 공적 영역에서 목소리를 낼 수 있게 되었다. 혁명과 의회 민주주의 사이의 충돌은 결국에는 민주주의의 진보적인 부활에 이득이 되었다. 낭테르에서 지내는 동안 콩 방디의 가장 가까운 친구였던 장 피에르 뒤뇌유(Jean-Pierre Duteuil)는 역사의 교훈을 이렇게 요약한다. "대문자 'D'를 지닌 민주주의? 그런 것은 존재하지 않는다. 혁명? 그런 것은 존재하지 않는다. 자유로운 사회? 이러한 것들은 결코 존재하지 않는다. 흥미로운 것은 사회운동들이다. 그 상황을 책임지고, 뭔가를 장악하기 위해 싸우는 사람들이다."[79] 또 다른 콩 방디의 동료인 개비 세로니(Gaby Ceroni)는 동일한 결론을 내린다. "투쟁들은 언제나 계속될 것이지만, 소규모로 진행될 것이다. 한 공장씩 차례로."[80]

또 다른 콩 방디의 가까운 친구들 중 하나로 1985년 그들이 대화를 나눌 당시 독일 의회의 이제 막 선출된 녹색당 의원인 요슈카 피셔(Joschka Fischer)는 1968년의 사건들에서 헤겔적인 결론을 도출한다. "우리는 실패했다. 우리가 시도했다는 점은 잘못된 것이 아니다. …… 우리는 기진맥진할 때까지 투쟁했고, 나는 그 투쟁이 헛된 것이 아니었다고 확신했다. 우리는 상황을 가능한 한 멀리까지 밀고 나갔다. 우리는 우리가 그곳을 넘어서는 지속할 수 없는 한계점까지 도달했다. 우리는 다른 어떤 것을 찾아 나서기 시작할 수밖에 없었다."[81]

"그러니까, 의회제도 같은 다른 어떤 것을 말하는 것인가?"라고 못 믿겠다는 듯이, 콩 방디가 가로막았다.

---

79 *Ibid.*, p.72에서 재인용.
80 *Ibid.*, p.95에서 재인용.
81 *Ibid.*, p.169에서 재인용.

"나로서는 더 나은 해결책을 찾을 수가 없다"라고 요슈카 피셔는 대답한다.

콩 방디의 장기간의 모험 여행의 한 결론은, 대체로 상처를 입지 않고서 그들의 극좌파 활동 시기를 벗어난 활동가들은 민주주의에 대한 더 심오한 통찰을 얻었다는 것이다. 그들은 더 이상 민주주의를 대의제 — 경멸스러운 '부르주아 민주주의' — 와 연결하지도, 다수가 언젠가 통합된 인민 전선으로 융합할 것이라는 꿈과 연결하지도 않는다. 민주주의는 더 이상 모든 정치를 위한 미리 주어진 토대나 헌법의 틀이 아니라, 도달 불가능한 것이긴 하지만 정치의 필수적인 목표로 보인다. 간단히 말하면 민주주의는 역사를, 끊임없는 충돌의 역사를 갖는다.

이것은 역시 진부한 분석이다. 그러나 이것이 옳다고 시사하는 부분들은 많다. 일부 사례들에서는 시민권과 정치적 권리가 평온하고 문명화된 방식으로 획득되었다. 그러나 부르주아지 자신들의 경우에는 이것들을 얻기 위해 내전과 유혈혁명을 필요로 했다. 또한 이 과정은 여성운동, 노동운동, 흑인시민권운동, 그리고 제3세계의 해방운동들이 정치적 권리를 획득할 때 더 이상 평화적이지 않았다. 그들은 법을 어기지 않을 수 없었다. 그들은 광신자, 짐승 같은 사람, 테러리스트, 선동가, 마녀, 검둥이, 야만인들로 불렸다. 그들은 진압됐지만, 다시 돌아왔다. 훨씬 나중에서야 그들이 무엇을 가져왔는지가 분명해졌다. 그것은 민주주의였다.

나는 콩 방디의 1968년 혁명가들과의 대화에는 두 가지 주목할 만한 테마가 존재했다고 말했다. 두번째 테마는 첫번째 것과 모순되는 것처럼 보인다. 콩 방디의 '가족'에 속하는 대부분의 혁명가들은 민주주의가 끊임없는 변화의 과정 속에 있다는 사실을 깨달았지만, 그렇다고 해도 그들 중 누구도 정치를 민족국가의 의회제의 틀을 넘어서서 생각할 수 없었다. 1968년 세대는 1980년대 중반을 역사의 끝으로 여긴다. 이 책이 쓰였을 때 서양의 대부분의 지적인 환경은 포스트모더니즘에 사로잡혀 있었고, 이것이 콩 방디의 저작에 반영되어 있다. 급진적인 정치적 변화의 영역은 고갈된 것처럼 보이고, 유일하게 남아 있는 대안은 지역적, 또는 개인적인 수준에서 더 작은 규모의 유토피아를 실현하는 것이다. 장 프랑수아 리오타르(Jean-François Lyotard)가 표현하듯, "위대한 이야기들"은 끝이 났다. 콩 방디가 파리의 레스토랑에서 미셸 슈망(Michel Chemin)과 이야기를 나누고 있을 때 한 젊은 금발의 여성이 혁명의 운명 — 혁명은 파벌과 고립된 지역들로 와해되고, 결국에는 완전히 사적인 문제가 된다 — 을 말하면서 대화가 중단된다. "마오쩌둥주의가 존재할 필요는 없다. 자유는 당신 자신의 머릿속에 있다."[82]

자르의 이상주의에서도 역시 체념이 새어 나온다. 혁명의 기억을 살아 있게 하려는 그의 의식적인 노력은 1968년의 기억이 바래지고 있다는 최종 분석에서 입증된다. 라이트박스들로 이루어진 구조물은 관을 연상시킨다.

그리하여 근대의 독자들은 콩 방디의 책을 보며 1789년 직전에 쓰인 프랑스의 정치적인 저작들에서 받았던 인상과 동일한 인상을 받는다. 그러나 혁명은 예측할 수 없는 것이다. 콩 방디와 그의 친구들은 최후의 혁명이 발생했고 정치적 삶은 예측할 수 있는 미래에는 변화하지 않을 형태로 확립되었다고 간주한다. 콩 방디의 마지막 대화는 그다음의 혁명의 물결이 있기 바로 3년 전인 1986년에 이루어졌다. 자르의 경우에, 그것은 단지 몇 달의 문제였다. 로마 바깥의 팔리아노의 감옥에서 콩 방디는 붉은

---

82 Cohn-Bendit, *Nous l'avons tant aimée, la révolution*, p.80.

여단(Red Brigade)과의 관련 때문에 30년 동안 복역 중인 아드리아나 파란다(Adriana Faranda)에게 질문한다.

"오늘날 '혁명'이라는 단어는 무엇을 의미할까?"

"아무것도. 이 단어는 아무 의미가 없다. 나는 사회가 진화할 가능성이 존재한다고 믿는다. 그러나 어떤 종류의 빠른 변형도 존재한다고는 더 이상 믿지 않는다."[83]

---

83 Cohn-Bendit, *Nous l'avons tant aimée, la révolution*, p.157에서 재인용.

33
출발

1990년 프랑스 철학자 자크 랑시에르는 특이한 여행기를 출간했다. 『인민의 땅으로의 짧은 여행』(*Courts voyages au pays du peuple*)이 그 제목이었다.

그렇다면 이 땅은 어디일까? 어딘가 먼 섬이나 이국적인 지역들에 있는 것은 아니라고 랑시에르는 말한다. "바로 해협을 건너, 강에서 멀어진 곳에, 밟아 다져진 길에서 벗어난 곳에, 지하철 노선이 끝나는 곳에 또 다른 사람들이 산다(아주 단순하게 말해서, 그들이 인민이 아니라면 말이다)."[84]

그의 책에서 랑시에르는 우리에게 다양하게 뒤섞인 개인들의 집단을 소개한다. 윌리엄 워즈워스, 게오르크 뷔히너, 라이너 마리아 릴케와 같은 유명한 시인들은 뜻밖에도 프랑스인 선원 고드 주노(Gaude Genoux), 역사학자 쥘 미슐레, 시끌벅적한 생시몽주의 주창자들과 동시에 잉그리드 버그먼과 로베르토 로셀리니와 교제한다. 그들은 서로 무슨 관련이 있을까? 그들 모두는 인민의 땅으로 가는 그들 나름의 길을 발견했고, 그들이

84 Jacques Rancière, *Short Voyages to the Land of the People*, trans. James B. Swenson, Stanford, Calif.: Stanford University Press, 2003, p.1.

자신들의 여행에 대해 얻은 인상들은 사회학자, 역사학자, 정치학자들이 우리에게 '인민'에 대해 가르쳐 주는 것과 그다지 유사하지 않다.

인민? 다시 이 단어다. 그것은 단순하고, 거의 진부해 보인다. 모든 근대의 정치이론은 '인민'이 실재하는 무언가이고, 바로 사회의 토대라고 간주하지만 이 단어는 절망적이게도 규정하기가 어려운 불가사의한 것으로 남아 있는데, 이 실체가 결코 직접적인 수단으로 자신을 드러내지 않고 정치적인 대변인, 정당, 통계, 여론조사, 사회이론가, 미학적 상징, 신화 기록 보관소를 통해서만 자신을 드러내기 때문이다.

아니다, 우리는 결코 인민 자체에 대해서는 어떤 것도 알 수가 없다고 랑시에르는 말한다. 인민의 이름으로 말하는, 심지어 인민에 대해 말하는 사람은 모두 단지 스스로를 인민의 대리인으로 만드는, 더 나쁘게는, 인민을 한쪽으로 떠미는 또 하나의 대표제를 만들어 낼 뿐이다.

에티엔 발리바르처럼, 랑시에르는 루이 알튀세르에게 사사했고 1965년의 그의 영향력 있는 책 『자본론 읽기』(*Lire le Capital*)를 공동 집필했다. 그러나 그는 오직 공산당과 맑스주의 이론가만이 현실을 있는 그대로 이해할 수 있고 대중들은 두서없이 이데올로기를 이야기하며 수렁에 빠져 있다는 신념을 공유하지 않았기 때문에 그의 스승과 결별했다. 알튀세르의 이론이 대중을 억압하는 데 도움이 됐다고 랑시에르는 주장했다.[85]

1975년 그는 정기간행물인 『타당한 반란』을 창간했다.[86] 표제 자체가

---

85 알튀세르의 이론에 대한 랑시에르의 비평에 대해서는 Jacques Rancière, *The Nights of Labor: The Worker's Dream in Nineteenth-Century France*, trans. John Drury, Philadelphia: Temple University Press, 1989, pp.xviii~xxiv에 실린 도널드 레이드(Donald Reid)가 쓴 서문 부분을 보라. 이 책은 원래 다음의 표제로 출간되었다. *La nuit des prolétaires: archives du rêve ouvrier*, Espace du politique, Paris: Fayard, 1981.

86 랑시에르는 최근 발표한 글 모음집에서 이 저널의 표제에 대한 설명과 저널의 역사적·이론적

1968년 이후 좌파의 정치적인 전략에 대한 논쟁에 끼어든 것이다. 장기 계획은 많은 좌파 집단들이 '혁명'으로 분류한, 권력의 조직화된 인수였다. 이 계획에서 분기한 또는 이 계획에 의해 예측될 수 없었던 정치적인 폭력 행위는 일반적으로 반란 또는 폭동이라고 불렸고, 과거의 노예 반란과 기아 폭동 이래로 인간의 역사를 특징지어 왔던 유형의 자발적인 불만족의 표현들로 이해되었다. 혁명과 반란의 구분은 좌파 정치 엘리트를 향한 높은 존경심을 분명하게 나타내는데, 그들은 혁명 과정을 지휘하고, 법과 질서의 힘으로 곧 괴멸될 충동적인 행동들만 할 수 있는 것으로 보이는 민초들을 격하시키는 것으로 보였다. 요약하면, 혁명과 반란의 대조는 지도자들이 가진 미래상의 명료성이 이끄는 정치와 인민의 고통에 의해 잘못된 방향으로 이끌리는 정치 사이의 낡은 구분을 반영했다.

랑시에르는 이러한 반대되는 것들의 한 쌍을 분리시키려고 노력했다. 그는 반란이라고 하더라도, 혁명이 항상 자발성의 요소를 갖는 것처럼 엄격한 논리를 따른다고 주장했다. 사건들이 한창 전개 중일 때는 뭐가 뭔지 정확히 이해하는 것이 불가능하다. 사건들이 하나의 패턴으로 자리 잡으면 성공적인 반란으로부터 혁명이 전개되었는지, 아니면 공들여 계획된 혁명적 시도가 무의미한 폭동에 불과했는지 판명 날 것이다.

『타당한 반란』은 또한 1968년의 사건들을 압축해서 보여 주기 위해 종종 사용되던 마오쩌둥주의의 구호를 실었다. "반란은 옳다." 이것은 도덕적 가치관을 주장하거나 도덕적 또는 정치적 권리의 행사를 권고하는 것처럼 들릴 것이다. 그러나 그것의 원래의 의미는 더 투박한데, 감탄사

배경을 제공한다. Jacques Rancière, *Les Scènes du peuple: les révoltes logiques, 1975-1985*, Lyon: Horlieu, 2003, pp.7~18.

라기보다는 설명이다. 즉, 반란은 타당한 것이라는 이야기다. 프랑스어 식의 이 표현—"on a raison de se révolter"—은 그 둘 사이의 어딘가에 있다. "반란을 일으킬 이유는 항상 있다." 어떤 경우든, 기저를 이루는 발상은 단순한 삼단논법을 토대로 한다. 모든 사람들은 정의를 가치 있게 생각한다. 사회는 불공평하다. 그러므로 사람들은 사회에 맞서 반란을 일으킨다.

그러나 결국 랑시에르의 출판물의 표제는 첫번째 저항 시인에게 바치는 헌사였다. 신랄한 풍자로 '민주주의'라는 반어적인 표제하에, 아르튀르 랭보는 정부의 군인들이 파리코뮌을 이제 막 진압하려고 할 때 그들 사이에 감도는 분위기를 상상했다. "우리는 모든 타당한 반란들을 대량 학살할 것이다. …… 이것이 진정한 진전이다. 앞으로 …… 행진하라!"[87]

『타당한 반란』은 "대안적인 역사적 기억"을 모색했다. 대학이나 정당들에 의해 규정된 것이 아닌 "아래로부터의 사고 과정"을 토대로 한 기억이다. 이것은 랑시에르가 1830년대와 1840년대의 프랑스 노동운동의 뿌리에 관한 기록들을 탐구했다는 것을 의미했다. 그 결과는 역사에 대한 지배적인 해석, 즉 개략적으로 19세기의 노동자들이 맑스주의가 처방한 계급의식과 세계관(weltanschauung)을 견지했다는 추정을 수정하는 것이었다. 이것은 사실이 아니었는데, 랑시에르가 기억을 떠올리게 하는 '노동자의 꿈들의 기록'이라는 부제가 붙은 그의 책 『프롤레타리아의 밤』(*La Nuit des prolétaires*)에서 보여 주는 것처럼 말이다.[88]

『프롤레타리아의 밤』은 정확히 1830년 파리의 노동자들의 일상생활

87 Rimbaud, *Complete Works*.
88 Rancière, *The Nights of Labor*.

을 압축해서 보여 주는 전체 기록이다. 그러나 이것은 그들의 단조로운 일과, 그들의 일, 그들의 사회적 상황에 대한 이야기가 아니라 근무 시간이 끝나면 확 불타올랐던 그들의 자유를 향한 꿈들에 대한 이야기다. 약 스무 명의 젊은이들이 쓴 시, 기사, 일기, 소설의 초고들에서 랑시에르는 '아래로부터의 사고'를 재현한다. 바로 인민의 땅, 즉 빅토르 위고가 『레 미제라블』에서 탐험하려고 시도했던 것과 동일한 지역들에서 말이다. 랑시에르는 노동자들의 생각들을 체계화하지 않으려고 조심한다. 그들의 프롤레타리아적인 꿈들은 무모하고 교육에 의하지 않은 것이다. 그들은 사회주의 사상의 어떤 분류에도 들어맞지 않는다. 이 노동자들의 가장 난감한 특징은 누그러지지 않을 그들의 평등에 대한 요구다. 이것은 부르주아적 삶에서의 좋은 것들에 대한 욕망으로 가장 쉽게 나타난다. 젊은 프롤레타리아트는 해방을 추구하지만, 사회주의자들이 노동계급의 해방에 대해 말할 때 의미하는 유형의 해방은 아니다. 그들은 매일 밖으로 나가 일자리를 구해야만 하는 것에서 벗어나기를 원한다. 그들은 추위에서, 그들의 아이들이 병들어 죽는 것을 보는 일에서 벗어나기를 원한다. 요약하면, 그들은 노동자인 상태에서 벗어나기를 원한다.

그들이 봉기하도록 몰아가는 것은 그들 자신을 억압된 노동계급으로 바라보는 그들의 의식이 아니다. 경제 구조 자체가 그들에게 불리하게 한편으로 기울어 있다는 인식도 아니다. 결정적인 요인은 그들이 접근하는 것이 차단된 또 다른, 더 나은 세계, 즉 부르주아지 세계와의 매일의 조우이다. 이 부르주아지가 또한 선의를 가진 수호자처럼 행동함으로써 그들을 모욕하는 것은 반란을 일으키려는 그들의 욕망을 강화할 뿐이다.

랑시에르는 그들에게 은혜를 베푸는 사람들에게 맞서는 인민의 반란, 명령에 따르는 것에 대한 인민의 거부, 요로에 있는 사람들이 그들을 집어넣은 틀에서 빠져나올 그들의 권리를 인정한다. 바로 민주주의의 본질이 이와 같은 순간들에 드러난다. 그것의 가장 순수한 형태에서 민주주의는 모순과 부정으로서만, 인민을 대표하는 사람들에 저항하는 인민의 능력 속에서만 존재할 뿐이라고 랑시에르는 주장한다.[89] 민주주의는 인민이 사회의 국면을 바로잡기 위해 행동할 때 거부하고 권위를 무효화하는 보편적인 권리이며, 상황에 따라서 이 권리는 선거, 폭동, 파업 또는 혁명들을 통해 행사된다.

일어나 저항하는 사람들이 공식적인 인민의 대표자들보다 더 엄밀하게 민의를 대표한다는 것을 어떻게 알 수 있을까? 그것은 알 수 없다고 랑시에르는 말한다. 우리는 대리인들의 무한한 순환에 걸려드는데 그들 각각은 자신이 인민의 진정한 목소리라고 주장한다. 엄밀히 말해 인민의 목소리(vox populi)는 존재하지 않는다. 인민의 본질이 그들이 원하는 대로 보이도록 그것에 항상 영향을 미치고 또한 틀에 넣는 목소리들—성난, 긴장한, 격론을 벌이는, 필사적인—이 존재한다. 인민은 항상 그들의 대변인들의 방언과 겨룬다. 누구도 인민의 진정한 목소리를 들어 본 적이 없다.[90]

우리는 이러한 대리인들, 즉 틀 안의 틀의, 또 그 틀 안의 틀들의 순환에 갇혀 있고 결국 그것 자체는 여전히 감춰져 있다. 인민의 땅은 이러한 대리인들이 더 이상 존재하지 않는, 인민이 정치적·미학적·과학적 대표

89 Jacques Rancière, "Dix thèses sur la politique", *Aux Bords du politique*, Paris: Gallimard, 2004(1st ed. 1998), pp.231~237.

90 Rancière, "Le Theâtre du peuple: une histoire interminable", *Les Scènes du peuple*, pp.167~201. 또한 *Multitudes*, no.9, May-June 2002를 보라. 여기서 랑시에르는 특히 하트와 네그리와의 대화에서 민주주의의 주체가 인민(le peuple)으로 개념화되어야 하는지 아니면 다중(la multitude)으로 개념화되어야 하는지에 관해 논의한다.

를 필요로 하지 않고 스스로의 존재로 만족하는 곳에서 발견된다. 위고는 『레미제라블』에서 이 땅의 경계에 곧장 다다랐지만 그의 길은 생앙투안의 외곽에 있는 거대한 바리케이드에 의해 차단된다. 또한 그가 그곳에서 본 것은 "이성을 넘어선" 것이었다.[91]

바리케이드에서, 위고는 명령하는 외침, 전투 노래, 둥둥 울리는 북소리, 여성들의 흐느낌, 그리고 귀에 거슬리는 굶주린 사람들의 음흉한 웃음소리를 들었다. 이 모든 것들은 "신의 목소리로 충만했다". 200년 동안 인민은 무소부재한 신, 궁극적으로 다른 모든 구조들을 지배하는 구조이며 오직 그것의 영향들을 통해서만 존재하는 신으로서 묘사되어 왔다.

텍스트나 예술품이 어느 정도까지 정치적인 관점을 견지하는가는 그것이 이러한 영향들을 나타내고 기록하는 능력에 따라 결정된다. 자크 루이 다비드, 제임스 엔소르, 그리고 알프레도 자르는 좋은 예들이다. 랑시에르는 동일한 예술을 수행하지만 역사학자이자 철학자의 역할로서다. 그는 알프레도 자르가 이미지와 건축물이라는 매체를 통해 달성한 것을 그의 저작에서 달성한다. 그는 인민이 그들의 틀에서 벗어날 때, 또는 확립된 사회구조를 파괴할 때의 순간들을 정지시킨다. 진정한 평등이 순식간에 모습을 드러내는데, 그것이 인정된 계급과 정체성들을 파괴한다는 점에서 불미스럽고 위험하다. 그의 인민의 땅에서의 여행기에서, 랑시에르는 그 격동의 사건들이 로셀리니의 「유로파 51」(Europa 51)에서 잉그리드 버그먼에 의해 어떻게 표현되었는지, 그리고 워즈워스가 1790년 혁명의 여름에 프랑스를 여행하며 쓴 시들에서, 또는 릴케가 파리에서 친해진 노동계급 소녀인 마르트에 관해 쓴 편지와 시들에서 어떻게 기록되었

91 이 책의 9장 「바리케이드」를 보라.

는지를 설명한다.[92] 인민은 이러한 작품들을 통해 조화를 이루지 못하는 음색으로, 또는 현실의 견고한 환상을 깨뜨리고 관람자 또는 독자에게 대표제의 틀 바깥에 존재하는 역사를 단편적으로 일별하게 해주는 극적인 관점의 변화로서 나타난다.

랑시에르에 따르면 프랑스 역사학자 쥘 미슐레는 인민을 정치학자와 지식인들에 의해 밀어 넣어진 분류로부터 해방시키려는 체계적인 노력에 착수한 첫번째 사람이었다. 프랑스사와 프랑스 혁명에 관한 미슐레의 저작들에서, 인민은 정의의 게임에서 항상 특별한 비장의 카드를 갖고 있는 어릿광대나 영웅의 방식으로 나타나며 이야기에서 가장 예측할 수 없는 세력이다. 역사의 진행이 불확실한 상태에 있고 전제정치가 주도권을 잡을 때, 그때가 바로 거리의 인민들이 자신들의 입장을 밝히고 농민들이 요로에 있는 사람들에게 그들의 쇠스랑을 향하게 할 때라고 미슐레는 믿는다. 혁명의 위대한 시절에 대한 그의 설명은 문학적인 긴장감과 활력으로 가득 차 있다. 이 역사의 축소 모형에서 그는 인민을 한마음의 다중으로서 포착한다.

인민의 이미지를 사건으로서 나타내려고 시도했던 더 최근의 역사학자들은 많은 부분을 미슐레에게 빚진다. 이것은 특히 랑시에르에게 적용되는데, 그는 『역사의 이름들』에서 이름 없는 사람들에게 이름을 붙여 준 미슐레의 능력을 고찰하고 칭찬한다.[93] 랑시에르는 미슐레가 1846년 발표한 『인민』이라는 제목의 짧은 저작을 전형적인 예로 든다. "이 책은 그

92 Rancière, *Short Voyages to the Land of the People*.

93 Jacques Rancière, *The Names of History: On the Poetics of Knowledge*, trans. Hassan Melehy, Minneapolis: University of Minnesota Press, 1994, pp.42~75, 88~103. 원래는 다음의 표제로 출간되었다. *Les noms de l'histoire: essai de poétique du savoir*, Paris: Seuil, 1992, pp.89~152, 177~208.

저 책에 불과하지 않다. 그것은 나 자신이다"라고 미슐레는 그의 서문에서 분명히 나타냈다.[94] 이 책은 영국과 프랑스에서 처음으로 '사회문제'가 논쟁되고 있을 당시에 쓰였다. 발자크와 위고, 외젠 쉬의 당시의 소설들은 '위험한 계급'의 압력에 주목했다. 그들은 야만인들이라고, 쉬는 『파리의 비밀』에서 공표했다. 그리고 그들은 바로 여기 "우리의 한가운데에" 있다.

미슐레는 이 시기의 소설들에서 하층계급의 악마화에 강렬하게 반응했다. "나는 책을 덮고 다시 한번 가능한 한 많이 인민들 사이를 오갔다. 고독한 작가는 다시 한번 군중 속으로 뛰어들어 소음을 듣고 말들에 주목했다. 그들은 정말로 변함없는 동일한 인민이었다."[95]

미슐레의 책은 농민에서 공장 노동자, 장인들, 기업가, 상인, 공무원을 거쳐 '부자들과 부르주아지'에 이르는 사회의 계층들을 관통하여 위로 향하는 여정으로서 쓰였다. 이 사다리를 따라 더 높이 올라갈수록 생활양식은 더 독창성이 부족하고 억지로 꾸민 듯하다. 그러나 사다리의 가장 높은 가로대에서 우리는 구름 속을 뚫고 나가는데, 이곳이 바로 미슐레가 현인을 발견하는 장소다. 이데올로기의 안개 위에 선 현자는 사회의 진정한 가치들이 사회의 가장 깊은 곳에서 발견된다는 사실을 통찰한다. 사회의 가장 낮은 수준에서 우리는 미슐레의 눈에는 프랑스의 역사와 각 개인의 삶 모두의 배후에 있는 원동력인 단순하고 순수한 격정들을 발견한다. 사회에서의 마지막 고리, 즉 사회적 의무에 대한 현인의 이해는 첫번째 고리, 즉 이러한 가치들을 본능적으로 구현하는 아이와 연결된다. 그리하

94 Michelet, *The People*, p.3; *Le Peuple*, p.3.
95 *Ibid.*, pp.4; 4~5.

여 사회라는 사슬은 원형을 이루며 닫힌다.

이것은 그 뿌리가 루소에게서 발견되는 낭만적인 공상이다. 미슐레는 일반적으로 인민의 깨끗한 물을 실컷 마신 위대한 공상가들 중의 하나로 여겨진다. 그러나 그는 그의 공상과 호전적인 정신을 정교하게 다듬었다는 점에서 눈에 띈다. "나는 파리의 자갈길 사이에서 햇빛도 받지 못한 채 핀 한 포기의 풀처럼 태어났다."[96]

미슐레는 파산한 책 인쇄업자의 아들이었지만 차츰 지위가 올라 콜레주 드 프랑스의 교수가 되었다.[97] 그가 어린 시절의 빈곤으로부터 멀어질수록 그는 정신적으로 스스로를 하층계급과 더욱 동일시했다. 거의 모든 다른 프랑스 지식인들과 달리 미슐레는 일관되게 들판과 공장의 인민의 편을 들었다. 사회적 갈등이 폭발하기 시작했을 때 ―1830년, 1832년, 1848년에 ―미슐레는 인민이 반란을 일으킬 권리를 옹호했다. 그는 이 권리의 기원을 그가 전 유럽의 고동치는 심장으로 간주하는 1789년의 혁명까지 거슬러 올라간다. 그의 정치적인 신념 때문에 그는 1851년 3월 콜레주 드 프랑스에서 정직됐고, 바로 1년 뒤, 나폴레옹 3세가 스스로를 독재적인 통치자로 임명한 뒤에 그는 교수직을 박탈당했다.

혁명을 통해 '인민'은 형태와 몸, 실체를 갖게 되었다고 미슐레는 설명했다.[98] 돌이켜 생각해 보면 혁명은 '인민'의 육체화, 즉 그 뒤에 인민의 목소리에 맞춰 정치체계를 구성하는 것을 가능하게 만든 하나의 사건이었던 것으로 보인다. 그러나 인민이 스스로의 존재를 주장하지 않는 긴

---

96 Michelet, *The People*, p.14; *Le Peuple*, p.19.

97 미슐레의 삶과 그의 인민에 대한 철학에 대해서는 Paul Viallaneix, *La voie royale: essai sur l'idée de peuple dans l'œuvre de Michelet*, Paris: Librairie Delagrave, 1959, pp.11~107을 보라. 또한 Rancière, *Short Voyages to the Land of the People*, pp.69~85를 보라.

98 Rosanvallon, *Le peuple introuvable*, pp.74~80을 보라.

시간 동안 민주적인 사회는 어떻게 통치되어야 할까? 민주주의가 공허한 선거 과정으로 자리 잡게 되는 것을 피하려면 '인민'의 정치적 존재와 잠재력을 끊임없이 상기시켜 주는 역할을 할 집단적인 기억이 존재해야 한다. 바로 여기에 역사의 역할이 존재하는 것이라고 미슐레는 생각한다. 역사학자의 임무는 주로 과거를 이야기하거나 그것을 설명하는 것이 아니다. 역사를 쓰는 목적은 부활(résurrection)이며, 역사학자들이 불러들여 소생시킬 존재는 인민이다. 그들은 사회를 이끄는 빛, 진보의 엔진, 주권의 최전선이다. 『인민』의 1866년판의 서문에서 미슐레는 그가 "사회의 가장 깊은 토대"라고 부르는 것을 요약한다. 그는 민주주의가 세 개의 기둥에 의존한다고 주장한다. 단순한 인민의 본능적인 정의감, 대중들의 영감, 순진한 양심의 목소리다. 역사학자로서의 그의 의무는 어떻게 이 억제할 수 없는 격정이 일정한 간격을 두고 정치적·사회적 제도들을 붕괴시키고 정치적 사건들의 진행을 바꾸어 놓는지를 보여 주는 것이다.[99]

이것이 발생한 첫번째 경우가 1789년 6월 20일이었다고 미슐레는 주장한다. 그는 베르사유의 테니스코트를 "새로운 종교의 요람, 베들레헴의 마구간"으로 묘사했다.[100] 그것은 인상적인 비유다. 이 순간까지 인민은 권좌에 대한 접근이 거부되어 왔다. 그리고 1789년 6월 인민의 대표자들은 말 그대로 루이 16세에 의해 들어오지 못하도록 차단됐는데, 그는 어떤 대가를 치르더라도 제3신분의 대표자들이 그의 독재정치가 어떻게 제한되어야 하는지를 논의하는 것을 막기를 원했다. 대표자들이 찾을 수 있는 유일한 회의실이 추운 테니스홀, 궁중의 오락실인 죄드폼(Jeu de

99 Michelet, *Le Peuple*, p.273.
100 Michelet, *Histoire de la révolution française*, vol.1, p.110.

Paume)이었고 그들은 그것에 만족해야 했다. "보기 흉하고, 가구가 비치되지 않은, 텅 비어 있는 누추한 장소이지만 그것은 전부 선량한 사람들을 위한 것이었다. 그곳에서 모임이 가난하다는 것이 드러났는데, 그러나 그렇기 때문에 인민을 더욱 충실하게 대변했다. 그들은 하루 종일 계속해서 서 있었고, 마음대로 사용할 수 있는 나무 벤치도 거의 없었다." 죄드폼은 궁정의 화려한 옷과 보석의 흔적도, 과거의 미신들이 도전받지 않은 채로 남아 있을 수 있는 어두운 구석도 갖고 있지 않았다. 모든 것이 텅 비고, 벌거벗었고, 가구가 비치되지 않았으며, 미슐레가 표현한 것처럼 "완전히 근대적"이었다. 그리하여 미래는 펼쳐질 더욱 많은 가능성을 갖는다. "순수한 정신, 상식, 정의."[101]

미슐레는 베르사유의 죄드폼을 단순한 피신 장소로, 즉 노숙자들이 스스로 세계의 민주주의를 실현하고 인민의 새로운 종교를 창시할 시간을 갖게 해줄 은신처로 삼을 곳으로 묘사한다. 그의 혁명사는 어떻게 인민이 곧 다시 한번 정치 무대에서 추방되는지, 그리고 며칠 동안의 행복한 시간들 후에 항상 도피처, 기관, 그들의 의지에 합치되는 정부 형태를 물색하면서 어떻게 계속해서 자기 신분을 숨기고 협박당하고 착취당하며 망명 생활을 하는지 말해 준다. 매혹적인 피난처를 향한 끝없는 여정에서 인민은 국적 없는 난민이 된다.

랑시에르는 미슐레를 자신이 전념한 지적인 전통의 원천으로 여겼다. '인민 폐하'는 하인리히 하이네가 표현한 것처럼 좀처럼 실물로 나타나지 않고 추상적인 원칙이나 무정형의 덩어리로서 분류되기 때문에,

101 이 단락의 모든 인용들은 Michelet, *Histoire de la révolution française*, vol.1, pp.110~111에서 나온 것이다.

이 장기간에 걸친 권위 기간 동안 인민의 땅에서 조사하여 보고하는 것이 지식인들의 의무다. 이것은 인민의 진정한 그림을 표현하는 것이 아니라—이것은, 결국, 불가능하다—우리에게 인민의 잠재력을 상기시키고 다수가 사회의 구성 세력일 수 있고 실제로 항상 그렇다는 점을 보여주는 것이다. 즉, 민주주의를 말이다.

1848년의 역사학자인 쥘 미슐레, 1968년의 철학자인 자크 랑시에르는 여기서 세계 질서에 대한 21세기의 논쟁에 개입한다. 문명의 붕괴, 테러와의 전쟁, 이민자와 난민들의 끊임없는 흐름을 둘러싼 오늘날의 논쟁들은 서양 세계와 세계에 대한 서양의 지배를 위협하는 모든 것들의 증거다. 위험에 직면한 것은, 여러 가지 가운데 오랫동안 서양 지도자들이 당연하게 여겨 왔던 정치적 특권이다. 그들은 모든 인간, 문명, 민주주의의 대변자로서 행동해 왔다.

우리는 이러한 특권을 우리 자신의 이익을 도모하기 위해 사용하고 있지 않은가?

세계의 주변화된 대중들에게는 반란을 일으킬 충분한 이유가 있지 않은가?

미슐레는 이러한 과정을 감지했다. "오늘날 인민의 발흥과 진전은 흔히 야만인의 침입에 견주어진다. 나는 이 단어가 좋고, 이 용어를 받아들인다. 야만인들이여! 다시 말해, 그들은 새롭고 활력이 넘치고 소생하는 열의로 가득 찼다. 야만인들이여! 다시 말해, 그들은 미래의 로마를 향해 행진하는 여행자들이다"라고 그는 썼다.[102]

그들은 다수다. 더 가까이 움직여라! 민주주의를 향한 문은 왼편에

102 Michelet, *The People*, p.18; *Le Peuple*, p.24.

있다. 자크 루이 다비드의 그림에서 그것은 맨 아랫부분의 모퉁이에 있다. 몇몇의 소년들은 민주주의와 혁명의 탄생을 목격하기 위해 거리에서 가까스로 테니스홀로 들어온다. 네 명의, 눈을 크게 뜬, 소년의 얼굴을 한 얼굴들은 홀로 들어가는 문 바로 안쪽에서 돌벽 너머를 응시한다.

그리고 오늘날, 200년 이상이 지난 지금 베르사유의 오래된 테니스홀은 여태까지처럼 텅 비어 있다. 거리 자체가 죄드폼 거리이긴 하지만 따로 찾아보지 않는다면 그것을 보지 못할 것이다.

이 건물은 높이가 약 20피트이고 길이가 약 115피트이다. 긴 벽의 위쪽 부분은 창문으로 구식의 학교 체육관 같다. 1789년 이래로 누가 여기서 테니스를 친 적이 있을까? 내가 이 장소를 찾았을 때 나 자신에게 물었다. 미슐레가 옳았다. 이 홀은 음울하고 보기 흉하다. 그리고 오늘날 그것은 또한 폐쇄되어 철거를 기다리고 있는 낡은 버스 창고나 작업장처럼 방치된 분위기를 자아낸다. 더러운 창문들은 벗겨지고 조각나 떨어지기 시작한, 녹슨 듯한 붉은 색으로 칠해져 있다. 긴 벽들 중 하나는 어질러진 뒤뜰에 면해 있고 다른 벽은 거리를 끼고 있는, 한쪽 끝에 소박한 문을 가진 광대한 회색 대건축물이다. 이것은 1789년 6월 20일 아침 인민의 대표자들이 사용했던 문과 동일한 것이다.

다비드의 「테니스 코트의 서약」에서, 왼쪽의 가장 멀리 있는 창문을 통해 베르사유 궁전의 지붕을 알아볼 수 있다. 테니스홀은 도시의 혼잡함보다 위쪽에 자리 잡은 궁전 단지 자체의 바깥에 있고 왕궁에서 아주 가깝다. 미슐레는 궁정의 화려한 옷과 보석 그리고 대표자들의 소박한 모임 장소 사이의 대비를 강조한다. 이 차이는 오늘날에도 마찬가지로 두드러진다. 궁전에서는 전 세계에서 온 수천 명의 관광객들이 금박, 자줏빛 벨벳 그리고 크리스탈을 감탄하며 바라보기 위해 줄을 서서 기다린다. 죄드

폼 거리에서는 회반죽이 벽들을 뒤덮고 있다. 어떤 영혼도 눈에 띄지 않는다. 많지 않은 수의 관광객들이 프랑스 민주주의의 탄생지를 찾는다. 볼 것은 없고, 거리의 다른 모든 건물과 다를 바 없는 건물일 뿐이며, 눈에 보이지 않는 인민의 역사에서 존재했던 다른 모든 것들처럼 흔해 빠지고 심하게 닳은 것이다. 그러나 궁전의 장엄함에 가까이 다가서면 문득 죄드 폼 거리의 초라함을 보게 된다. 소박한 테니스홀 바깥에서 혁명을 이해하기는 쉬워지는데, 단순히 프랑스 혁명이 아니라 모든 혁명을 말이다. 타당한 반란들을! 내가 5월의 이날에 도착했을 때 민주주의의 발상지로 들어가는 문은 잠겨 있다. 출입구 옆에 초인종이 있어 그것을 누르자 나는 종이 울리는 소리가 어떻게 텅 빈 공간을 통해 울려 퍼지는지 듣게 된다. 문 위에는 인민이 자신들의 말할 권리를 획득하고 국가의 정권을 장악하겠다고 서로에게 맹세했던 것이 이 건물 안에서였다는 사실을 진술하는 짧게 적힌 글이 있다. 그리고 그들은 약속을 지켰다.

영어판 후기

『대중의 역사』는 유럽 문화의 '대중들'이라는 발상과 이미지에 전념한 더 큰 연구의 일부이다. 프랑스 혁명부터 오늘날의 우리의 시대까지 정치인, 사회과학자, 지식인, 예술가들, 인민은 예술적·문화적·정치적 사건들 또는 문명의 미래를 논의할 때 대개 대중들의 망령을 떠올렸다. 사회적 불안의 시기에 상류층은 대중들을 두려워했고 그들을 적대적인 세력이나 파괴의 힘으로 여기며 접근했다.

그러나 내가 이 책에서 보여 주려고 시도한 것처럼, 대중들은 결코 존재한 적이 없다. 이것은 인민에 대해서도 마찬가지의 사실이다. 사실상, 대중들도 인민도 사회적 사실이 아니다. 그보다는 대중은, 되풀이해서 발생하는 특정한 문화적 담론과 사회적 이데올로기의 테마로 이해되어야 한다. 이 담론에서 문제가 되는 것은 근본적인 질문이다. 사회는 어떻게 대표되어야 할까? 그리고 그것은 누구에 의해 대표되어야 할까? 내가 이 책에서 주장하고 있는 것처럼 대중은 그 유령 같은 존재를 이 쟁점들이 다뤄져 온 방식들에 빚지고 있다. 다르게 말하면, 인간의 일정한 일부분을 대중들로 해석하는 관습은 민주적 대표제가 가진 근본적인 문제를 해결하려는 시도의 반복적인 실패에 뿌리박혀 있다.

인민은 권력의 토대다. 이 정도는 모든 민주적 정체의 헌법에 의해 주장된다. 그러나 인민 — 그들을 토대로 주권이 세워지거나 그들에 의해 주권이 도입되는 — 에 대해 알 수 있기도 전에, 이 인민은 스스로를 알려야 한다. 인민이 스스로를 알리자마자, 즉 그들이 정치적 주체가 되는 바로 그 순간에 그들은 둘로 나뉜다. 일부 집단이나 개인들은 인민의 대표자들로서 행동하면서 보이지 않는 사회체의 가시적인 구현으로서 나타나고, 이는 나머지 대다수가 바로 이 집단과 개인들에 의해 대표되고 그에 따라 보이지 않는 이들로 묘사된다는 것을 의미한다. 19~20세기의 상당한 기간 동안, 이러한 권력의 분리는 개별적 시민들과 대중들 사이의 확실한 구분을 통해 나타났다. 전자가 합리적이고 신뢰할 만하며 그에 따라 전체로서의 인민을 대표할 수 있는 것으로 보였던 반면, 후자는 자의적이고 무책임하게 행동하며 감정과 본능에 지배되는 것으로 믿어졌다.

왜 과거의 정치인, 지식인, 예술가들은 대중의 다수를 무책임한 대중들로 묘사했을까? 문학과 예술 그리고 공적 담론에서의 대중들의 출현은 사회적·문화적·정치적 위기의 분명한 징후이다. 사회를 구성하는 **대표의 체계들**이 흔들리고 있다. 이 위기는 사회의 미학적 재현과 관련될 것이다. 사회적 현실의 그럴듯한 묘사가 될 어떤 규범적인 상징적, 또는 헤게모니적 내러티브도 존재하지 않는다. 이 위기는 또한 정치적 대표의 방법들과도 관련될 것이다. 보편적인 이익과 조화를 이루며 작동할 기구들을 세우고 법을 제정하는 일을 시작해야 하는지에 대한 어떤 합의도 존재하지 않는다. 게다가, 이 위기는 경제적 대표의 메커니즘과도 관련될 것이다. 사회의 천연자원 또는 노동력으로부터 얻은 잉여가치를 관리하는 올바른 방식에 대한 어떤 일치된 의견도 존재하지 않는다.

어떤 사회도 양차 대전 사이의 독일과 오스트리아만큼 대표제의 위기에 의해 깊게 영향을 받지 않았다. 제1차 세계대전 후에 그들의 제국의 행정부는 해체되었고 독일과 오스트리아 모두 전체로서의 인구의 의지를 반영한다고 합법적으로 주장할 수 있는 정치적·문화적 구조들이 없는 채로 남겨졌다. 뒤따랐던 권력의 공백 상태에서 서로 경쟁하는 정당과 집단들은 맹렬하게 투쟁하였고, 각각 국가를 대표하고 인민의 의지를 나타낼 나름의 방법을 도입하려고 시도했다. 그 결과, 서양사에서 대중들에 대한 가장 격렬한 논의를 발견하게 되는 것이 독일의 바이마르 공화국(1919~1933)과 오스트리아의 제1공화국(1919~1934)에서다. 집단적인 삶의 본질에 대한 날카로운 분석들은 가령 한나 아렌트, 헤르만 브로흐, 엘리아스 카네티, 발터 벤야민, 로베르트 무질, 베르톨트 브레히트, 칼 야스퍼스, 아르놀트 츠바이크, 테오도어 가이거, 빌헬름 라이히, 지그문트 프로이트, 테오도어 아도르노와 같은 사람들에 의해 발전되었다. 같은 환경에서 오스발트 슈펭글러, 마르틴 하이데거, 칼 슈미트, 그리고 에른스트 윙어와 같은 우파적 또는 보수적인 작가들은 파시즘의 대중 동원에 기여했다. 한편 미술, 문학, 연극, 영화, 디자인, 건축, 무용에서의 많은 근대주의적 선구자들은 도시적인 근대성을 지닌 새로운 생활양식의 요구에 응하기 위해 그들의 미학적인 표현들을 변형시키려고 시도했다. 따라서 양차 대전 사이의 문화는 한 시대, 즉 군중의 시대의 절정이었다.

양차 대전 사이의 시기 동안 존재했던 대중들에 대한 가장 위대한 논쟁들—여기서 우리는 또한 인도에서의 간디의 대중적인 독립운동과 중국에서의 마오쩌둥주의의 부상도 암시한다—은 곧 있을 나의 연구서 『군중의 문화들』(*Cultures of the Crowd*)의 주제이다. 그에 반해, 이 책에서 나는 대중들의 근대사에서의 더 긴 순환을 기록하려고 시도했다. 나는 어떻게 1789년, 1889년, 1989년에 상상된 세 미술품이 여전히 진행 중인 인민주권과 혁명적 행동에 대한 논쟁에 개입하는가를 가장 중요하게 내세웠다. 양 대전 사이의 대중들에 대한 논쟁은 여러모로 이 일련의 발전들의 정점이다.

내 연구의 중심에 있는 시각예술가들은 정치인들과 사회이론가들이 각자의 시대에 다뤘던 문제와 동일한 문제를 다룬다. 어떻게 사회세계를 대표할 것인가? 이 예술가들이 제시한 해결책들은 정치적·학문적 영역에서 널리 퍼져 있는 관점들에서 흥미로운 방식으로 벗어나 있다. 예술가는 정치인이나 사회이론가들이 즐기는 것보다 더 상상력이 풍부한, 그리고 표현적인 자유를 즐긴다. 그러므로 이 예술가는 그들이 넘어서는 안 되는 여러 방면의 이데올로기적인 제약들 너머로 자신의 사회 탐구를 밀고 나아갈 것이다. 이것은 왜 자크 루이 다비드, 제임스 엔소르, 알프레도 자르가 정치와 정치학에서 방치되고 무시되고 억압되는 경향이 있는 근본적인 정치적 메커니즘들을 밝혀내는 데 성공하는지를 설명할 수 있도록 도와준다. 그들의 시각예술품에서 드러나는 정치적 메커니즘들은 대개 적절한 정치적 문제들로서 논의되지 않는다. 사실상, 그것들은 정치적 문제들로 다뤄져서는 안 되는데, 그것들이 정치적 문제들이 자리 잡는 바로 그 영역을 구성할 뿐 아니라 누가 그 논의에 들어가도록 허용되는지를 결정하는 무언의 가정들을 구성하기 때문이다. 간단하게 설명하면 다비드, 엔소르, 자르는 존재하는 모든 정치체계의 중심부에 있는 배제를 폭로한다. 사회가 정치공동체가 되기 위해서는 그것의 구성원 중 일부가 제명되어야 한다. 대개, 배제된 사람들 사이에는 다수가 포함되어 있다.

이것은 다비드, 엔소르, 자르의 작품들이 우리의 정치적 대표제들을 더 포괄적이거나 민주적으로 만들기 위해 그것들을 개선하기 위한 제안들을 내놓고 있다는 사실을 암시하는 것이 아니다. 좋든 나쁘든 간에 예술에 의해 발견된 가능성들은 정치적 가능성들의 범위를 넘어선 곳에 위치한다. 그러나 내가 암시하고 있는 것은 그들의 미학적 재현들이 사회사상과 정치이론에 의해 심각하게 받아들여져야 한다는 점인데, 그들이 정치적 상상을 수정하고 그것의 결점들을 증명해 주는 역할을 하기 때문이다. 다비드, 엔소르, 자르는 정치적 지배층과 그것을 둘러싼 사회가 스스로에 대해 결코 알고 싶어 하지 않은 것이 무엇인지를 표현한다. 그것들은 민주주의의 영속적인 실패를, 그것이 불가피하게 스스로의 기초적인 원칙들을 타락시키는 방식들을 보여 준다.

그러나 민주주의의 실패는 또한 그것의 끊임없는 쇄신을 위한 자극이다. 우리가 다비드, 엔소르, 자르에게서 배우는 것은 민주주의가 그것의 유토피아 없이는 해낼 수가 없다는 점이다. 바로 모두에 의한, 그리고 모두의 이익을 위한 지배라는 발상이다. 권력이 위로부터가 아닌 아래로부터 행사되는 사회이다. 이 급진적인 민주주의 개념이 과거의 혁명들에 영감을 주었던 것과 마찬가지로 그것은 계속해서 오늘날에도 반란의 움직임들을 이끌고 인민주권의 원칙에 새로운 의미와 새로운 추진력을 불어넣고 있다. 이러한 의미에서 민주주의는 사회의 중심에서는 드물지만 사회의 어떤 구석이나 주변부에서도 나타날 것이다. 언제 어디서 그것이 출현하든 그것은 자유민주주의의 어휘로는 해석되기 어려운 언어와 요구들로 나타난다. 민주주의가 완전히 사라지거나 더 압제적인 정부 형태에 의해 뿌리 뽑힌 것으로 보일 정도로 민주주의가 정치권력을 건드리지 못하는 긴 시기도 존재한다. 그러나 우리는 그것이 살아남는다고 장담할 수 있다. 지하의 형태로, 맑은 날에 대한 시인의 꿈속에서, 또는 몰래 주먹을 꼭 쥐고 저항의 예술을 수행하는 인민의 머릿속에서 말이다. 이 책을 쓰면서 나는 다비드와 엔소르, 그리고 자르가 발굴한 이러한 민주주의 개념에 부응하는 형태의 원칙들—직선적이기보다는 순환적인, 위계적이기보다는 병렬적인—을 고수했다. 그 주변으로 역사가 회전하는 위대한 정치적 쟁점을 계속 살아 있게 만드는 정치적인 반란들, 미학적인 변형들, 그리고 대표제의 위기들에 의해 끊임없이 배반당하는, 그러나 계속해서 활기를 되찾는 프로젝트. 인민은 누구인가? 무엇이 우리를 인민으로 만드는가?

『대중의 역사』는 2005년에 처음 스웨덴어로 『세 번의 혁명: 대중의 역사 1789, 1889, 1989』(*Tre Revolutioner: En Kort Historia om Folket 1789, 1889, 1989*)로 발표되었고 여기서 조금 수정된 형태로 번역되었다. 세번째 부분을 번역해 준 트레버 닷슨(Trevor Datson)에게 감사한다. 이 책의 일부분들은 『대중들』(Jeffrey Schnapp and Matthew Tiews eds., *Crowds*, Stanford, Calif.: Stanford University Press, 2006)과 『재현들』(*Representations*, no.75, 2001)에서 예비적인 형태로 출간되었다.

나는 로스앤젤레스의 게티연구소(Getty Research Institute)에서 특별연구원으로 일하는 2년 동안 대중들의 역사에 관한 나의 프로젝트를 생각해 냈다. 나는 마침 엔소르의 「1889년 브뤼셀에 입성하는 그리스도」가 인접한 폴게티미술관에 소장되게 됐기 때문만이 아니라, 무엇보다도, 내가 그곳에서 마주쳤던 지적인 환경 때문에 이 연구소에 지속적으로 감사를 표한다. 나는 게티연구소의 직원, 특히 그곳의 사서들, 그리고 전임 부소장인 마이클 로스, 찰스 살라스 그리고 토머스 크로우에게 특별히 감사하고 싶다. 그들은 모두 격려를 아끼지 않았고 내게 영감을 주었다. 로스앤젤레스의 동료들 중 하나인 팀 클라크는 내가 이 프로젝트에 착수하도록 용기를 주었다. 또한 게티의 다른 동료들, 특히, 프란체스코 단겔리스, 하인리히 딜리, 캐시 사우슬로프, 에른스트 오스트캄프, 리디아 고어, 줄리엣 코스, 로버트 넬슨, 맹 위에, 엘스페스 브라운, 마사 펠드먼, 페이지 더보이스, 타파티 구하-타커타, 라인하트 마이어-칼쿠스에게 감사를 표하고 싶다. 로스앤젤레스에서 나는 또한 앨런 세쿨라와 노만 클라인과의 논의들에서 도움을 얻었다. 더 나중 단계에서 논평과 제안을 해준 아리스 피오레토스, 볼프 레페니스, 프레드릭 제임슨, 스테판 파란-리, 페터 칼손, 그리고 컬럼비아대학교 출판부의 두 명의 익명의 독자에게 감사한다. 나는 또한 스탠퍼드 인문학 연구소의 '대중들 프로젝트'(Crowds Project)의 책임자들인 제프리 슈나프와 매슈 튜스와의 협업에서 많은 것을 배웠다. 누구보다도, 나는 나의 아내이자 동료인 사라 다니우스에게 감사하고 싶다. 그녀의 격려와 지지, 훌륭한 유머가 없었다면 나는 이 프로젝트에 착수하지 못했을 것이다. 그녀의 영상 역사와 19세기 사실주의에 대한 전문 지식, 그리고 예민한 스타일 감각은 없어서는 안 되는 것이었다.

실제적인 도움에 대해서는 파리 시립근대미술관, 베르사유궁 미술관, 몽트뢰유 시, 폴게티미술관, 베를린지식연구소(Wissenschaftskolleg zu Berlin)의 도서관, 그리고 스톡홀름의 『다건스 나이터』(*Dagens Nyheter*)에 감사한다. 특별히 정보와 시각 자료에 대한 나의 요청에 관대하게 협조해 준 알프레도 자르에게 감사한다. 마지막으로 나의 에이전트인 린다 알트로브 베리와 컬럼비아대학교 출판부의 편집자들인 벤디 로흐너, 크리스틴 모틀록, 그리고 마이클 해스켈에게 감사하고 싶다. 또한 헬게악손욘손재단(Helge Ax:son Johnson Foundation), 스웨덴작가연합의 사진복제기금, 그리고 베리트 발렌베리 재단(Berit Wallenberg Foundation)으로부터 재정적인 지원을 받았다. 스웨덴 중앙은행 300주년 기념 재단은 이 책의 출간을 지원해 주었다. 나는 이러한 지지자들에게 진심으로 감사를 표한다.

2007년 11월 스톡홀름에서
스테판 욘손

옮긴이 후기

이 책은 대중이라는 개념의 범주와 그 환상에 대한 이야기다. 이야기는 다음의 질문들에 차례로 답하면서 진행된다. 대중은 무엇인가? 그리고 역사상 가장 강렬했던 순간의 대중을 어떻게 예술 작품 속에서 재현할 것인가? 이러한 미학적 시도는 정치적으로 무엇을 의미하는가?

저자인 스테판 욘손은 유럽 사회가 1789년 프랑스 혁명 이래로 대중 혁명들을 경험하는 동안 미술 작품들이 이 격변의 순간의 대중들을 어떻게 재현했는지를 분석한다.

따라서 이 책은 표면상으로는 세 개의 예술 작품, 100년을 주기로 세상에 나온 그것들을 시간 순서에 따라 배치하고 비평한 구조이다. 그 작품들은 1부 1789년의 자크 루이 다비드의 「테니스 코트의 서약」, 2부 1889년의 제임스 엔소르의 「1889년 브뤼셀에 입성하는 그리스도」, 3부 1989년의 알프레도 자르의 설치미술품 「그들은 너무도 사랑했다, 혁명을」이다. 각각은 1789년 프랑스 혁명, 1871년 파리코뮌, 그리고 1968년 68운동을 직접적인 배경으로 하여 만들어진 작품이다.

이 책을 더 풍성하게 만드는 요소는 세 미술 작품을 단지 그것들이 다루려고 하는 역사적 사건과의 관계하에서 다룰 뿐 아니라 그것들을 아우르는 더 광대한 지평 안에서 다양한 미술 작품, 문학, 정치/사회 사상들을 폭넓게 다루고 있다는 점이다. 위고와 플로베르의 작품들, 르봉의 대중심리학, 한나 아렌트, 발터 벤야민, 미셸 푸코 등의 근대사상가들, 그리고 아감벤, 랑시에르에 이르기까지 대중의 개념을 고민하고 대중을 그려내려 애썼던 역사상의 많은 연구자와 예술가들의 발상을 망라하고 있다.

이러한 표면 구조의 기저에는 두 개의 커다란 줄기가 존재한다. 하나는 1, 2부에 걸쳐 나타나는 대중의 의미론적 변형의 4단계이다. 갑작스럽게 역사의 무대에 등장한 대중의 개념은 프랑스 혁명 이래로 꾸준히 학자들과 예술가들을 사로잡은 매혹적인 주제였다. 처음에 대중은 양과 수로서, 다음에는 '비참한 사람들'로 인식되었으며, 1848년 이후로는 조직화된 노동운동, 1871년 파리코뮌이 일어난 뒤에는 병리적인 요소로 이해되었다. 특히 19세기 후반 르봉이 군중심리학을 창시하면서 '대중의 광기'는 위협적이고 억눌러야 하는 것으로 인식되고 널리 유행하여 이후로 대중에 대한 인식을 지배하게 된다.

또 하나는 1부에서 시작되었다가 3부에서 집중적으로 탐색되는 재현의 '틀' 자체, 혹은 경계에 관한 문제다. 이것은 이 책 전체를 관류하는 가장 중요한 주제이기도 하다. 미학적 재현 그것은 곧 어떤 부분이 시각적 재현의 가치를 갖느냐에 대한 판단을 뜻하며, 스스로를 공동체로 간주하기 위해 경계 안에 자신들을 밀어 넣고 나머지 사람들을 경계 밖으로 밀어내는 배제를 잉태한다. 이것은 미학에 관한 이야기이기도 하고 동시에 정치에 관한 이야기이기도 하다. 인민과 대중을 어떻게 분류하고 나누든 민주주의는 현재의 대의제의 형태인 한 늘 스스로를 배반하고, 경계를 허물고 안으로 들어오려는 '난민들'에 의한 영원히 반복되는 혁명을 경험할 것이다. 세 작품이 포착하려고 애쓰는 정치의 시작, 즉 영도의 사회는 곧 정치의 궁극적 목표인 자생적 민주주의, 혹은 영구혁명의 다른 말이다.

이제는 세계 곳곳에서, 한국을 포함하여, 활보하고 있는 새로운 정치적 주제들, 즉 운동, 이해관계, 욕망, 격정들을 확인할 때이다.

삽화목록

찾아보기

【ㄹ, ㅁ】

【ㅂ, ㅅ】

【 ㅋ, ㅌ, ㅍ, ㅎ 】